JOAQUÍN BOCHACA

LA FINANZA, EL PODER

y

EL ENIGMA CAPITALISTA

Joaquín BOCHACA

(1931)

La finanza y el poder

y

El enigma capitalista

1975-1977

Publicado por

Omnia Veritas Ltd

www.omnia-veritas.com

LA FINANZA Y EL PODER 7

    EL ROBO DE LOS SIGLOS 9

    EL SIGLO DE LOS ROBOS 36

EL ENIGMA CAPITALISTA 57

    LA MISERIA EN LA ABUNDANCIA 59

    ECONOMÍA ORGÁNICA 62

    ÁMBITO 64

    PLANTEAMIENTO DEL PROBLEMA 67

    LA MÁQUINA 70

    EL "MANPOWER " 76

    LA BAJA DEL PODER ADQUISITIVO 78

    INFLACIÓN Y DEFLACIÓN 87

    LAS FALSAS RAZONES 95

    LOCALIZACIÓN DEL ÓRGANO AFECTADO 102

    EL PUENTE DEL DIABLO 106

    EL DINERO 110

    EL GRAN TIMO 113

    EL CRÉDITO BANCARIO 124

    A ESCALA MUNDIAL 132

    EL PATRON ORO 135

    LOS BANCOS CENTRALES 140

    LA SUBVERSIÓN DEL ORDEN ECONÓMICO NATURAL 156

    LA DEUDA 163

    LA PROSTITUCIÓN DE LA ECONOMÍA ANTE LA FINANZA 167

    EL SISTEMA 172

        LOS PRECURSORES 172

    EL CALDO DE CULTIVO 184

    NAPOLEON Y ROTHSCHILD 194

    AMÉRICA, LA NUEVA TIERRA PROMETIDA 217

    EL ASESINATO DE LINCOLN 223

    EL "FEDERAL RESERVE" 230

    MEDIDO SIGLO DE ALTA POLITICA FINANCIERA 235

    ¿QUIÉNES SON...? 245

    LA SOLUCIÓN 258

BIBLIOGRAFÍA 303

OTROS LIBROS PUBLICADOS POR OMNIA VERITAS 307

LA FINANZA Y EL PODER

Portada: El simbolismo del dólar es claramente visible. Obsérvese la estrella formada a su vez por estrellas que se halla sobre el escudo de los Estados Unidos, así como el simbolismo de la izquierda, pirámide y triángulo con la sugerente inscripción "Nuevo Orden de los Siglos"

* * *

EL ROBO DE LOS SIGLOS

"Permitidme fabricar y controlar el dinero de una nación, y ya no me importa quienes sean sus gobernantes".

Meyer Amschel Rothschild

"Me temo que al hombre de la calle no le gustará saber que los bancos pueden crear y de hecho crean dinero. El volumen de dinero en existencia varía solamente con la acción de los bancos aumentando y reduciendo sus préstamos. Cada préstamo o cuenta en descubierto crea dinero. Y los que controlan el crédito de una nación, dirigen la política de su gobierno y tienen en sus manos el destino del pueblo".

Reginald McKenna, miembro de la Cámara de los Comunes; discurso en el Midland Bank, enero 1924.

"Poder inmenso y despótica dominación económica están concentrados en manos de unos pocos. Este poder deviene particularmente irresistible cuando es ejercido por los que, controlando el dinero, gobiernan el crédito y determinan su concesión. Ellos suministran, por así decirlo, la sangre de todo el cuerpo económico, y la retiran cuando les conviene: como si estuviera en sus manos el alma de la producción de manera que nadie ose respirar contra su voluntad"

S.S. Pío XI, "Quadragesimo Anno".

En el mundo civilizado hay suficientes primeras materias, trabajo, maquinaria, mano de obra especializada, conocimientos científicos y tecnológicos y, en general, riqueza suficiente para alimentar –más aún sobrealimentar- a sus habitantes. No obstante, en ese mundo civilizado se producen, regularmente, cíclicamente, crisis "económicas", paro obrero y su corolario: el hambre. La ciencia económica ortodoxa explica este fenómeno de los ciclos de prosperidad y crisis hablándonos de prosperidad ficticia y de exceso de producción, y llega a la insólita conclusión de que es lógico y natural que las gentes se mueran de hambre y miseria al lado de stocks desbordantes. Particularmente he llegado a la conclusión, de que la llamada ciencia económica moderna representa un fenómeno similar al de la pintura que los barbudos intelectuales "hippies" llaman ultramoderna y los arqueólogos antiquísima. Es decir, que es un gigantesco "bluff" que casi nadie osa denunciar por temor a pasar por indocumentado, retrógrado, etc., ante la masa conformista reverenciadora de las ideas establecidas.

Por que, dígase lo que se quiera, no es natural –luego no es posible- que la gente se muera de hambre y miseria por haber producido demasiados bienes de consumo.

El Código Penal Español –y, con él, todos los códigos penales del mundo- castigan con penas que pueden llegar hasta la reclusión a perpetuidad a los falsificadores de moneda. Osamos suponer que tan drástica sanción no la imponen los legisladores para castigar al falsario que al introducir sus falsos billetes en el mercado obtiene por ellos bienes y servicios, sin trabajar; sino, sobre todo, por que al aumentar artificiosamente la masa de dinero circulante, roba, indirectamente, a todos y cada uno de sus compatriotas. La razón es simple: cuanto más dinero existe, en una situación dada, menos valor tiene. Si una organización de falsificadores en gran escala consiguiera, por ejemplo, llegar a imprimir tantos billetes falsos como billetes legales existieran en el mercado, cada persona se encontraría con que su dinero valía, exactamente la mitad de lo que valía antes de que la organización falsaria en cuestión iniciara sus actividades. Los falsificadores son auténticos ladrones, puesto que al lanzar moneda nueva, que se supone legal, al mercado, toman para sí una parte del valor del dinero de sus compatriotas, los cuales deben pagar forzosamente por las mercancías y servicios que dichos falsificadores compran.

En realidad, cualquier lanzamiento de dinero nuevo al mercado –hágalo quién lo haga- disminuye el valor del dinero en circulación. Los propietarios del dinero en circulación antes del lanzamiento o emisión de dinero nuevo sufren una pérdida evidente; y se aperciben de tal pérdida al comprobar que los precios han subido y que, por vía de consecuencia, su dinero vale menos.

¿Cuándo se produce un lanzamiento de dinero nuevo? En otros tiempos el dinero era emitido exclusivamente por los Estados, y su creación se producía a medida que las necesidades se hacían sentir; como la función del dinero no es otra que la de facilitar el pago o intercambio de bienes y servicios, la masa de dinero circulante era relativamente estable en una situación económica dada. A veces, el Estado hacía una emisión de dinero, que se utilizaba para el pago de trabajos y servicios públicos, la instrucción popular, las instituciones sanitarias estatales, la higiene pública, el Ejército y la Policía, el funcionariado, etc. Con la creación de este dinero nuevo por el estado, el público –los poseedores del dinero- sufría una pérdida en el valor del mismo (recordemos que cuanto más dinero hay en el mercado, menos valor tiene y más suben los precios), pero esa pérdida quedaba compensada, por lo menos en gran parte, por los beneficios directa o indirectamente reportados a la comunidad por los servicios y trabajos públicos efectuados por el Estado.

Esto era en otros tiempos... por que, en la actualidad, prácticamente todos los estados han abdicado su facultad soberana de crear o emitir dinero, en favor de individuos o instituciones privadas que son las que emiten "legalmente" la inmensa mayoría de la masa circulante de dinero, hasta el extremo de poderse afirmar, sin hipérbole, que no menos de las nueve décimas partes del dinero hoy en circulación en cualquier estado, es dinero falso. Si el calificativo choca demasiado, podemos decir, que es dinero "abstracto". Con dos agravantes: los falsificadores chapados a la antigua debían ser unos imitadores con categorías de artistas, y corrían grandes riesgos personales; los modernos falsificadores, crean dinero de un simple plumazo, con un asiento en un libro contable, cargan un interés sobre tal "dinero", y todo ello sin riesgo alguno; más aún, con el respeto y la consideración distinguida del rebaño de ciudadanos destinados a ser aniquilados.

Los banqueros operaban ya en Europa a principios del siglo XVII, antes de que existiera lo que se llama, con eufemismo, el "sistema bancario". Los poseedores de oro y plata, lo entregaban para su custodia, a un banquero que los guardaba en una caja fuerte. El banquero no era más que el guardián de los ahorros de sus convecinos, y, a cambio de la seguridad que ofrecía como custodio del oro y plata ajenos, cargaba un pequeño interés. El banquero, naturalmente, entregaba a sus clientes, un recibo por su dinero. Si un señor depositaba mil reales de oro en una caja fuerte del banco, el banquero le entregaba un recibo de mil reales. Si el impositor, más tarde, iba a buscar su dinero al banco, éste se lo devolvía (previa deducción del interés legal de la época como guardián del oro) y el recibo era destruido. Dicho recibo – documento intachable sobre el que se iba a edificar el mayor timo que los siglos han visto y verán, no era, en realidad, más que una promesa de pagar, firmada por el propietario de una caja fuerte. Dichas "promesas de pagar" eran transferibles y se convirtieron, de hecho en dinero. Esto era perfectamente lógico y conveniente, toda vez que era mucho más cómodo y factible usar un pedazo de papel, que llevar continuamente encima de sí bolsas de oro y plata. Dichos pedazos de papel, dichas "promesas de pagar" se usaban, de hecho, como dinero, partiendo del supuesto de que dinero es cualquier cosa por la cual entreguen mercancías, se rindan servicios o se paguen deudas.

La experiencia diaria enseñó a los banqueros un hecho curioso. Se apercibieron de que muy raramente sus impositores les devolvían sus recibos (sus "promesas de pagar" pidiendo a cambio su oro. Por regla general –que ha permanecido invariable hasta nuestros días-

los impositores retiraban, como promedio, un diez por ciento del montante total de sus imposiciones. Un señor que depositaba por ejemplo, en un banco, mil reales de oro u otro cualquier metal de curso monetario legal, como la plata, retiraba, como promedio, cien reales para su manutención y sus gastos ordinarios, y dejaba los otros novecientos en el banco. En otras palabras, si un banquero que guardaba depósitos por valor de un millón de reales, perdía, le robaban o se gastaba novecientos mil, todavía le quedaban los cien mil que le eran necesarios para hacer frente a las demandas normales de sus impositores.

En consecuencia, los banqueros empezaron a poner en circulación, decuplicándolos, más recibos, más "promesas de pagar" oro que el que realmente poseían; es decir, prestaron esas "promesas" cobrando por ello un interés. No se debe olvidar, ni por un momento, que los banqueros prestaban, y continúan prestando, algo que ellos no tienen, ni en calidad de propietarios, ni en la de poseedores; o, como máximo, en esa segunda calidad, en un diez por ciento del total por ellos "prestado". Más aún, como garantía de la buena fe de los propietarios los banqueros exigieron, contra sus préstamos, los títulos de propiedad de casas, fábricas, fincas, cosechas, de aquellos; de manera que si un préstamo (aumentado por sus intereses acumulados) no era devuelto en un determinado plazo, el banquero entraría en posesión de las mismas.

Aquí un inciso. Llamamos la atención sobre el hecho de que el banquero no prestaba, ni presta, dinero, sino simplemente, una promesa de pagarlo. El hecho de que, por tales promesas se dieran bienes y servicios, es decir, se utilizaran como dinero, no alteraba en absoluto el hecho de que no era dinero, sino, simplemente, una promesa de pagar dinero y nada más que eso; con el agravante de que tales promesas carecían de respaldo legal en oro y plata. Promesas creadas "ex nihilo" (Nota del editor: de la nada) y dejando un suculento interés.

Se ha definido el préstamo como un intercambio de deudas. El prestador –el banquero- toma la garantía (títulos de propiedad de una casa o fábrica, por ejemplo) y se la debe al prestatario. Este, a su vez, toma las "promesas de pagar", o el crédito, como se llama, y le debe esa suma de dinero, más sus intereses, al prestador. En realidad lo que ha ocurrido es un intercambio de promesas. La promesa del banquero de pagarle a su cliente, contra la promesa de éste de devolver el dinero con sus intereses. El cliente da, como garantía, los títulos de propiedad de su casa o fábrica. El banquero no da nada. Se objetará que el banquero presta dinero y que éste es su propia garantía. Esto no es cierto. El banquero no presta dinero, ha puesto en circulación "promesas de pagar dinero" –que es lo que en realidad ha prestado-, representando diez veces más dinero que el que tiene, y el que tiene diez no puede, ni podrá jamás, prestar cien. En otras palabras, mientras los bancos disponen contra la comunidad de garantías representando una riqueza real, tal como son casas, fábricas, fincas, cosechas, etc., la comunidad no dispone, contra los bancos, de ninguna garantía. la menor tentativa hecha por los acreedores de un banco para ejercitar sus "garantías" contra éste, ponen de manifiesto que éstos, de hecho, no tienen sustancia alguna. Si tales acreedores le "aprietan demasiado las clavijas" al banco, son castigados perdiendo todos sus ahorros. El banco cierra sus puertas poniendo de manifiesto que sus "promesas de pagar" son falsas promesas...a menos que el Gobierno no acuda en su ayuda con una moratoria...moratoria cuyas consecuencias, representarán, al fin y a la postre, que la comunidad en bloque deberá pagar para cubrir las falsas promesas del banquero.

Pero esto es adelantarnos a los acontecimientos. Volvamos al período durante el cual banquero está prestando su crédito (sus "promesas de pagar") a sus conciudadanos. Supongamos que sus impositores han depositado en su banco cien millones de pesetas. El banquero ha abierto créditos por mil millones, entregando talonarios de cheques a sus clientes. Estos cheques, que serán utilizados para las futuras transacciones representan un dinero creado, de un simple plumazo, en los libros del banco; hacen exactamente el mismo papel que la moneda falsa, pues aumentan el poder de compra y, por vía de consecuencia, hacen subir los precios y devalúan el dinero que existía antes de que el banquero iniciara sus operaciones. En otros términos: al crear dinero nuevo, el banquero, igual que un vulgar falsificador, ha robado un poco a cada uno de sus conciudadanos y ha obtenido interés sobre el "dinero" robado.

De momento el sistema parece dar resultado. La euforia general disimula el robo colectivo que se ha producido. Los prestatarios han podido desarrollar nueva riqueza, el comercio está en su apogeo y se ha llegado al pleno empleo. Cada vez que un préstamo es devuelto –con sus intereses acumulados- el banco se apresura a prestarlo de nuevo. Los mil millones de "dinero" arrojado al mercado han ocasionado el clásico "boom". Los precios suben en vertical, mientras toda clase de productos se ofrecen a la venta. Pero esta subida de precios continúa sólo en caso de que continúen los préstamos. cada vez que el banquero deja de hacer préstamos – es decir, de crear "dinero"- los precios dejan de subir. Y al dejar de subir los precios los negocios se hunden. La posibilidad de continuar haciendo más y mayores beneficios en un mercado alcista, ha desaparecido, por que ahora el banquero empieza a verse en dificultades. En efecto, él ha prestado sus "promesas de pagar" –o, si se quiere, ha abierto créditos- por mil millones de pesetas. Con el dinero efectivo, líquido, que tiene en caja, le queda justo para atender a las demandas normales de sus clientes. Cualquier demanda extraordinaria de fondos puede dejarle en descubierto. Cada crédito que él ha abierto, representado por cheques, así como cada recibo que él ha extendido a sus impositores, representan promesas de pagar oro y plata (hoy en día papel moneda ténder del estado). En consecuencia tanto sus impositores como sus prestatarios –deudores y acreedores- pueden exigir oro y plata (o billetes de banco), por sus recibos. Todos están persuadidos de que lo que el banquero les "presta" es oro y plata (o billetes emitidos por el Estado) y que sólo se utilizan los talonarios de cheques por razones de comodidad y agilidad. Pero el banquero sabe, mejor que nadie, que esto no es así. É sabe perfectamente, que ha prestado algo que no tiene, y que su curioso negocio depende de la confianza que sus clientes tienen en él; es decir, la confianza en la aparente intercambiabilidad del metal y el papel (hoy día, de un cheque y el dinero por él representado). Su negocio se basa, pues, en un abuso de confianza, en una ficción que debe ser mantenida a toda costa.

En la presente situación, habiendo creado el banquero todas las "promesas de pagar" que sus reservas –es decir, diez veces del total de éstas-, debe rehusar nuevos préstamos. El mercado se resiste a ello. Los que han comprado mercancías con la esperanza de revenderlas más caras, o los que han producido bienes para venderlos a precios elevados empiezan a su vez, a encontrarse en una situación incómoda. Un nuevo fenómeno se agrega a la difícil situación que se va creando: mientras el banquero "inventaba" más y más dinero –insistamos en que el dinero es todo aquello que sirve como medio de pago- y, por consiguiente, los precios iban subiendo, el dinero cambiaba de manos con facilidad. tanto el dinero auténtico (los billetes o monedas) como, sobre todo, las célebres "promesas de pagar" del banquero (los cheques) pasan rápidamente del comprobados al vendedor, y de éste al banco, de dónde una parte se ha retirado de nuevo para pagar salarios, facturas, etc. Supongamos que el Banco X abre un crédito de diez millones de pesetas al Sr. Pérez, el cual se apresura a emplearlo en un montaje de una fábrica, y empieza a lanzar productos a un mercado alcista. El Sr. Pérez paga, con cheques, al constructor, al herrero, al calderero y al carpintero que le han montado su fábrica. Estos especialistas tienen, a su vez, una cuenta corriente abierta en el

Banco X, en la que ingresan los cheques en cuestión. Una parte del valor representado por esos cheques ha sido retirada para pagar salarios de los obreros del constructor, del carpintero, del calderero, etc. Dicho dinero ha sido gastado en los comercios locales: en el supermercado, la carnicería, la tienda de confecciones, etc. y estos detallistas se ha apresurado a ingresarlos en sus cuentas del Banco X, en las cuales permanece hasta que es retirado más tarde para pagar a sus acreedores (sus proveedores): granjeros, molineros, fabricantes textiles, etc. Todas estas personas van abriendo cuentas corrientes en el banco X y todas estas cuentas no significan, en realidad, más que una simple declaración del valor de los cheques en posesión del titular. la dirección del Banco X sabe perfectamente que los cheques por valor de diez millones que se han prestado al Sr. Pérez, los ha gastado este señor en pagar al constructor, al calderero, al carpintero y al herrero. Las cuentas de estos caballeros arrojan unos saldos favorables, pero lo que ellos en realidad poseen son los cheques del propio Banco X, que éste había prestado al Sr. Pérez.

Imaginémonos, ahora, que la baja general de precios alarma a estos señores, que se presentan un buen día ante la ventanilla de Pagos y exigen que se les pague en dinero... pro en dinero auténtico, de verdad, en billetes oficiales, emitidos por el Estado. Y supongamos que la alarma cunde, y tal como ha ocurrido miles de veces en el transcurso de la aventura bancaria, un ejército de clientes se presenta en el banco con idénticas pretensiones...

Al hacerse estas tan sencillas como inevitables consideraciones, el banquero se apercibe de que no le basta con dejar de prestar; debe empezar a presionar a sus prestatarios para que éstos se vayan poniendo al día. La dirección del banco X llama al Sr. Pérez y le invita a que devuelva todo, o una parte sustancial, del préstamo que recibió. El Sr. Pérez, presionando a sus deudores –o mal vendiendo su stock-, logra obtener el dinero necesario para devolver el préstamo bancario. Sus deudores (clientes, detallistas, almacenistas, etc) se presentan en el banco y retiran su dinero –en forma de cheques- y con ellos pagan al Sr. Pérez quién devuelve su préstamo al banco X, el cual hace desaparecer sus "promesas de pagar" de un simple plumazo en sus libros.

Mr Frederick Soddy, economista inglés, ganador del premio Nobel en 1921, escribió, en su obra "Citadel of Caos":

"El rasgo más siniestro y anti-social del dinero escriptural es que no tiene existencia. Los bancos deben al público una cantidad total de dinero que no existe. Comprando y vendiendo por medio de cheques, solo se produce un cambio en el particular a quién el dinero es debido por el Banco. Mientras la cuenta de un cliente es debilitada, la de otro cliente es acreditada, y los bancos pueden continuar debiendo dicha cantidad indefinidamente.

El beneficio de la emisión de dinero ha procurado el capital del gran negocio bancario según existe hoy. Habiendo empezado sin nada propio, los banqueros han puesto a todo el mundo en deuda con ellos, irremisiblemente, mediante una trampa.

Este dinero nace cada vez que los bancos "prestan" y desaparece cada vez que el préstamo les es devuelto. De manera que si la industria trata de pagar, el dinero de la nación desaparece. Esto es lo que hace tan peligrosa a la prosperidad, ya que destruye el dinero justamente cuando más necesario es, y precipita la crisis".

Es evidente que, cuando el banquero empezó a esparcir sus préstamos y, en consecuencia, hizo subir los precios, cada comprador se vio forzado, de hecho, a pagarle una especie de tributo, pero que cuando contrajo de nuevo sus préstamos, provocando así la baja de precios, fueron los vendedores los que tuvieron que pagarle tributo. Es un caso típico de "si sale cara, yo gano; si sale cruz, tu pierdes".[1] Un caso, además, de flagrante inmoralidad, derivada del hecho de que un señor que inició sus actividades con el dinero de los demás, se convirtió, con el manejo de "dinero abstracto", en el mayor propietario de fincas, fábricas, terrenos y dinero... pero dinero concreto, auténtico, de toda la ciudad y, a la larga, de todo el país.

Con el actual sistema bancario, los banqueros pueden con sus cheques, proporcionar "poder de compra" a sus conciudadanos, y luego quitárselo, en el momento en que más necesidad tienen de él. La súbita inundación de un mercado con dinero "abstracto" – una auténtica inflación- hace subir los precios y despierta el interés general en aumentar la producción. Los mercados quedan abarrotados de toda clase de productos y, en consecuencia, hace

---

[1] R. McNair Wilson. *"Promise to pay"*, Omnia Veritas Ltd, www.omnia-veritas.com

falta muchísimo dinero para distribuirlos. (Es importantísimo tener presente que la única función del dinero es ésta: distribuir bienes y servicios). La repentina retirada del dinero, en tales circunstancias, provoca, necesariamente, una caída general de precios y, al mismo tiempo, una riada de bancarrotas... y, además, el desempleo y el hambre.

Este sistema, que constituirá la irrisión de las generaciones venideras, le da al banquero el control del nivel de precios y, como lógica consecuencia, de los salarios. El banquero tiene, prácticamente, un poder absoluto, sobre sus conciudadanos; un poder como nunca pudo imaginar el más tiránico autócrata. El poder de someter a sus exigencias a cualquiera que ose oponérseles, mediante la latente amenaza de la ruina. El moderno banquero o, más exactamente, el sistema financiero, está en disposición de arruinar a sus deudores y arrebatarles "legalmente" su propiedad. A. N. Field pone el siguiente ejemplo:

"Supongamos que soy un banquero y que presto mil dólares a John Smith, con la garantía de su fábrica. A continuación retiro una parte de mis otros préstamos, disminuyendo así el poder de compra en la región donde John Smith lleva su negocio. A consecuencia de esa contracción del poder de compra, de "demanda", los precios bajarán y John Smith dejará de ganar dinero. Como él debe pagarme a mí el interés de mi préstamo, empieza a reducir personal y a instalar maquinaria que le ahorre mano de obra. Pero yo continuo reduciendo mis préstamos. Los precios continúan bajando, y, al final,

John Smith se queda sin recursos. Me dice que no puede continuar pagándome los intereses. Entonces le embargo la fábrica y la pongo en venta. la mejor oferta son ochocientos dólares, de manera que me la guardo en pago de mi préstamo. Un poco más tarde empiezo a prestar de nuevo, y los precios vuelven a subir. La fábrica de John Smith tiene ahora mucho valor, pues he vuelto a aumentar – proporcionando poder de compra- la llamada "demanda" de lo que él fabricaba. De manera que vendo su negocio por cinco mil dólares y me embolso, "con toda legalidad", cuatro mil".[2]

Este ejemplo podrá tildarse de exagerado. En realidad, todo ejemplo, para ser aleccionador, debe ser una caricatura; pensar es exagerar, decía Goethe. Pero ilustra un hecho que se ha dado muchas veces en la práctica. Así, en 1930, los estados Unidos de América tenían sus stocks repletos, pero les faltaba la cantidad adecuada de dinero para poder desarrollar el comercio, es decir, para hacer llegar esos productos a los consumidores. Los banqueros habían retirado deliberadamente de la circulación dieciocho mil millones de dólares, al rehusar préstamos a agricultores, comerciantes e industriales prósperos, y cancelar los ya existentes en su mayor parte. Se produjo el famoso "crack" del "Black Friday", miles de empresas quebraron, y el treinta por ciento de los obreros se quedaron sin trabajo[3]. Las mercancías sobraban, los graneros

---

[2] A. N. Field. "*The Truth about the Slump*".

[3] El 16 de mayo de 1963, el Tribunal Correccional de Nivelles (Bélgica), juzga el "affaire" (de quiebra) de la firma SOCOGA. Mr. Paul Marie de Launoy hizo la siguiente declaración ante el juez: "La banque Belge d´Afrique, de la que yo era administrador-delegado del

estaban llenos a rebosar – incluso debían quemarse cosechas-, la mano de obra – tanto la especializada como el peonaje- estaba disponible para el trabajo, pero faltaba "dinero". Los bancos entraron en posesión de decenas de millares de industrias, negocios y explotaciones agrícolas. Faltaba dinero... faltaba algo que, si bien es difícil de ganar, es, en cambio, lo más fácil de "hacer"... basta la imprenta del Estado, que respalda y controla la cantidad emitida, de manera que esté en proporción con la riqueza REAL producida...No obstante, el gobierno americano no imprimió el dinero necesario.

¿Por qué?...Por que no podía, legalmente, hacerlo. Ya que diecisiete años atrás, en 1913, el gobierno de entonces había permitido que, por un fraude parlamentario, se le arrebatara el poder de emitir la moneda del país. No ya la moneda crédito, sino la moneda ténder.

La constitución de los EEUU ponía en las manos del Congreso el derecho a crear y controlar la moneda del país. Pero, en diciembre de 1913, con la mayoría de los miembros del Congreso pasando las vacaciones de Navidad en sus hogares, se hizo votar, de manera casi subrepticia, una ley conocida con el nombre de "Federal

---

Consejo, concedió un crédito de 61 millones de francos belgas a SOCOGA". El Presidente: "Es muchos para un banco cuyo capital es de 100 millones". El testigo: "De 144 millones...y el banco disponía en ese momento de mil trescientos cincuenta millones de créditos utilizados en todas sus formas". Más adelante, el testigo añadió: "Tout entrepeneur peut etre au bord de la faillite quand on lui retire ses crédits". (Cualquier patrón puede quedar al borde de la quiebra cuando se le retires los créditos). Citado por el periódico "*Brisons le piège*", órgano del Syndicom, 12 rue Henri Maubel, Bruselas-10 (n. 1, junio 1963).

Reserve Act". Grosso modo, esta ley autorizaba el establecimiento de una Corporación de la reserva Federal, con un Consejo de Directores (El "Federal Rederve Board"). Esta ley le arrebataba al Congreso el derecho de la creación y el control del dinero, y se lo concedía al "Federal Reserve Corporation".. El pretexto que se dio para la aprobación de esta ley insólita fue "separar la Política y el Dinero". La realidad fue que –en una gran Democracia que se suele presentar como el prototipo ideal de esa forma de gobierno- el poder de crear y controlar el dinero les fue arrebatado a los llamados "representantes" del Pueblo para concedérselo a "UNA EMPRESA PRIVADA". Y no creemos incurrir en el pecado de juicio temerario si decimos que una empresa privada tenderá, por definición, a buscar su propio provecho, coincida éste o no con el interés general de la nación.

Lo más grave, jurídicamente hablando, de este "Federal Reserve Act", de 1913, es que el acuerdo se tomó por una minoría de diputados, según todas las trazas presionados o sobornados; no existía el quorum necesario...de manera que ni siquiera desde el punto de vista más estrictamente democrático podía justificarse aquella ley...pero el caso es que fue aprobada, y que desde entonces, una empresa privada emite el dinero del país más "democrático" –y poderoso- del planeta. Desde aquellas navidades de 1913, un número comparativamente pequeño de personas –unas ocho mil- controla, emite, crea y destruye a su conveniencia el dinero del país que se supone abanderado de Occidente. Esas personas, en su inmensa mayoría no son ni siquiera americanas de origen. El "deus ex machina" de esta nefasta "Act" fue un banquero de Hamburgo, llamado Paul M. Warburg.[4]

El "Federal Reserve Board" emite el dinero del país, y luego lo presta al gobierno "legal" de los Estados Unidos, a interés. Si, por ejemplo, el gobierno de Washington necesita mil millones de dólares para financiar obras públicas, renovar el armamento o lo que fuere, debe dirigirse al "Board" y pedirle ese dinero. Entonces el omnipotente "Board" da su acuerdo a condición de que el Gobierno le pague un interés. De manera que el Congreso autoriza al Departamento del Tesoro para que imprima mil millones de dólares en bonos que son entregados al "Federal Reserve Board". El "Federal Reserve Board" paga los gastos de imprenta (que supone unos quinientos dólares) y hace el cambio. Entonces el Gobierno ya puede disponer del dinero para cubrir sus necesidades.[5]

¿Cuáles son los resultados de esta inverosímil transacción? Pues, simplemente, que el Gobierno de los estados Unidos ha puesto a sus ciudadanos en deuda con el "Federal Reserve Board" por mil millones de dólares, más intereses, hasta que se paguen. El resultado de esta demencial política financiera (¿) es que, en menos de sesenta años —desde 1913 hasta hoy- el pueblo de estados Unidos está endeudado con los banqueros del "Federal Reserve

---

[4] Un hermano de este Warburg estuvo comprometido, y oficialmente acusado por el Servicio Secreto de estados Unidos, de haber financiado parcialmente a los revolucionarios soviéticos de 1917. Otro Warburg se vio desposeído de la nacionalidad alemana, a raíz de las leyes raciales del Reich en 1933.

[5] Sheldon Emry. "*Billions for the Bankers. Debts for the People*".

Board" por un total de 350 millones de dólares, con un interés de un billón y medio cada mes, sin ninguna esperanza de poder pagar jamás ni el principal de la deuda, ni siquiera sus intereses, pues ambos aumentan continuamente. Ciento noventa y cinco millones de americanos están irremisiblemente endeudados con otros ocho mil, más o menos americanos; y el montante de esa deuda es superior al valor total de todas las riquezas del país.[6]

Todavía hay más: Con este sistema de "dinero-deuda" los Bonos a que nos hemos referido más arriba se convierten en valores bancarios, amparándose en los cuales pueden los bancos hacer préstamos a clientes privados. Como quiera que las leyes bancarias de los Estados Unidos requieren solamente una reserva del 20 por ciento, los bancos del "Federal Reserve Board" pueden hacer préstamos hasta un total de cinco veces el valor de los Bonos que poseen[7]. Es decir, que volviendo a la transacción de mil millones de dólares que tomamos como ejemplo, el derecho al interés de seis mil millones... POR UN COSTO ORIGINAL DE 500 en gastos de imprenta.[8] Y como el Congreso abdicó —en tal excelsa Democracia- el derecho de emitir dinero, la única manera que les queda a los industriales, explotadores agrícolas y comerciantes de los estados Unidos de obtener dinero para desarrollar las riquezas del país, es tomarlo "prestado" del Consorcio Bancario del Federal Reserve, y

---

[6] Sheldon Emry. Op. Cit.

[7] James C. Oliver. "*A Treatise on Money*".

[8] Sheldon Emry. Op. cit. Eustace Clarence Mullins. "*On the Federal Reserve*", Omnia Veritas Ltd.

ponerse en sus manos.

Saltan a la vista las terribles consecuencias de este loco "sistema". Siendo omnipotentes –luego irresponsables- los bancos pueden disponer del poder de vida o muerte sobre cualquier empresa, por fuerte que ésta sea. La degeneración financiera que esto supone lleva a los graves extremos de que subsiguientemente a la denegación de un préstamo, en un momento dado, una empresa, por fuerte que sea, se puede ver obligada a vender sus stocks a cualquier precio –incluso a pura pérdida- para hacer frente a sus vencimientos y obligaciones urgentes. Tras despreciar la mercancía, los agentes de la oligarquía bancaria compran grandes cantidades del stock despreciado; después de esto, se aprueba el préstamo, el stock sube de valor, y es vendido posteriormente con beneficios fantásticos. Esta práctica de robo legal ha llegado a un tal grado de refinamiento hoy día, que al "Federal Reserve Board" le basta con anunciar en los periódicos una alza o una baja en su tasa de descuento, para hacer subir o bajar el valor de los stocks según su deseo.[9]

Con estos métodos, los miembros del "Federal Reserve" y sus satélites bancarios han conseguido el control de prácticamente todas las grandes industrias americanas... y, a partir de ellas, han iniciado su "coca-colonización" del resto del mundo.

Para resumir, diremos que el llamado Crédito consiste en la falsa

---

[9] Frederick Soddy. "Citadel of Chaos".

promesa de los banqueros de pagar diez veces más dinero del que tienen, procedente de sus impositores. El crédito no es dinero auténtico, legal, pero como hace las veces del mismo –sirve para pagar bienes y servicios y cancelar deudas-, es, de hecho, imposible de distinguirlo del dinero legal ténder. Estas "promesas de pagar", emitidas por el banquero mediante un talonario de cheques, nacen como "préstamos", que deben ser devueltos con interés. Los banqueros se reservan el "derecho" de retirar sus "promesas" –su crédito- pudiendo así, a su albedrío, retirar el noventa por ciento del poder de compra –la "demanda"- de un país. De hecho, según McNair[10], se contentan con fluctuaciones mucho más pequeñas, porque "aun muy pequeñas fluctuaciones son suficientes para alterar el nivel de precios en un sentido u otro"... alteraciones de las que ellos viven.

Nada menos que Sir Josiah Stamp, entonces la segunda fortuna de Inglaterra, y presidente de los ferrocarriles Británicos, se dirigió en los siguientes términos a 150 profesores de la Universidad de Texas:

"El sistema bancario fue concebido en la iniquidad y nació en el pecado. Los banqueros internacionales poseen la tierra. Quitadles todo lo que tienen, pero dejadles el poder de crear depósitos[11], y

---

[10] R. McNair Wilson. *"Promise to pay"*, Omnia Veritas Ltd, www.omnia-veritas.com

[11] En la deliberadamente embrollada terminología bancaria, la palabra "depósito" no significa, como la mayoría cree, el dinero depositado en el banco por un impositor. Depósitos bancarios son, de hecho, "préstamos de promesas de pagar dinero legal ténder", y superan a menudo hasta diez veces más las imposiciones de los clientes, presentadas

con unos cuantos plumazos crearán los suficientes depósitos para recuperarlo todo otra vez. Pero si les quitáis el poder de crear dinero, todas las grandes fortunas desaparecerán, incluyendo la mía, y éste será un mundo mucho más feliz. Pero si queréis continuar siendo esclavos de los bancos y pagar los costos de vuestra propia esclavitud, dejadles continuar creando depósitos"[12].

Lo increíblemente chusco de esta clarísima declaración, es que el que la formuló, Sir Josiah Stamp, unía a su condición de presidente de las "Bristish Railways", la de... Presidente del banco de Inglaterra, entidad que, pese a su empaque oficial, es, igual que el "Federal Reserve Board", una empresa privada que, desde su fundación, ha sido casi siempre dirigida por individuos del mismo

---

en los balances, de los bancos como "Dinero en caja". El término "Deposit", en inglés significa, bancariamente, en Inglaterra, Estados Unidos, Australia, Canadá y Nueva Zelanda, préstamo. Está consagrado por la expresión: "A loan creates a Deposit" (Un préstamo crea un depósito). Tanto es así que al dinero escriptural se le llama en los países anglosajones "Bank Deposit Money". En Bélgica, en cambio, la palabra "Dépot" se refiere, bancariamente, al dinero que los impositores han depositado efectivamente en los bancos para su custodia y fructificación. Lo mismo ocurre en Francia. En cuanto a España, después de consultados algunos balances de bancos, se observa: 1: A veces el epígrafe "Depósitos" representa el séxtuplo del epígrafe "Cuentas corrientes" (períodos de crisis) y a veces el nónuplo (períodos de expansión). 2: A veces no guarda ninguna relación (sin duda por englobarse en uno de ambos epígrafes cantidades correspondientes a OTROS epígrafes, con la finalidad de simplificar las crónicas financieras de los periódicos). 3: A veces el epígrafe "Depósitos" representa, respectivamente, en períodos de crisis o de expansión, la sexta parte o la novena parte del de "cuentas corrientes". Relacionando las observaciones primera y tercera, se llega a la conclusión lógica de que, juegos de palabra aparte, lo que los bancos prestan —exactamente, pretenden prestar- representa de seis a nueve veces la suma total de lo que poseen.

[12] Citado por "*Common sense*", New Jersey, 1.4.70.

origen que los que han dirigido y dirigen el "Federal Reserve".

Queda, pues, bien claro, que las pretendidas crisis económicas son, en realidad, crisis financieras, muchas veces deliberadamente originadas[13]. Thomas Jefferson dijo, en cierta ocasión: "Creo que las instituciones bancarias son más peligrosas para nuestras libertades, que los ejércitos enemigos. Ya han conseguido erigir una aristocracia del dinero que desafía al Gobierno. El poder de emitir moneda debiera serles arrebatado (Jefferson se refería, claro es, a la moneda crédito) y devuelto al pueblo a quien realmente le pertenece".

En realidad, el poder de crear dinero –tanto dinero- ténder como dinero-crédito- debiera quedar reservado al estado, quien lo iría poniendo en circulación a medida que las necesidades lo exigieran.

Es preciso terminar de una vez con el ciclo aparentemente inevitable, "prosperidad-crisis" o "inflación-deflación", o "boom-slump", o como quiera llamarse. Este fatídico ciclo tiene, para la economía de una país, los mismos efectos que una transfusión de sangre seguida de una sangría cuando el paciente se está empezando a recobrar. El principal resultado del "ciclo" es la carrera "Precios-salarios"... en la que los primeros siempre ganan.

La circulación de la moneda en un determinado país debiera

---

[13] Bajo la "Federal Reserve Act", los pánicos son artificialmente creados, con la rigidez y exactitud de un problema matemático, tal como acaba de suceder (1920). Charles Lindbergh, Sr.

reflejar exclusivamente su capacidad de producir riqueza, su capacidad de desarrollo potencial y la necesidad de emplear mano de obra, Únicamente el Estado –un Estado soberano y libre- cuyos servidores no hayan debido "comprar" los votos de sus electores con una costosa propaganda que le ha sido financiada por los que en ellos mandan... porque quien paga manda. Un Estado libre de la gelatinosa, invisible, omnipresente influencia del Money Power, puede llevar a cabo una política económica sana, apartada de las cadenas del "dinero-deuda" y de la usura. Los bancos tienen una función económica y social que cumplir; en retribución a esa función tienen derecho a unos beneficios justos y normales, pero no se pude permitir que la economía de una nación dependa de los bancos; los bancos deben servir al país, y no éste a los bancos.

El Estado debe ser no sólo el emisor de la moneda ténder, sino también el dispensador del crédito. El préstamo sin interés a empresas solventes fue el "deus ex machina" del colosal salto dado por la economía alemana desde 1933 a 1939; no lo fue, como se ha pretendido absurdamente, la gran capacidad de trabajo del pueblo alemán. Dicha capacidad de trabajo –incuestionable- no la inventó el régimen nacionalsocialista, pero su decisión de arrebatar el poder de "crearlo" a los bancos, sí fue, indudablemente, el motivo esencial. Podrá objetarse que los estados pueden equivocarse, pueden cometer abusos, sean del color que sean... rojos, blancos o azules, vayan o no a Misa sus dirigentes... pero lo que no podrá discutir nadie es que si un Estado PUEDE equivocarse o PUEDE ir contra el bien común en materia financiera, un banco, o, más aún, un sistema bancario, DEBE forzosamente ir contra dicho bien común. Y ello por definición: Un Estado es una fundación pública y su función es el bien público; un Banco es una empresa privada y su función es el bien privado propio, y es natural que así sea. Lo que no es natural es que, mediante un timo secular, la función pública de facilitar y posibilitar el intercambio de bienes, como es la emisión de dinero (ténder o crédito) se haya convertido en un fabuloso e inmoral monopolio privado.

Es incuestionable que si la primera obligación de un Estado es proteger a sus súbditos, y, en el problema que nos ocupa, protegerlos contra el dinero-deuda y la Usura Financiera, la primera medida que debe adoptar dicho Estado debe tender a librarse él mismo de la tutela del comúnmente llamado Money Power. Dice Juan Beneyto[14] que "todo el enorme problema que ha planteado a la economía estatal el tema de la Deuda Pública, se relaciona con la falsa construcción de la necesidad de dinero para el Estado. la idea deriva de que el Estado proceda como un particular. El Estado no debe proceder como un particular. El Estado tiene tres posibilidades para cubrir sus necesidades financieras: 1. La soberanía sobre los servicios públicos. 2. La soberanía sobre la moneda. 3. La soberanía sobre las finanzas. Hay que partir de la distinción entre lo público y lo privado, porque si no...el único camino que queda es ese endeudamiento del Estado. La curación no cabe más que merced a un Estado, como el nacional-socialista, que sea

---

[14] Juan Beneyto, *"Nacional-Socialismo"*. Citando a Gottfried Feder.

señor del dinero. Sólo así tiene viabilidad una finanza estatal fuerte".

Un Estado libre de deudas no tiene por qué gravar brutalmente a sus súbditos para pagarlas, como ocurre actualmente en Norteamérica. La Alemania de 1933-1939 fue uno de los países en que menos presión fiscal existía, y "el objetivo último de nuestro Estado –decía Gottfried Feder- es el establecimiento de un estado sin impuestos"[15], citando como ejemplo al Estado de Baviera –que no es, precisamente, de los más ricos de Alemania-, cuya hacienda estatal se construía sin un solo pfenning de impuesto. Lo que Baviera lograba de la explotación de los bosques y jardines estatales, de los ferrocarriles, servicios de Correos y Telégrafos, compensaba sus gastos en atenciones culturales y educacionales, servicios públicos y administración de Justicia. Todo lo recaudado en impuestos se destinaba íntegramente a pagar la Deuda Bávara, y la parte correspondiente de la Deuda Nacional.

El Estado –sea del color que sea- es, endémicamente, un mal comerciante. De ahí el fracaso clamoroso del marxismo. la función del Estado no es comerciar, sino –en la vertiente de su política interior- conservar el orden público, desarrollar la riqueza e impedir abusos. Particularmente, estamos contra las nacionalizaciones de empresas, y, en consecuencia, también contra la nacionalización de la banca, "solución" que no solucionaría nada y convertiría al Estado en un comerciante de dinero cuando –como esperamos haber demostrado ya- el dinero no es una mercancía, sino un medio de

---

[15] Juan Beneyto. Op. cit. Ibid. Id.

intercambio, y la catástrofe de los "ciclos económicos" se origina, precisamente con la artificial alteración del valor de algo que debería ser fundamentalmente estable. Cuando decimos que el Crédito debe ser reservado al Estado, queremos hacer hincapié –lo repetimos- en que dicho crédito debe ser sin interés. Ya Platón calificó de "aberración contra Natura" la pretensión de hacerle producir dinero al dinero.

Y para llevar a la práctica la necesaria, imprescindible, reforma financiera –que es la única alternativa a la catástrofe de los "ciclos"-, lo único que necesitan los Estados es aplicar su Código Penal, que reprime el delito de la falsificación de moneda, pues eso y no otra cosa es el "dinero-crédito" y el "dinero-deuda".

O esto, o la perpetuación indefinida del Robo de los Siglos.

EL SIGLO DE LOS ROBOS

"Hay dos historias: la historia oficial, embustera, que se enseña "ad usum Delphini"; y la historia secreta, en la que se encuentran las verdaderas causas de los acontecimientos: una historia vergonzosa".

Honoré de Balzac

"El Capitalismo se parece a la Propiedad como el sofisma se parece a un razonamiento, como Caín, tal vez, se parecía a Abel".

Edouard Drumont

La Banca, que alcanzó un poder determinante en el siglo XIX, ha llegado, en el actual, al dominio absoluto de la vida económica, tanto en el Occidente de la "libre empresa" como en el Oriente "comunista". Hoy en día, cuando se plantea la puesta en marcha de una empresa cualquiera, tenga o no finalidad lucrativa, lo primero que se pondera es la probable actitud de la banca –local o nacional, según la índoles de sus actividades- hacia la empresa en cuestión. Hogaño, casi nada puede hacerse, y prácticamente nada puede perdurar sin el apoyo de los bancos. De simples ejecutivos de un servicio que debía facilitar el intercambio de las mercancías, han pasado los banqueros a ser, sucesivamente, los reguladores; luego, los controladores, y, en fin, prácticamente los amos de toda la riqueza mundial. Y, apoyándose en ella, del poder político.

Shylock y sus correligionarios de la edad media eran unos inocentes monaguillos comparados con los magos de la moderna Finanza. Al fin y al cabo, los usureros de aquella época cobraban hasta un treinta y un cuarenta por ciento de interés mensual... pero no se debe olvidar que ese alocado interés, por abusivo que fuera, se cobraba sobre un dinero existente, real, tangible, y perteneciente al usurero, el cual corría, además, inmensos riesgos personales, plasmados, a menudo, en penas de presidio, cuando no en "pogroms", expropiaciones y expulsiones. Por el contrario, los modernos banqueros practican, grosso modo, la siguiente operación: toman prestado un dinero, el de sus impositores, por el que pagan un interés del 0´5 por ciento. Ese dinero lo prestan a su vez al 9 por ciento, lo cual representa un beneficio del 1800 por ciento; beneficio que no ha dado ni dará jamás negocio alguno. Maravilla el comprobar cómo ningún Estado, ningún juez, ninguna comisión al estilo de la Fiscalía de Tasas que existió años ha en España, ha tomado jamás medidas, por beneficios abusivos, contra esos comerciantes del dinero –y comerciantes monopolistas, no se olvide- cuando por un simple 30 por ciento se han clausurado, a veces, establecimientos, y sus propietarios han ido a parar a la cárcel. Pero no termina aquí el abuso bancario: los bancos no ganan "solo" un 1800 por ciento, sino que, como ya henos visto[16], al multiplicar por nueve sus préstamos, creando moneda escriptural, -moneda falsa, no nos cansaremos de repetirlo-, sus beneficios, al consumarse este auténtico delito contra el Código Penal y contra la Humanidad, se

---

[16] En la primera parte titulada "*El Robo de los Siglos*" y escrita en 1971.

multiplican igualmente por nueve. Por cada cien denarios[17] recibidos de sus impositores, el banco paga a estos un interés anual de medio denario, y cobra, al "prestar" novecientos denarios, un interés del 9 por ciento, es decir, 81 denarios, lo que equivale a un beneficio del 16.200 por cien[18]. ¡Y los cielos no se hunden!

...Mientras, los fríos monstruos estatales se ensañan con el pequeño y mediano empresario que disimula sus beneficios para poder sobrevivir. Y los obispos, metro en mano, aquilatan la longitud de las minifaldas, tras lo cual paren trabajosamente un sabio texto en latín... y todos los detentadores del Poder – del Poder "oficial", al menos- guardan atronador silencio ante secular atropello de lesa Humanidad.

* * *

En "El Robo de los Siglos" hemos trazado, muy someramente, un esquema de las actividades del banquero "nacional"; del hombre, o la entidad bancaria, que "inventa" un dinero inexistente, del que

---

[17] Evitamos mencionar unidades monetarias vigentes por dos motivos: porque los caballeros de la Finanza, por grotesco que pudiera parecer, suelen querellarse contra sus detractores amparándose en razones patrióticas; así, por ejemplo, hay quien asimila la salud del dólar a la Civilización "Cristiano-Occidental". El segundo motivo –el que nos ha inducido a inclinarnos por el denario –se basa en que esa unidad monetaria fue la que sirvió para pagar los servicios del insigne financiero, el señor Iscariote (Don Judas), a quién se ha erigido una estatua en Moscú, y otra en el Bronx neoyorquino, capital de la Finanza Internacional.

[18] Descontando los gastos de gestión, personal, etc., dicho porcentaje debe bajar, pero teniendo en cuenta otras operaciones en que la picaresca bancaria raya a gran altura, no es aventurado suponer que este inaudito negocio deje un 20.000 por ciento de beneficio.

extrae un interés que él hace pagar a sus conciudadanos. Observemos, ahora, la otra vertiente de las actividades bancarias. El que podríamos llamar banquero "internacional" presta su dinero (en realidad, como sabemos, ni presta ni es su dinero) a firmas que se dedican al comercio con países extranjeros. Le interesa primordialmente, a este banquero, que el volumen del comercio exterior se mantenga a un buen nivel, con objeto de preservar la demanda imperiosa de sus "préstamos". No ha escapado a su percepción que cuando sus colegas, los banqueros "nacionales", conceden demasiados créditos, el volumen de las exportaciones tiende a disminuir, pues las gentes pueden comprar las mercancías que se producen en el país y sólo exportan lo que les sobra. En ese caso, el banquero "internacional" tiene interés en que los "nacionales" reduzcan sus préstamos. En realidad, él hace lo mismo que el "nacional", concede créditos –por valores que multiplican, aproximadamente, por nueve el total de los depósitos de sus cuentacorrentistas- a navieros, compañías aseguradoras, sociedades de transportes internacionales, firmas exportadoras, etc.

Era lógico, se ajustaba a la naturaleza de las cosas, que el banquero "nacional" y el "internacional" llegaran a una cooperación total y absoluta, por cuanto sus operaciones se rigen por un mismo modus operandi, y, además, se complementan admirablemente. Por consiguiente, cuando, hablando en el argot bancario, se produce un "boom" en el mercado interior, el banquero "nacional" recibe el apoyo, el "crédito" de su colega "internacional". Y cuando a esta "prosperidad" sucede lo inevitable, la cíclica "crisis", el banquero "nacional", que ha cancelado sus créditos, los abre de nuevo a favor de su colega que financia las exportaciones, muy a menudo a precios viles, y sostenidos incluso con primas estatales, para dar salida a una producción que nadie puede comprar en el propio país –porque las gentes se han quedado sin medios de pago- pero que es imprescindible "colocar" en cualquier parte, aunque sólo sea para dar trabajo a obreros y empleados y evitar el caos social. De hecho, en fin, banqueros "nacionales" e "internacionales" han llegado a una identificación total, tanto personal como de actividades.

* * *

El intríngulis del negocio bancario radica en la obtención de un nivel móvil de precios, lo que repercute, lógicamente, en un nivel móvil de salarios.

Si un Estado fuera suficientemente fuerte y suficientemente justo –estos dos atributos deben ser complementarios en política- para fijar, para imponer, un nivel estable de precios y salarios, los industriales, agricultores, comerciantes, etc., podrían saber, podrían prever a largo plazo lo que obtendrían con sus productos. Podrían conducir racionalmente sus negocios, y muy pronto lograrían prescindir de los "créditos" bancarios, escapando así de las garras de la Deuda. Los banqueros no sabrían qué hacer con sus "créditos". Su clásica arma derrotista, consistente en hacer bajar los precios con la retirada súbita de los créditos, quedaría sin efecto al intervenir el Gobierno, y, mediante la adecuada creación de nuevo dinero legal ténder, hacer subir nuevamente, y de inmediato, los precios a su nivel anterior. Y si los bancos se excedían en la creación de créditos, y los precios, por vía de consecuencia, subían, el Gobierno intervendría de nuevo y, mediante la aplicación, por ejemplo, de impuestos a bienes y actividades no vitales, o la emisión de bonos estatales para la financiación de obras públicas, retiraría dinero de los mercados, y los precios se estabilizarían de nuevo. La estabilidad, la soñada estabilidad que buscan todos los gobiernos actuales sin lograrla por no saber –o no querer- enfocar el problema de cara, sería conseguida. Los productores podrían tener confianza en sus mercados, y de lo único que deberían preocuparse para sobrevivir sería de una noble competencia en calidad y, si acaso, de las variaciones de gustos y preferencias populares. Todos los productos competentes escaparían así del yugo bancario, y adquirirían su propio capital. Los banqueros volverían a su primitiva función de guardianes de los ahorros del público, y, por esa labor de custodia, mas la prestación de otros servicios – incluyendo la cooperación con el Estado en la financiación de obras de utilidad pública, pero sin rentabilidad inmediata- cobrarían unos honorarios razonables.

Los seguidores de la ortodoxia liberal siempre han sido enemigos furibundos de la intervención del Estado en la estabilización de los precios. El argumento que esgrimen con más fuerza se basa en que la congelación de precios y salarios surte un efecto desastroso en las exportaciones. El ideal de estos caballeros consiste en que la llamada balanza de pagos sea favorable, es decir, que las exportaciones superen a las importaciones. Lo curioso es que no parecen darse cuenta de que esto es imposible que suceda en todos los países a la vez, pues a cada país con una balanza favorable debe corresponder, en teoría –y en la práctica- otro con balanza desfavorable. La consecuencia lógica es la guerra económica... y, tras esta, la otra. La guerra total. Sorprende comprobar como, en el Campo de la Economía y las Finanzas, las elucubraciones de los trasnochados liberales, generalmente pacifistas, y a veces personas bien intencionadas, desembocan – como les ocurre en el terreno político- en la guerra.

En realidad, la finalidad de la Economía consiste en cubrir las necesidades del país. La de la Finanza, en racionalizar el intercambio de mercancías. Si siguiéramos a los liberales en su argumento de que la moneda pierde valor con relación a las monedas extranjeras, a causa del déficit de la balanza de pagos, podríamos apoyarnos en su propio razonamiento y decirles que si un país debe vivir solamente para enviar sus productos al extranjero, su moneda –precisamente por tener poco valor- debería ayudarle a exportar. Si medio denario en dinero extranjero vale, en un país determinado, un denario, no cabe la menor duda de que ese país puede vender más baratos sus productos al extranjero. Pero, en realidad, no nos interesa abrir, a puntapiés, la puerta franca de los argumentos de la caduca Economía Liberal, porque nos negamos rotundamente a creer, como afirman los fanáticos de la exportación a ultranza, que un país existe exclusivamente para enviar sus productos a mercados extranjeros. Lo que interesa a una Economía natural y sana, es la consecución de un mercado nacional capaz de comprar los productos nacionales. Y cuando existe un exceso de producción de determinados artículos, se vende al extranjero. Este exceso se utiliza para servir de pago de los productos extranjeros que se precisan. Por supuesto, la aplicación de este sistema, que por cierto siguió Alemania con singular éxito en la época comprendida entre 1933 y 1939, significa el fin de las originalidades[19], pero, en cambio, significa también la movilización de todas las actividades productoras del país a favor de la creación de un mercado nacional poderoso; que los industriales compren a los agricultores y los agricultores a los industriales. Y significa la restauración de la Agricultura como la más importante de todas las industrias[20].

* * *

La falacia básica de la Finanza Internacional podríamos

---

[19] Nada más original, en efecto, que ciertas manifestaciones del Liberalismo económico en boga. Firmas francesas venden vinos franceses a Bélgica, y otras firmas francesas compran a Bélgica vinos alemanes... y franceses. Firmas españolas compran plásticos a Alemania, y otras –o las mismas- firmas venden plásticos a otros países, incluyendo a Alemania. Firmas suecas venden paraguas y ataudes a Mauritania, y firmas españolas compran, en Inglaterra, tejidos...españoles.

[20] La más importante no significa necesariamente la mayor. Significa simplemente la asociación de los hombres con su suelo nativo, y esto solo se puede lograr con una población rural sana y digna, y que haya dejado de ser la pariente pobre de las poblaciones humanas. Si en toda Europa existiera un paisaje de tan alta categoría como el de Normandía o Baviera, o la admirable "gentry" inglesa, el porvenir de nuestra Patria Europea no nos inspiraría temor alguno.

podríamos expresarla, parodiando el estilo generoso y lírico de sus portavoces, de la siguiente manera: "Debemos considerar el Planeta como una unidad. Todos los hombres somos hermanos. Las tribus fueron absorbidas por los reinos; los reinos por los imperios. Ahora tenemos ya esa maravillosa creación de la Razón Humana: la O.N.U. Sí, como todas las religiones nos lo aseguran, somos hermanos, no por ello dejamos de ser los asociados de la empresa "Mundo Feliz". Sólo la Finanza puede conseguir ese Mundo Feliz. El Dinero, y solamente el Dinero, puede garantizar una justa y libre distribución de la riqueza. Supongamos que las fronteras desaparecieran: los economistas decidirían dónde debían cultivar, por ejemplo, el o el algodón. No anárquicamente, como ha permitido el egoísmo de los nacionalismos, sino racionalmente, allí donde más pronto y fuera más barato. Al lado de las minas de carbón instalaríamos las grandes industrias; junto a las minas de hierro, las fundiciones, y, al lado, para no perder tiempo y encarecer la mercancía, los exquisitos poblados de los hermanos obreros, con grandes casas de pisos... casas bien altas, para abaratar el costo de los terrenos...y todas iguales.

¿No sería maravilloso? ¿No sería un beneficio para todos esta estupenda colaboración? ¿No acabaría ello con las barreras egoístas y retrógradas de los nacionalismos? ¡Qué maravillosa visión! ¡La Tierra entera, desarrollada y explotada racionalmente para el beneficio de cada uno de nosotros, los socios de esa empresa grande y generosa! ¿Qué se opone a la materialización de ese sueño edénico? ¡El nacionalismo! ¿Qué es le nacionalismo? Un sentimiento superado, consistente en pensar sólo en sí mismo y en las gentes que se parecen a uno; en despreciar a los extranjeros, porque no hablan como nosotros o son de diferente color. Sólo la Finanza puede llevar a cabo la empresa magnánima de acabar con los particularismos y crear la Gran Sociedad de Consumo Universal".

La realidad, sin embargo, difiere mucho de ese hermoso cuadro... suponiendo que fuera hermoso, que para nosotros dista mucho de serlo. Sucede que, de hecho, la Finanza Internacional es una de las causas de las guerras. Los banqueros internacionales abren créditos de modo que el oro raramente sea demandado por sus prestatarios. Pero si la balanza de pagos pasa a ser muy deficitaria, o simplemente se desequilibra demasiado, entonces se crea una situación en la que es presumible que dichos prestatarios exijan el oro —o la moneda legal tender. que los banqueros han prometido pagarle, promesa por la cual están pagando un interés anticipado. "En el caso de un país cuyas exportaciones no llegan a compensar sus importaciones, deberá enviarse oro al extranjero para compensar el saldo desfavorable, porque si no se hace así, la moneda del país perderá valor con relación a la moneda del país con quien está en relaciones comerciales"[21]. En otras palabras, cuando las exportaciones de un país son superadas por sus importaciones, el valor de su moneda tenderá a bajar en relación con las demás, por la sencilla razón de que habrá más gente usándola para comprar monedas extranjeras que gentes usando

---

[21] R. Mc Nair Wilson: *"Promise to pay"*, Omnia Veritas Ltd.

moneda extranjera para comprar la del país en cuestión. La única manera de impedir la pérdida de valor de la moneda es exportando oro. Pero como los banqueros internacionales –como los nacionales- han prestado "promesas de pagar" (créditos), nueve veces más dinero del que realmente poseen, es evidente que debe poner límites muy estrictos a la exportación del oro[22], pues si esa demanda de oro se prolonga un poco más de lo normal, los banqueros se verán obligados a declararse en bancarrota, y cerrar sus puertas. ¿Cómo pueden protegerse? Rehusando nuevos préstamos y obligando a sus clientes a cancelar, o, al menos, reducir, sus cuentas deudoras. Es decir, actúan como sus colegas, los banqueros nacionales. El resultado es que una gran cantidad de bienes destinados a la exportación inundan el mercado nacional, los precios bajan en barrena, y se desata el pánico. Para impedir ese pánico, no hay más remedio que bajar los precios de las mercancías a exportar –muchas veces con subvenciones estatales- lo cual representa un golpe suplementario no sólo a la Economía, sino a la Moral del país, que ha debido someter la capacidad adquisitiva de su moneda (su poder de compra) a las conveniencias de los banqueros internacionales. Con objeto de lograr que los productos destinados a la exportación sean de costo lo más bajo posible, se sacrifican los salarios de obreros y empleados, se procura defraudar en la calidad y se utilizan unos procedimientos comerciales de los que la ética y la más elemental decencia están cada vez más alejados. Y en el siglo del maquinismo y de la superproducción, coexisten la miseria y los

---

[22] R. Mc. Nair Wilson: Ibid. Id.

stocks desbordantes; las clases se culpan las unas a las otras; hay huelgas y lock-outs, y nadie, o muy pocos, se aperciben de quién es el verdadero causante del desastre; no ven que los modernos alquimistas de la banca, con sus "promesas de pagar" lo que no tienen, enervan, desmoralizan y arruinan a sus víctimas, es decir, a toda la Humanidad. La raíz de todos los males "económicos" no es otra que la apertura de créditos por instituciones bancarias que no poseen el dinero necesario para hacer efectivas sus "promesas de pagar". Todos los banqueros del mundo, nacionales e internacionales, están en la misma situación: todos ellos han prestado en "promesas de pagar" nueve veces más dinero-ténder del que realmente tienen en custodia; y todos ellos también están en permanente zozobra de que se produzcan bruscas demandas para la redención de sus "promesas" en una cantidad que exceda a sus comparativamente pequeñas existencias de dinero auténtico. El patrón oro –o cualquier otro patrón- no es más que "un expediente inventado para salvaguardar los cambios de moneda extranjera y, de este modo, evitar a los bancos los asedios de sus acreedores, que pondrían de manifiesto que los banqueros se encuentran en estado de insolvencia permanente"[23].

* * *

Un inciso, necesariamente muy somero, sobre el Patrón-Oro, que constituirá, sin duda, la irrisión de tiempos venideros. Los liberales ortodoxos, y los fisiócratas, pretenden que el dinero, para ejercitar

---

[23] Hermann Hoppker Aschoff. *"El Dinero y el Oro"*.

con eficacia su función, debe tener un valor intrínseco. En un principio, el valor de la moneda de oro; luego, el oro que se suponía estaba en las arcas del banquero, y que éste prometía pagar contra al entrega del billete de banco (un auténtico recibo), aunque ocho de cada nueve de las promesas de aquél caballero eran falsas. De sobras es conocida la aprensión de los financieros contra las emisiones de moneda realizadas por el estado, calificadas de "inflación", como si las actividades bancarias no se caracterizaran, precisamente, por un juego alterno de inflaciones y deflaciones que exprimen a los pueblos. la realidad es que el Patrón-Oro Gertrude Coogan[24] da, para ilustrar la falacia del patrón Oro, el siguiente ejemplo: Un gobierno construye un teatro con capacidad para mil espectadores. pero como, por alguna extraña razón que se pierde en la noche de los tiempos, se cree que las entradas deben ser de oro y el gobierno carece de ese metal, se dirige a la única persona del país que resulta ser poseedora de oro, y le encarga la emisión de las entradas. Este hombre pronto se da cuenta de que a la gente le resulta incómodo y engorroso llevar

las pesadas entradas en los bolsillos, y, por pura caridad, para evitar molestias a sus conciudadanos, futuros espectadores del teatro gubernamental, les suministra unos papelitos en los que, con impecable caligrafía, está escrita esta frase: "Prometo pagar al portador una entrada de oro". El día de la inauguración, apenas una décima parte de las butacas del teatro están ocupadas, aunque en

---

[24] Gertrude M. Coogan. *"Money Creators"*.

la calle, a la puerta del teatro, muchos espectadores potenciales hubieran deseado entrar. Como quiera que el Ministro de Cultura se dirigiera al emisor de los billetes preguntándole la razón de aquella anomalía, y le instara a que proporcionara las entradas necesarias para llenar el teatro, aquél le respondió que ello no era posible, pues sus entradas eran "recibos de entradas de oro". Lo que no dijo fue que, de hecho, ya había puesto en circulación nueve o diez veces más recibos que auténticas entradas de oro guardaba en su caja fuerte. Tenía miedo de emitir más recibos, por si se producía el caso de que, súbitamente, por alguna razón, la gente empezara a exigir las entradas de oro, en vez de sus recibos de papel. Como estaba determinado a impedir que el Estado se diera cuenta de que con recibos de papel se podía llenar el teatro, empezó a agitar el espantajo de la inflación. "El valor de las entradas reside en que son de oro" afirmó el emisor-negociante de entradas. "Los políticos irresponsables que pretenden emitir entradas de papel, son unos inflacionistas y unos enemigos del arte teatral"... "No señor –repuso el Ministro de Cultura-. Lo que nosotros pretendemos es llenar el teatro, y que nuestros conciudadanos utilicen las butacas que hemos dispuesto para ellos. La inflación, si acaso, consistiría en emitir más de mil entradas. Pero mientras queden asientos libres, ¿por qué no podemos continuar emitiendo entradas?"... "Porque son entradas que no pueden cambiarse por oro.

¿Disfrutarían Uds. a gusto de una representación teatral sabiendo que su entrada no es más que un pedazo de papel sin valor?", se empecinó el empresario, quien formuló, para terminar, su argumento-mazazo: "¿Cómo pueden Uds. estar seguros de que no imprimirán demasiadas entradas de papel, de manera que muchos detentadores de tales entradas deban quedarse forzosamente en la calle?"... "Porque sabemos el número de asientos del teatro", contestó el Ministro.

Pues bien, no cabe la menor duda de que cualquier Gobierno moderno conoce perfectamente la renta –la riqueza- de un país. Con un manejo adecuado de la estadística y de la Informática, el riesgo de la inflación prácticamente no existe. Más aún, suponiendo que, para cubrir la mala gestión de las explotaciones estatales[25], el Gobierno permita que se le vaya la mano y haga trabajar con exceso la imprenta de la Casa de la Moneda, la inflación que se habrá producido no tendrá importancia alguna comparada con la mastodóntica inflación bancaria.

* * *

Hemos expuesto, muy a grandes rasgos, el sistema financiero. La raíz de ese sistema es una mentira. La mentira de un hombre que habiendo prometido pagar nueve veces más de lo él posee, se supone que es capaz de cumplir tal promesa. De ahí arrancan, en cascada, más mentiras: la mentira de que una pérdida de oro es una desgracia nacional; la mentira de que los cambios de moneda

---

[25] Insistimos en que lo ideal es que el Estado se dedique a su misión específica, es decir, la actualización e la Idea nacional, la protección moral y física (racial) del Pueblo, y la conservación del orden. Porque, hasta la fecha, la Historia no proporciona un solo ejemplo de estado-comerciante cuya gestión fuera beneficiosa para la nación.

extranjera deben mantenerse fijos; la mentira de que los precios y salarios no "pueden" estabilizarse; la mentira de que un país vive sólo gracias a sus exportaciones; la mentira de que el mercado interior debe estar subordinado al exterior; la mentira de que los salarios elevados son un peligro; la mentira de que el país que importa más que exporta "vive por encima de sus medios", y la mentira de que el remedio contra la superproducción es la quema de las cosechas para salvaguardar los precios.

Y, junto a esa pirámide de mentiras, el espectáculo del progreso de la Técnica, con unos stocks desbordantes que no se pueden distribuir...por la única razón de que, contra viento y marea, es necesario mantener el Imperio de la Mentira.

Nos guste o no, es preciso admitir el hecho de que, en nuestra época, existe una estrecha interdependencia entre el Dinero y el Poder. Como la finanza es, por su esencia, internacional, el poder que persigue es igualmente internacional. Los mundialistas, los apólogos de la O.N.U., son financieros o actúan en representación de la Finanza. El mundo es hoy gobernado, tanto política como económicamente, por determinados hombres sirviendo a determinadas Fuerzas, que en Norteamérica reciben el nombre de "Establishment". Estos hombres ocupan posiciones clave, aunque no es imprescindible que su rango político oficial sea preeminente. Así, por ejemplo, resulta curioso comprobar cómo los Presidentes de los estados Unidos, elegidos por Sufragio Universal, parecen ser incapaces de tomar decisión alguna sin consultar previamente con una especie de "visires", elegidos a dedo. Nixon tiene a Kissinger, que procede de la poderosa Banca Goldman, Sachs & Co., como Johnson y Eisenhower tenían a Sidney Weinberg, de la misma institución bancaria y a la vez estrechamente ligado a los Rockefeller; y Kennedy, Truman y Roosevelt tenían a Bernard Mannes Baruch, consejero de 29 bancos[26] y a Felix Frankfurter, un hombre de los Warburg, los "dioses" del Federal Reserve Board[27]. ¿Nixon, Johnson, Kennedy, Roosevelt, tenían ...? O más bien, ¿Kissinger, Weinber, Frankfurter o Baruch tenían a aquellos?

¿Quién tenía a quién?...Para responder a este dilema bastará recordar la frase de Céline: "Democracia es Plutocracia". Unas elecciones las gana siempre el candidato que más dinero tiene a su disposición para sufragar su campaña electoral, costosísimo circo que solo la Finanza puede sostener. Y ya se sabe: quien paga manda. En Inglaterra, cuando gobiernan los conservadores (que son unos caballeros que hacen política laborista) es público y notorio que las "eminencias grises" son Charles Clore y Jack Cotton, dos super-financieros de la City londinense; cuando gobiernan los laboristas (que son unos tenderos que hacen el ridículo) aparecen, rodeando a Harold Wilson, otro grupo de financieros: Wolfson, Berstein, Cohen, Zuckerman y Maxwell[28] todos ellos estrechamente

---

[26] Dan Smoot, "*The Invisible Government*".

[27] En todos estos caballeros concurren dos circunstancias curiosas: proceden de Alemania, y por su aspecto, deben ser descendientes de los Caballeros Teutones de la Orden Hanseática.

[28] Tras alimentar nuestro espíritu contemplando los rostros de estos gentlemen en la revista londinense "Spearhead", nuestras dudas se ha disipado: se trata de puros especímenes

ligados al poderosísimo Banco Lazard. Como también están ligados a los Lazard y a los Rothschild la mayoría de figuras políticas de alguna significación en Francia, lleven etiqueta de izquierdas, de derechas o del centro.[29]

El "Establishment" mundial lo componen unas trescientas familias de rancio abolengo, estrechamente ligadas entre sí por lazos familiares y económicos. Controla de forma prácticamente total el mercado mundial de publicidad, con el cual somete al mercado de las noticias: prensa, radio y televisión. El mercado mundial del trigo debe asociarse al nombre de Dreyfuss[30]. En la industria química, siete grandes consorcios entre los que destaca el trust "Imperial Chemical Industries", creación de la familia Melchett (a) Mond (a) Moritz, representan el noventa por ciento de la producción mundial. El mercado de niquel es un condominio de las familias Mond y Rothschild. También los Rothschild son la primera potencia mundial en el mercado del mercurio. Los mercados del diamante, la plata, el oro, el cobre y el acero deben asociarse a los nombres de Oppenheimer, Barnato, Beit, Goldschmidt, Guggenheim, Wernek, De Wendel [31], Lewinsohn, Rothschild, Bleichroeder, Japhet,

---

de la vieja nobleza irlandesa, incluso Maxwell, que llegó a Gran Bretaña en 1939, procedente de Checoeslovaquia, dónde –por razones que sin duda aclararán un día los biógrafos- se sintió súbitamente desasosegado.

[29] Los Rothschild, originarios de Frankfurt, son de nobleza austríaca. En efecto, el Kaiser Francisco José concedió la baronía a Nathan Rothschild.

[30] Los Dreyfuss son originarios de Lorena, como Juana de arco.

[31] Los De Wendel no son de rancio abolengo, aunque tienen bastantes lazos familiares, y sobre todo de intereses, con la alta alcurnia.

Seligman, Lazard, Morgenthau, Schiff y Warburg[32]. La familia Zemurray, propietaria de la "United Fruit", controla media docena de repúblicas centroamericanas y posee gran influencia en Sudamérica. La familia Gunzbourg[33] tiene grandes intereses en el Japón, donde controla numerosas industrias. Sería prolijo enumerar la relación completa de las familias que componen el "Establishment"; para la descripción, aun muy somera, de sus actividades, se precisaría un volumen a ello exclusivamente dedicado; lo dejaremos, pues, para una mejor ocasión. Baste ahora con puntualizar que, para el "Establishment", no existen fronteras ni "telones de acero" ...así, por ejemplo, la familia Achberg, controla desde 1917, el Banco del Estado Soviético. Los Achberg, del "Nya Banken", de Estocolmo, pasan por ser los agentes de la familia Rothschild en el norte de Europa.

El "Establishment" rara vez actúa directamente. Los barones de la Alta Finanza actúan por interposición de sus fideicomisarios, que controlan férreamente la Administración. En Francia, por ejemplo, cuenta Henry Coston que, en ese país de libertad cuya divisa democrática se inscribe en el fronstispicio de los edificios públicos, "todas las actividades económicas son estrechamente controladas por la Administarción; hay un dictador del Crédito: el señor Bloch-Lainé; un dictador de la política agrícola: el señor Rosenstock-

---

[32] Los Warburg están en lo alto de la pirámide financiera. Viejos "junkers" del Báltico.

[33] Los Gunzbourg fueron, junto a los Warburg, Schiff y Kahn, financiadores de la Gloriosa revolución Roja de octubre de 1917 (Louis Marschalko, "*World Conquerors*", Omnia Veritas Ltd, www.omnia-veritas.com).

Franck; un dictador de la productividad: el señor Ardant, y un dictador del Plan de desarrollo: el señor Étienne Hirsch"[34].

En tres siglos, la escoria miserable de Europa ha escalado el pináculo del poderío mundial. Ya solo queda la consolidación definitiva del mismo, es decir, la síntesis capitalismo-Comunismo, tras la cual vendrá "la Paz". La paz sin Justicia, paz satánica. la paz del rebaño humano, con unos trescientos pastores y unos cuantos millares de perros policía. Para llegar a la cima, unos hombres diseminados por el Viejo Continente y despreciados por la Humanidad, concibieron, hace unos trescientos años, el mayor robo de la Historia: el Robo de los Siglos. En la actualidad, en nuestro "civilizado" y "democrático" Siglo XX, sus descendientes, con toda legalidad, y además con patente de honorabilidad, reinan, secreta pero despóticamente, sobre la especie humana. Es el siglo de los Robos.

---

[34] Todos ellos "chevaliers" de Borgoña y descendientes de Vercingetórix. La cita de Henry Coston proviene de la obra "*La Haute Banque et les trusts*".

EL ENIGMA CAPITALISTA

El objeto de la máquina es la producción. y el de ésta el Consumo.

La moneda es un instrumento de medida y cambio: no una mercancía.

La Riqueza de una Nación reside en el Trabajo y la Cultura de sus habitantes. (Perogrullo, el Olvidado)

LA MISERIA EN LA ABUNDANCIA

La gran paradoja de la actual crisis económica -que debiera en realidad adjetivarse financiera- es que los hombres no pueden adquirir los bienes que efectivamente han producido. En otras palabras, podríamos decir que nos encontramos en una situación de pobreza en medio de la superproducción. Si consiguiera anclarse firmemente esta idea en los cerebros de las gentes, se habría dado el paso decisivo en el camino de la solución del problema. Sería, en verdad, el primer paso, el paso esencial, el demostrativo de que toda la llamada "ciencia económica" no es más que el fárrago pretencioso y vacuo de un enjambre de payasos, llamados economistas, subvencionados las más de las veces -directa o indirectamente, a sabiendas o, más a menudo, sin saberlo -por los beneficiarios de la demencial situación que padece el mundo.

Es evidentísimo, que si Occidente ha logrado producir bienes y está en condiciones de suministrar servicios, unos y otros cubriendo con creces sus actuales necesidades, debiera atravesar un período de bienestar sin parangón en toda su historia. ¿Porqué los bienes producidos no encuentran comprador? La respuesta salta a la vista. Por que los consumidores no están en disposición de comprarlos. Se traduce científicamente esta situación diciendo que el poder adquisitivo de los hombres ha disminuído en todas partes.

Si alguien niega esta empobrecimiento en medio de la abundancia observemos algunos hechos notorios y ejemplares. Por un lado vemos que en Francia e Italia se obtiene de la Agricultura -que es la rama económica que menos ha progresado en cifras absolutas- un 35 por ciento más de rendimiento que hace cuarenta años[35]. En la Industria, el incesante progreso técnico permite producir más, a una cadencia cada vez más rápida[36]. A pesar de las huelgas, de las guerras, de la pérdida de las colonias y del caos social. estos dos países han -como mínimo- doblado su producción industrial en los últimos cuarenta años. Más cerca estaría de la verdad decir que la han triplicado, pero no existen prácticamente fuentes dignas de total crédito por la polución de sus aguas con la baja política en el sentido más peyorativo de la palabra. Por el otro lado vemos que la población francesa, en ese lapso de tiempo, apenas ha aumentado en un cinco por ciento y la italiana en un 9. La simple aritmética demuestra que esos dos países deberían atravesar una era de prosperidad económica sin precedentes en toda su historia.

Por otra parte, observamos que a pesar de ser Italia el país con mayor número de emigrantes de toda Europa Occidental, hay, a mediados de 1976, más de un millón y medio de parados y cerca

---

[35] *Encyclopedia Britannica*. Britannica Book of the Year, 1967-68-69. William Benton Ed. págs. 453,452,442.

[36] La producción italiana de electricidad aumentó en un 15 por ciento en 1968 y en otro 12 por ciento en 1969, que fue un año particularmente "social" (66 días de huelga). Ibid. Id. 1970, pag. 429.

de un millón en Francia. La cifra debe haber sido rebasada también en España, y ello a pesar de no existir el despido libre y de que los mastodontes fabriles del Instituto Nacional de Industria, deficitarios por definición -como toda empresa estatal, desde la RENFE hasta el último koljhoz ucraniano- absorben una masa laboral importante, cuyo salario político pagará, a la postre, en forma de impuestos, el Pueblo.

Que millones de trabajadores, en toda Europa, al quedar sin trabajo, se queden sin salario -o reciban la limosna del subsidio contra el paro, lo que equivale a traspasar a toda la nación el fardo de los parados- es una consecuencia lógica de causa a efecto. "La crisis es causa del paro", exclamarán unos economistas dirigiéndose, muy serios, al público, en un lado de la pista. " ¡No! Estais equivocados. El paro es causa de la crisis", responderán, con la seriedad de los buenos profesionales circenses, otros economistas. La tradición exige que las discusiones de payasos terminen arrojándose pastéles de crema a la cabeza, mientras jóvenes y mayores dilatan los pulmones y liberan sus buenas dosis de adrenalina. Por desgracia, en el prosaico mundo económico-financiero, estas académicas discusiones son el preludio de contiendas trágicamente reales y serias, en las cuales el viejo dilema producción-consumo es superado con sencillez, mientras los consumidores consumen toda la producción es forma de obuses.

ECONOMÍA ORGÁNICA

La Economía es una manera de pensar, como lo son la mora, la estética, la ética, la política. Cada una de esas formas de pensamiento aisla una parte de la totalidad del mundo y la reivindica para sí. La Moral distingue entre bien y mal; la Estética entre belleza y fealdad: la economía entre útil e inútil, y, en su última fase puramente comercial entre beneficiario y deficitario[37].

Hemos aludido a la Política, la cual divide a los hombres en amigos y enemigos. Considerando el cuerpo político como un todo orgánico, no cabe la menor duda de que la Economía forma parte de la Política. Una parte subordinada, en su totalidad, al conjunto político. La Economía es al todo político lo que el sistema digestivo es a la totalidad de un ser orgánico[38] y sí, conforme se asciende en la escala orgánica, desde el vegetal hasta el ser humano, pasando por el animal, menos importancia tiene, relativamente -insistimos en esa relatividad- el sistema digestivo, tal importancia desciende aún más al llegar al ser orgánico superior por excelencia, la Gran Cultura. Es, entonces, entre sus órganos constitutivos, un "ultimus inter pares" y su función, aún siendo vital, es la menos noble de todas. Hecha esta salvedad, consideramos imprescindible insistir en el

---

[37] Francis Parker Yockey: "*Imperium*", Omnia Veritas Ltd, www.omnia-veritas.com.
[38] J. Bochaca: "*La Finanza y el Poder*", Omnia Veritas Ltd.

hecho de que igual que un individuo puede morir a causa de una parálisis intestinal que, a su vez, provoque una peritonitis, también una Gran Cultura, y, "a fortiori", una nación puede enfermar gravemente e incluso perecer -desaparecer- a causa del caos creado por una enfermedad económica mal diagnosticada y, en consecuencia, inadecuadamente tratada. y no creemos que el espectáculo actual de la miseria en medio de la abundancia permita duda alguna sobre el hecho de la enfermedad de la Economía Occidental. Enfermedad, además, degenerativa, pues del sistema digestivo ha pasado a esparcerse por todo el cuerpo del organismo, incluyendo su cerebro, pues algo debe funcionar mal en éste si admite sin rebeldía situaciones que repugnan al simple buen sentido, como la destrucción deliberada de cosechas para "mantener el curso de los precios agrícolas".

Hemos dicho que la Economía es una parte subordinada al todo político. Un ejemplo más de lo patológico de la actual situación nos lo da el hecho de que lo contrario se tenga por real, es decir, que la Política este subordinada a la Economía, y que ésta sea el motor de la Historia, absurdo propalado por Marx, pero insólitamente refrendado, en diversos grados de sentimiento, por sus enemigos de clase, los llamados "capitalistas" ...aparente paradoja de la que nos ocuparemos más adelante.

ÁMBITO

Vamos a ocuparnos de la Economía del organismo llamado Civilización Occidental, es decir, Europa y sus colonias Culturales esparcidas por el mundo, en una palabra: el Mundo Blanco. Decíamos en una ocasión[39] que "es preciso hacer una distinción entre mundo civilizado y mundo incivilizado, subdesarrollado, subcapaz o como quiera llamársele". Añadíamos que para los subdesarrollados, en las presentes condiciones y para muchos siglos aún, no existía solución para sus problemas económicos, aún contando con recursos fabulosos e inexplotados y con la ayuda, a fondo perdido, que les prestan los Estados Unidos, Europa y las organizaciones mundialistas, y, con miras de influencia política, los países del llamado bloque comunista. Lo razonábamos amparándonos en que la Economía estaba subordinada a la Raza -que podíamos calificar como "las señas de identidad del organismo político", y concluíamos que "una explotación, industrial o minera, dirigida por ingleses, italianos, alemanes o suecos, tendrá, probablemente, éxito, mientras que la misma explotación, dirigida por bantúes, mambaras o nepaleses será un fracaso total". Agravábamos nuestro caso, y consideramos un deber reiterarlo aquí y ahora, al afirmar que el espectáculo de un paria muriéndose de hambre ante una vaca sagrada o de otro indio cualquiera tumbado en un suelo feraz que no se cultiva para no

---

[39] Boletín de CEDADE núm. 24. Junio-Julio 1970.

arañar a la Madre Tierra y que los dioses no entren en cólera, nos deja completamente indiferentes.

La razón de tal indiferencia es doble: en primer lugar, porque participamos de la anticuada creencia de que antes de solucionar los problemas de los demás, hay que solucionar los propios, máxime cuando los pueblos de color no desperdician oportunidad para recordarnos que ahora son "independientes"[40] y para achacarnos la culpa de todas sus miserias; en segundo lugar, porque la felicidad no puede exportarse. La felicidad, es decir, la propia realización es algo absolutamente personal, tanto a nivel del ser humano como al de una Cultura Superior. Lo que satisface plenamente a un europeo, puede dejar insatisfecho a un japonés, y recíprocamente. Y ya escogemos como ejemplo al extranjero que más cerca se halla, salvando distancias y niveles, del Occidental. Hemos visto, en Africa del Sur, a cafres con pendientes en las narices, pilotando rutilantes "Mercedes", vistiendo impecables trajes europeos, y descalzos. Dichos cafres habitan en chozas idénticas a las que pueden verse junto al Aeropuerto de Kinshasa (la antigua Leopoldville), que a su vez deben ser iguales a las que construían sus antepasados mil años ha. Allí donde el blanco impuso, en la época colonial, iglesias, hospitales y carreteras, vuelven rápidamente los hechiceros, los

---

[40] Naturalmente, se trata de una independencia puramente formal. Basta con tener siquiera una rudimentaria idea de la dinámica del Poder para comprender que la independencia es un hecho y no un derecho plasmado en papel de barba, aunque tal "derecho" lo reconozcan todos los Estados de la ONU. Ahora el Presidente Bingobango, de la República Democrática de Monomotapa, escucha los consejos de Abramovitch, embajador soviético, o de Abrahanson, el embajador americano.

magos y los senderos de cabra. La higiene es consustancial con el europeo: bastante menos con el asiático; a los árabes se les deben imponer, bajo severísimo precepto religioso, las abluciones, y en los barrios y ciudades negras de todo el mundo, bajo climas y circunstancias diversos, desde Johannesburgo hasta Nueva York, y desde Nairobi hasta King's Cross (Sydney, Australia) la suciedad es proverbial, sin que en ello influya para nada la supuesta -y desde luego falsa- pobreza del negro. Finalmente, en vez de tantas estadísticas de niños de color que no pueden comer tanto como quisieran, acompañadas de fotografías esperpénticas y desgarradoras que buscan provocar la dirigida compasión del ingenuo ario, convendría que se nos facilitara un estudio, frío y objetivo, acerca de qué han hecho los pueblos mendigos desde que "obtuvieron" -vamos a decirlo así- su sagrada independencia. Por que nada encontramos más grotesco ni más cínico que esas campañas para aliviar el hambre en la India, mientras el Gobierno de ese país anuncia a bombo y platillo, en la prensa mundial, que ya cuenta con la bomba atómica. Y las plañideras contables del Kremlin, de los innumerables partidos socialistas y de las diversas religiones positivas, que tanto se preocupan de calcular cuántos hospitales podrían construirse en Africa Negra y cuántos amarillos podrían comer durante seis meses con el dinero que costó uno sólo de los proyectos espaciales, desaprovechan tan excelente ocasión para ilustrar al pacífico Gobierno Indio sobre la cantidad de parias que podrían alimentarse opíparamente con el dinero que les costó su flamante bomba atómica.

PLANTEAMIENTO DEL PROBLEMA

En el ámbito de nuestra Economía Occidental, la presente crisis se resume en los siguientes puntos:

a).- En el mundo civilizado hay suficientes materias primas, mano de obra especializada, peonaje y conocimientos científicos suficientes para satisfacer abundantemente las necesidades de sus habitantes.

b).- La pobreza y la escasez existen porque la gente no tiene bastante dinero para comprar los bienes producidos por la industria y la agricultura modernas a un precio atrayente para los productores.

c).- Cuando a uno le falta algo de cualquier cosa, el más obvio remedio consiste en crearlo, y no supone ninguna dificultad física crear más dinero.

d).- La inflación, consistente en que haya más dinero que mercancías, es, evidentemente, una calamidad, pero el aumento paulatino de dinero y mercancías de manera que el poder adquisitivo de aquél se mantenga al mismo nivel que la producción y los precios permanezcan estables no tiene nada que ver con la inflación y es, a fin de cuentas, lo que necesitamos.

e).- La maquinaria y el uso de los recursos de la Naturaleza limitan, cada vez más, la necesidad del trabajo humano, mientras que incrementan la producción de riquezas, en bienes y servicios. Por consiguiente, las personas desplazadas del trabajo remunerado por la maquinaria deben recibir el suficiente dinero para poder comprar lo producido por las máquinas que les han desplazado de su trabajo. Este dinero, claro es, no debe ser extraído del bolsillo de otras personas, aunque se haga por el invisible medio de los impuestos, pues entonces lo único que haremos será robar a unos para pagar a otros y nuestra sociedad está ya suficientemente desarrollada para no tener necesidad de jugar a Dick Turpin; no debemos permitir que los parados sean una carga para los que trabajan ni tampoco considerar que las máquinas son una maldición cuando debieran ser, al contrario, la bendición de la Humanidad al liberarla de muchas horas de trabajo y permitir a los hombres dedicar esas horas a actividades culturales o al tiempo libre creativo, en jardinería, deportes, excursionismo, estudio, etc.

Y esto es todo. Este es el problema. That is the question. Y si queremos solucionar el problema planteado en los cinco precedentes puntos, que resumen el Ser o No Ser de la Economía Occidental, debemos preguntarnos, con Shakespeare, qué es mejor para el espíritu:

¿sufrir los flechazos de la insultante fortuna, o tomar las armas contra un piélago de calamidades y vencerlas? Porque el célebre monólogo hamletiano se aplica a la presente situación Occidental, en el plano político que, por definición, es total, luego también económico. ¿Qué debemos hacer? ¿Aceptar la explicación de los economistas clásicos que pretenden que los ciclos de prosperidad y miseria deben sucederse los unos a los otros en virtud de una misteriosa ley económica? O bien, mejor, ¿tomar las armas del sentido común para enfrentarse al piélago de calamidades económicas que nos depara el Gran Parásito, y vencerlas? Formular así el dilema equivale a resolverlo. Tomemos, pues, las armas del sentido común y hagámosle frente.

Casi todos se imaginan que para comprender nuestro sistema monetario es preciso poseer un cerebro superdotado y un don especial para las matemáticas. Nada más alejado de la verdad; es la ingeniería, no la finanza, quien requiere el dominio de las Altas Matemáticas: para comprender el funcionamiento de la moderna finanza lo único que se precisa es enfocar el problema sin prejuicios; ver las cosas cómo son, y no cómo nos dicen que debieran ser; usar lo que los ingleses llaman "common sense" y los franceses "bon sens" y que podríamos traducir, aproximadamente, al castellano, por sentido común, y emplear el viejo, pero siempre actual, sistema filosófico de la escuela tomista, la "reducción al absurdo", que consiste en rechazar toda conclusión, por lógicas que pudieran parecer sus premisas, si tal conclusión conduce a un absurdo, como lo es, por ejemplo, que el todo sea menor que sus partes, que, al mismo tiempo, dos sólidos puedan ocupar el mismo espacio... o que, como pretenden los augures de la moderna economía, lo que debe hacerse para proteger a la Agricultura es quemar sus cosechas.

LA MÁQUINA

Hasta mediados del siglo XVIII, la Agricultura y la Industria se basaban, primordialmente en el poder muscular de caballos y bueyes, y en el muscular y cerebral del hombre. Pero a principios de 1765, un escocés, James Watt, ideó la máquina de vapor, que fue acoplada al mecanismo de un telar de algodón. Acababa de empezar la revolución industrial. Por los resultados de la misma se demuestra hasta la saciedad, sin lugar para el menor resquicio de duda, que el punto a) que mencionábamos en el anterior epígrafe, es rotundamente cierto, por que, en efecto, en el mundo civilizado hay suficientes materias primas para satisfacer las necesidades de sus habitantes, y esas materias primas han sido desarrolladas y puestas al abasto del hombre gracias al concurso de la máquina.

Es necesario hacer un inciso. En el citado punto a), aparte de las materias primas, se trata de otros factores, tales como mano de obra y conocimientos científicos. De ello hablaremos más adelante. Circunscribámonos, de momento, a las primeras materias, desarrolladas por la máquina.

Una vez puesta en el disparadero del éxito, ya nada pudo mediatizar el proceso de la máquina. La ciencia se convirtió en su aliada, y los asombrosos descubrimientos se fueron sucediendo, y ya no sólo en el campo del vapor, sino en el de la energía hidráulica, la electricidad, la química, los nuevos combustibles, especialmente carbón y petróleo, los gases industriales, etc. Vino luego el uso de la energía atómica, y hacia 1938 en Alemania empezaron las primeras tentativas para explotar el manantial de todo poder: la energía solar, investigaciones que fueron interrumpidas con la guerra y han vuelto a tomar auge en Francia. Hogaño, con sólo dos siglos de inventos y desarrollo, la máquina domina en el mundo. Sus asombrosas realizaciones han hecho del hombre el Señor de la Tierra, y al pasar de una época de escasez -antes de Watt- a una de abundancia -después de Watt- han modificado totalmente el planteamiento de la Economía, aún cuando los sumos sacerdotes de esta "ciencia" sigan aferrados a unos dogmas que eran, tal vez, válidos para tiempos pretéritos -en que una mala cosecha a causa de la sequía o de la plaga de la langosta ponía a un país al borde del colapso- pero que resultan ridículamente desfasados en nuestros tiempos.

Sabemos que en 1935, en los países de Europa (exceptuando, naturalmente Rusia y Turquía), en Estados Unidos, Canadá, Nueva Zelanda y Australia, la máquina había puesto a disposición del hombre algo más de mil millones de Caballos de Vapor[41]. En la actualidad, y pese al sabotaje político y social a que se ha visto sometida, hemos sobrepasado los tres mil millones[42] yeso que la energía atómica, la radioactividad, la energía solar y la energía de

---

[41] Frederick Soddy: "*Citadel of Chaos*", pág. 88.
[42] Britannica Book of the Year 1969, págs. 356-362.

las mareas están aún lejos de haber dicho su última palabra.

El Premio Nobel británico, Profesor Soddy, calculaba, en 1935, que sólo 4.000 hombres, provistos de maquinaria moderna -repetimos, maquinaria de hace cuarenta años- podían recoger toda la cosecha de trigo de Estados Unidos[43]. Precisemos que Estados Unidos es el segundo productor potencial de trigo en todo el mundo, pero que gracias al admirable sistema socialista implantado en Ucrania, ha pasado a un indiscutible primer lugar y aún se permite el discutible lujo político de vender a bajo precio, y a plazos, sus excedentes de trigo a la URSS, cuya producción es apenas superior a la de Europa Occidental.

Una incubadora australiana, con una capacidad de 1.100.000 huevos, incuba 6.600.000 pollitos al año por medio de la electricidad[44]. La plaga de la filoxera, que en 1846 arruinó la cosecha de patatas de Silesia y el Palatinado, puede ser eliminada, actualmente, por dos aviones equipados con gas venenoso, en un par de horas, como máximo[45].

Los ingleses, en 1925, y los alemanes, en 1934, descubrieron sendos sistemas para la fabricación de nitratos sintéticos, los cuales, aparte de resultar mucho más baratos que los naturales -que en todo caso, eran insuficientes para nuestras necesidades y debían

---

[43] Frederick Soddy: "*Citadel of Chaos*", pág. 93.
[44] Stuart Chase: "*Men and Machines*", págs. 47.
[45] Maurice Colbourne: "*Nacionalismo Económico*", pág. 49.

irse a buscar a Chile- obtenían rendimientos netamente superiores.

En 1933, en Alemania se inventó una máquina para fabricar bombillas que permitía a la conocida firma Osram abastecer todo el mercado en pocas semanas[46].

El autor inglés Colbourne cita un ejemplo revelador que, hacemos notar, se refiere al año... ¡1930! : "La población mundial en 1930 es de unos 2.000 millones de personas. En el mismo año (según Mr. Donald Ferguson, del Departamento de Estadística, de la Asociación Inglesa de Electricidad y Manufacturas Reunidas) 'la capacidad total de la maquinaria era de 390 millones de Caballos' (esta cifra excluye los automóviles). Así pues, el mundo, aparte de sus automóviles, tenía una maquinaria equivalente a 3.900 millones de hombres robustos. Es decir, que por cada unidad consumidora hay dos unidades no consumidoras"[47]. Repetimos, estos datos se refieren al año 1930, pero, como ya hemos visto, en 1939, es decir, sólo nueve años después, en el Mundo Blanco -que entonces representaba las cuatro quintas partes de la potencia industrial del mundo entero[48]- se había llegado a los mil millones de Caballos, lo que, para una población de unos seiscientos millones de habitantes, representaba que para cada unidad consumidora había, en vísperas de la Segunda Guerra Mundial, dieciséis unidades no consumidoras, en el Mundo Occidental. En tales condiciones, pretender -como lo han

---

[46] Maurice Colbourne: "*La Economía Nueva*", pág. 47.
[47] A.N. Field: "*The Truth about the.Slump*", pág. 65. Colbourne Ibid. id. p.45.
[48] Rector Leslie Gannt: "*The Gannt System*", pág. 59.

hecho, con milogroso cinismo, los budas economistas adeptos del dios Marx- que la Gran Guerra estalló por razones económicas es algo que debiera impulsar al sindicato de artistas de circo a querellarse contra dichos economistas por intrusismo profesional y competencial desleal. Ahora bien, si se substituyera la palabra "económicas" por "financieras" ya se hallarían en el camino de la Verdad, pero ya saben muy bien tales budas que dicho camino, a ellos, les está vedado.

¿Problemas económicos en Occidente, cuando las fábricas Ford, en Estados Unidos, construyen, en promedio, un coche cada cuatro segundos? ¿Problemas económicos cuando las fábricas Bayer, en Alemania, pueden abastecer, también en promedio, su rico mercado interior en dos meses y dedicar el resto del tiempo a trabajar para los mercados exteriores? ¿Problemas económicos cuando la Agricultura de Alemania Federal produce lo mismo que la Alemania real -la de 1939- con una extensión reducida en un 40 por ciento y una población en un 30 por ciento?

No. Hablar de problemas económicos no tiene sentido en la época actual. Precisamente la vida cotidiana no tiene sentido en la época actual. Precisamente la vida cotidiana está llena de ejemplos, estadísticas y datos que demuestran que, aún sin haber llegado a su estado de madurez, a pesar de los sabotajes que, bajo cien mil formas le imponen nuestros infaustos politicastros, la máquina está en disposición de abastecer a Occidente y, si insisten nuestros lacrimógenos mundialistas, a toda la Humanidad, en todas sus necesidades vitales y aún secundarias, al ciento por uno.

EL "MANPOWER"

En el punto a) del epígrafe referido al Planteamiento del Problema, aludíamos no sólo a las materias primas, sino también a la mano de obra especializada, al peonaje ya los conocimientos científicos "suficientes para satisfacer abundantemente las necesidades de sus habitantes".

El trabajo humano, englobando al de investigadores, ejecutivos, obreros cualificados y sin cualificar recibe, en Inglaterra y América, el nombre genérico de "Manpower" -poder, o potencia del hombre- que nos parece mucho más descriptivo que las perífrasis que usamos en castellano para denominar, conjuntamente a trabajadores manuales, técnicos, capataces y ejecutivos.

Según datos oficiales, entresacados de publicaciones de las Naciones Unidas, mientras la población de los países Occidentales aumentaba en un 14 por ciento, su "manpower" se incrementaba en un 6 por ciento[49], en el período 1940-1970. En el mismo lapso de tiempo, su producción alimenticia subía, en valores absolutos, un 21 por ciento[50].

En cambio, la producción de artículos industriales y de servicios casi se triplicaba. Es imposible conocer datos exactos, y únicamente

---

[49] *Encyclopaedia Britannica*: Tomo XXII. Pág. 795.
[50] Ibid. Id. Tomo XXII. Pág. 797.

pueden obtenerse aproximados, basándose en referencias parciales y comparativas. En todo caso, también aquí la simple aritmética acude en apoyo de la tesis de que la mano de obra, especializada o no y la producción, han aumentado más, en valores absolutos y relativos, que la población total de Occidente. De todo ello se deduce la misma conclusión que se obtuvo al analizar la incidencia de la Máquina en la Economía de Occidente, es decir, que éste debería atravesar por un período de bienestar económico, más aún, de verdadera opulencia, sin paralelo en toda su Historia.

Esto, en cuanto se refiere a la mano de obra, cuantitativamente hablando. Por que, en términos cualitativos, también nuestro "manpower" ha experimentado un progreso notable. El número, per cápita, de técnicos y obreros cualificados, en el peor de los casos, - Inglaterra, Italia- es el mismo de hace treinta años[51] pero es preciso tener muy en cuenta que en los años cuarenta, Inglaterra tenía a su cargo un enorme Imperio, circunstancia que, desgraciadamente para ella y para Europa, ya no se da en la actualidad. Con respecto a Alemania nos ha sido imposible encontrar datos comparativos, pero el progreso es innegable y contrastado en Francia y España, e incluso en Estados Unidos. En ciertos países occidentales, como el Canadá, el aumento de mano de obra cualificada ha sido espectacular, del orden del cien por cien[52].

---

[51] *Encyclopaedia Britannica*. Britannica Book of the Year 1969-70. p. .328.
[52] *Encyclopaedia Britannica*: Britannica Book of the Year 1969-70. p. 276.

LA BAJA DEL PODER ADQUISITIVO

A pesar, pues, de los maravillosos progresos del maquinismo y de los adelantos, cuantitativos y cualitativos de nuestro "manpower", nos encontramos en plena crisis, para emplear el término consagrado. Esta crisis -y todas las que la precedieron- presenta la sorprendente característica de que la abundancia general de todo lo que es necesario para la vida de los hombres coincide con una miseria general. Tal vez la expresión "miseria" pueda parecer excesiva. No nos lo parecerá tanto si nos paramos a considerar que una gran parte de nuestros conciudadanos -en toda Europa- viven, como vulgarmente se dice, "a salto de mata", entrampados hasta las cejas y siempre en la espera temerosa del fin de mes con sus vencimientos de letras, mientras millares de empresas se hallan al borde de la quiebra precisamente porque una cantidad ingente de esas letras no se van a cobrar y millones de familias que viven en esa situación de equilibrio inestable van pasando, paulatinamente, a engrosar el ejército de parados... Hay excedentes de todo: de productos agrícolas, de artículos manufacturados, de carbón, de acero, de cemento, de mineral de hierro, de cobre, de estaño, en una palabra: hay demasiado de todo. ¿Por qué, pues, estas riquezas no encuentran comprador? No, ciertamente, por mala voluntad de los compradores, claro es, ya que esas riquezas no pueden ser distribuídas gratuitamente. y ahí radice el problema: los consumidores no pueden llegar a la producción; no pueden comprar lo que se ha producido. No hay dinero...

¿Por qué no hay dinero? Esta sencilla pregunta tiene dos respuestas, que se complementan la una a la otra. La respuesta inmediata, pero menos decisiva. es la que salta a la vista en seguida: podríamos calificarla de Prostitución de la máquina ante el Trabajo. La realmente decisiva, la más difícil de ver y la que sostiene todo el artificioso andamiaje de la actual Economía la calificaremos de Prostitución de la máquina ante la Finanza. De ellas nos ocuparemos más adelante. Empezaremos por la aparente, pero absurda, antinomia Máquina-Trabajo.

Es un hecho innegable que. en Occidente. gracias a nuestra maquinaria moderna ya las fuerzas de la Naturaleza que han podido ser sometidas al hombre, las riquezas aumentan al mismo tiempo que disminuye el número de trabajadores ocupados en producirlas. Se constata, pues, a la vez, aumento de la producción y aumento del paro. Pero como los parados, por simple definición, son los no retribuídos, dichos parados son substraídos al ejército de consumidores, y las riquezas producidas se amontonan inútilmente, y pronto se hace sentir la necesidad de frenar su fabricación, e incluso de destruirlas.

A esto, los economistas clásicos lo llaman, amablemente, la crisis. Pero no es ninguna crisis. Es. simplemente, una revolución. La Revolución Industrial. Revolución que, entre otros. ha producido los siguientes casos ejemplares:

1 hombre, con una máquina excavadora, reemplaza a 25 hombres.

1 hombre. con una máquina cosechadora combinada que siega, carga, hacina y trilla, reemplaza a 18 hombres.

1 hombre, con un telar Ketten para tejido en pieza, reemplaza a 20 hombres.

1 hombre, con un telar Raschel, para cortina contínua, reemplaza a 28 hombres. 1 hombre, con una máquina para hacer cigarrillos, reemplaza a 100 hombres.

1 hombre, con una máquina de hacer botellas, reemplaza a 54 hombres.

1 hombre, ocupándose de una gigantesca computadora que hace 60.000 asientos en el Libro Mayor; registrando en clave el número del cliente y el cheque, el saldo y el interés devengado, hace el trabajo de ochenta empleados bancarios.

1 obrero al cargo de una máquina de calzado, en Gran Bretaña. producía en 1907, 67 docenas de pares de zapatos al año. En 1930, con otra máquina más perfeccionada. la producción había subido a 92 docenas de pares, y en 1970, a 140 docenas[53].

Basándonos en hechos, fríos y objetivos, podemos demostrar que la máquina aligera, como mínimo, el 95 por ciento del trabajo del

---

[53] M. Colbourne: "*The New Economy*", edición ampliada y revisada por E. Leben Sheldon Emry: "*Billions for the bankers. Debts for the People*".

hombre. y no sólo lo aligera sino que, en términos generales, lo hace mejor. (Hablamos, claro es, de un trabajo industrial, en serie, sin ninguna implicación de carácter artístico). Aseguraríamos, incluso, que el 95 por ciento es una apreciación timorata. Dejémoslo, no obstante, así, como compensación al trabajo humano necesario al entretenimiento de las máquinas, aún cuando dicho trabajo, muchas veces, es igualmente realizado por otras máquinas.

Preguntémonos honradamente: ¿Cuál es el objetivo de la Máquina? Y si logramos desprendernos de tabús y prejuicios, veremos que la respuesta, sencilla y concreta, es ésta:

El objetivo de la Máquina es abastecer al mercado en la mayor y mejor cantidad y calidad posible de mercancías y servicios, ahorrando al máximo el trabajo mecánico humano.

Como la Máquina es una economizadora de trabajo, su primera función consiste, por vía de consecuencia, en echar, los obreros a la calle. Si para los maltrechos nervios de esta época vaselinesca la frase parece excesivamente brutal, podemos presentarlo en forma más suave: es función de la máquina aligerar al obrero de la carga laboral. Es evidente que el obrero así "aligerado" se encuentra sin trabajo -o sin apenas trabajo para llevar a cabo- y que su empresa puede prescindir de él. y no menos evidente es que si la Revolución Industrial no va acompañada de una verdadera Revolución Distributiva, o Remunerativa, la bendición que debiera ser la Máquina se transforma en una maldición. Aunque de ello no pueda culpársele a la máquina, ni a James Watt.

Tomemos un sencillo ejemplo. Imaginemos una familia numerosa, que vive en un espacio cerrado. por ejemplo un valle solitario, o mejor una isla. Los miembros de esta familia contribuyen al acervo material común de acuerdo con sus capacidades. Un buen día, uno de ellos concibe la idea de colocar una turbina en el salto de agua que hay junto a la casa, con lo cual se obtiene una energía que permite decuplicar el rendimiento de trabajo de todos. Los miembros de esta familia intercambian entre sí los bienes producidos mediante unos vales que sirven de "medida" de cambio. Al aparecer la turbina. aproximadamente las nueve décimas partes de los miembros de nuestra colectividad se quedan sin trabajo, y el padre de familia -sujeto, según parece, de mente más espesa- tolera que nueve de cada diez de sus familiares-súbditos se queden sin los imprescindibles vales -el dinero de aquella colectividad- y se mueran de hambre. A menos que un buen día, apiadado, decida quemar por hereje al inventor de su turbina, y arroje a ésta al fondo del barranco.

Pero supongamos que, en vez de ser un cerrado adepto de la Economía clásica, ese padre de familia hubiera escuchado los consejos de su hijo mayor, hombre sin prejuicios, que le razonó- así el problema: "Si la turbina desplaza de su trabajo a nueve de cada diez de nosotros, ello significa que nuestra colectividad obtiene, de una vez, una potencia nueve veces mayor que la de sus recursos naturales. Si tenemos en cuenta tal potencia añadida, para obtener los productos que necesitamos deberíamos entregar nueve veces menos vales que antes de instalar la turbina. Es decir nuestro coste de vida debería ser nueve veces más barato de lo que era cuando nuestro trabajo dependía exclusivamente de nuestros músculos o del de nuestros caballos, mulos y bueyes. Naturalmente, para rebajar nueve veces nuestro coste de vida, la gente cuyo trabajo ha sido absorbido por la turbina y la energía que ésta proporciona, debería recibir, por su tiempo libre, tanto como acostumbraba a recibir por su trabajo, antes de la introducción de esa bendita máquina en nuestra comunidad. Al ser pagados así -tanto en su calidad de consumidores como en la de productores-, su poder adquisitivo aumentaría, y la falta del trabajo muscular de nueve de cada diez de nuestros parientes sería compensada con creces con el mayor rendimiento de las máquinas, alimentadas por la turbina".

Y si el padre de familia, jefe de aquella comunidad. objetara: "¿Cómo vamos a pagarles, tanto si son consumidores como si son productores?... ¿Cómo puede pagarse por un trabajo que no se ha hecho? ..¿Qué pensarán los que aún trabajan, es decir. aquéllos a quienes la turbina no les ha quitado la posibilidad de trabajar?", su interlocutor, sencillamente, le respondería: "No se trata de pagar igual a los que trabajan que a los que no trabajan; aquéllos, evidentemente, cobrarían bastante más; pero si los que ahora no trabajan quieren ganar tanto cómo aquéllos, no tienen más que ingeniárselas para colocar otra turbina en la cascada de Poniente. Las posibilidades de desarrollo de nuestra comunidad son aún inmensas, y todo no se termina con la turbina. apenas acaba de empezar. Por otra parte, es muy discutible que paguemos por un trabajo que no se ha hecho. Después de todo, ¿quién tuvo la idea de la turbina? Uno de nosotros, pero ese "uno" no surgió en medio de nuestra comunidad por generación espontánea. Se le cuidó, se le educó, se le formó, se le dieron unos estudios y todo ello, unido a sus cualidades potenciales, innatas, permitió la eclosión de su genio inventor. Su genio, sus cualidades, le pertenecen a él, evidentemente, su mérito es suyo, pero no es sólo suyo, y nuestra comunidad no tiene por qué avergonzarse del progreso realizado gracias al esfuerzo de uno de sus miembros, aparte de que no ha sido sólo su esfuerzo y de que, aislado, sin todos los demás, nuestro inventor no sirve para nada".

Dejemos al padre y al primogénito, discutiendo como discuten siempre, por ley de Vida, el Pasado y el Futuro. Y volvamos a la Máquina, y al llamado "exceso de producción", como si pudiera haber tal clase de exceso en un mundo Occidental en el que tantas gentes carecen aún de lo más necesario. Como si no hubieran gentes, y, lo que es peor aún, tantos encopetados personajes, que no desearan abiertamente malas cosechas, o limitaran deliberadamente la producción industrial. ¿Acaso no hay pobres aprendices de políticos, que vamos a suponer bien intencionados, que se proponen absorber el paro? ¿Cómo pueden ser cegatos hasta el punto de no darse cuenta de que el paro es la medida del progreso técnico? Repetimos: el paro es la medida del progreso técnico. Y todos los esfuerzos de los productores tienden a crear más paro, por que todos ellos comprimen hasta el máximo posible sus gastos generales y, por vía de consecuencia, sus precios de coste. ¿Conoce alguien a un industrial, o a un agricultor, que no se torture constantemente las meninges para tratar de conseguir que el trabajo que hoy hacen diez obreros puedan hacerlo, mañana, ocho?

Y en el momento en que el paro bate todos los récords en el mundo entero, en España, el apodado "Segundo Gobierno de Su Majestad" anuncia fríamente que va a tomar medidas para absorberlo. Pero este Gobierno, sabiéndolo o no, queriéndolo o no, va a crear aún más parados. Y si alguien lo duda, que lea su programa de obras públicas: se va a electrificar el campo, lo que, sin duda, es, en sí, algo excelente... que se convertirá en nefasto si no se toman, simultáneamente, las medidas laborales y financieras que se imponen. ¿Por qué? Pues porque en cuanto la corriente aparece en cualquier parte, el motor no tarda en seguirle; en cuanto el motor funciona, miles y millones de brazos se cruzan. De manera que con la mejor intención de suprimir el paro, lo único que se hace, en las circunstancias presentes, es aumentarlo, en el acto o, en el mejor de los casos, a corto plazo. Y todo ello por obstinarse en volver la espalda a la solución única para el problema del paro, que consiste, por una parte en reducir la jornada laboral y, por otra, en adecuar una política financiera a la situación planteada por el creciente poderío de la Máquina, es una palabra, a hacer que el Dinero sea un medio de cambio, y no una mercancía. Si esto no se hace así, la propuesta electrificación del campo no hará más que agravar el paro, o sea, que reducirá aún más el consumo, patentizando hasta el frenesí la paradoja de la escasez en la abundancia... Electrificar el campo, sí; pero poniendo al Dinero al servicio de la Máquina, es decir, revolucionando radicalmente, totalmente, nuestras actuales estructuras económicas. Y, esto, ¿parece lógico que pueda conseguirse con un gobierno que, más que tal, parece el Consejo de Administración del Banco Español de Crédito, con el aditamento de otros personajes procedentes de los demás principales bancos del país?

INFLACIÓN Y DEFLACIÓN

En el presente epígrafe en que hemos tratado de explicar las causas fundamentales de la baja del poder adquisitivo hemos hecho alusión al punto b) del Planteamiento del Problema, es decir: que "la pobreza y la escasez existen porque la gente no tiene bastante dinero para comprar los bienes producidos por la industria y la agricultura modernas a un precio atrayente para los productores". Y, en el punto c) decíamos que "cuando a uno le falta algo de cualquier cosa. el más obvio remedio consiste en crearlo, y no supone ninguna dificultad física crear más dinero". Este punto también ha sido tocado en el precedente epígrafe, pero a él habremos de volver ya que es el esencial, el "deus ex machina" del actual sistema económico financiero, basado en el hecho de que el Dinero, concebido como medida de producción y, por ende, medio de cambio, se ha transformado en una mercancía y, como tal, debe obedecer a la ley inexorable que ordena que el precio de una mercancía es inversamente proporcional a su abundancia. De manera que, al crear más dinero, en una situación dada, reducimos el valor del Dinero que existía antes de tal creación. Insistimos en el condicionante, "en una situación dada", al que se aferran, cual náufragos a un salvavidas, los defensores a ultranza de la Economía clásica, concebida antes de la invención de Watt, es decir, en la época de la Escasez. Es sabido que al arrojar, inopinadamente, a un mercado, una cantidad x de dinero nuevo, los precios suben y el dinero pierde valor en una proporción igual, precisamente, a x. A ese fenómeno se le llama inflación, es decir, al aumento de la cantidad de dinero sin un aumento simultáneo de la cantidad en mercancías que ese dinero debe medir y cambiar. A ello aludíamos en el punto d), cuando decíamos que la inflación "es, evidentemente, una calamidad. pero el aumento paulatino de dinero y mercancías de manera que el poder adquisitivo de aquél se mantenga al mismo nivel que la producción y los precios permanezcan estables no tiene nada que ver con la inflación, y es, a fín de cuentas, lo que necesitamos".

Pues bien, conseguir ese ideal aumento paulatino de dinero y mercancías, no ha sido nunca demasiado difícil, y es extremadamente simple hoy día, con el progreso fantástico de la Informática, capaz de decirnos con maravillosa exactitud, la cantidad, calidad y valor de las mercancías producidas en un país en una unidad de tiempo. Basta entonces adecuar la creación de nuevo dinero a la nueva situación económica, para que aquél pueda útilmente ejercer su función de instrumento de cambio En otras palabras, los Servicios Nacionales de Estadística informan al Ministerio de Hacienda que, en él primer trimestre del año se han producido mercancías por valor de x y en el segundo trimestre se han previsto producir por valor de y; entonces se pone en circulación dinero equivalente a la media aritmética entre x e y[54]. Más adelante

---

[54] Evidentemente, el hecho de que se haga trimestralmente y por el procedimiento de una media aritmética. Pasado-Futuro no es imperativo, sino una simple sugerencia sobre lo que

hablaremos de la mecánica de la puesta en circulación de ese dinero. Limitémonos por el momento a insistir en que, tal como reseñábamos en el punto d) de nuestro Planteamiento del Problema, al ser posible conocer exactamente el volumen de la producción y su promedio de incremento, puede igualmente crearse el nuevo dinero necesario y justo para impedir la inflación. Antes de seguir adelante, consideramos útil ilustrar con un sencillo ejemplo lo que son, en realidad, inflación y deflación.

Lo primero que debemos tener bien presente, tanto para el ejemplo que sigue, como para todo lo relacionado con el dinero, en las presentes circunstancias, es que, cuanto más hay de él, menos valor tiene, y cuanto menos hay, más valor tiene. Supongamos, pues, que por una especie de milagro bíblico -el milagro del maná financiero- un buen día, al despertarnos, nos diéramos cuenta de que todos los miembros de una determinada comunidad teníamos el doble del dinero que poseíamos la víspera. ¿Qué sucedería? Imaginemos que dos granjeros pensaban ir a una subasta para adquirir un tractor. Ambos tienen deseos verdaderos de adquirirlo, y como cada uno tiene en su poder el doble de dinero del que tenía la víspera, pujan más alto de lo que pensaban hacerlo antes del "milagro". Si consideramos toda la comunidad en la cual dicho "milagro" se ha producido, y no sólo con tractores, sino con casas, cosechas, y todo lo demás, veremos que el resultado de todo ello, después de un corto lapso de tiempo, ha sido que los precios han

---

nos parece más expeditivo en las actuales circunstancias.

doblado.

Ahora supongamos el caso inverso: es decir, que un buen día, al despertarnos, nos encontramos con que tenemos exactamente la mitad del dinero que teníamos al acostarnos. Nuestros granjeros, probablemente, desistirán de comprar el tractor, o, si acaso, pujarán hasta, aproximadamente, la mitad de lo que pensaban hacerlo; gradualmente, sucederá la mismo con la demás mercancías, cuyo precio se estabilizará en, más o menos, la mitad de lo que era antes de la milagrosa manipulación nocturna.

Afortunadamente. esos cambios en el valor de la moneda no se producen de la noche a la mañana, pero sí ocurren con la suficiente rapidez para crear enormes problemas. Por ejemplo, cuando hay mucho dinero, es decir, en un período inflacionario, todo aquél que tiene algo que vender puede subir los precios sin grandes dificultades. Pero los que dependen de salarios fijados, por plazos determinados, en contratos, o que han vendido sus cosechas antes de producirse la inflación, o, sencillamente, los que cobran un artículo vendido a plazos o dependen de una pensión del Estado, esos son las grandes víctimas de esa situación. A la larga, evidentemente, todo se ajusta de nuevo, los viejos contratos vencen y son renovados sobre nuevas bases, los salarios suben e incluso a veces las pensiones de los jubilados son también puestas al día. Pero mientras se produce este reajuste muchos se arruinan y en su caída arrastran a otros, sobre todo a proveedores.

De ambos fenómenos, inflación, o aumento excesivo de la moneda, y deflación, o disminución -o aumento insuficiente- de la misma, éste es sin duda, el peor, aún cuando, a la larga, ambos sean mortales. En un período inflacionario, los productores, o algunos de ellos, pueden, al menos. hacer funcionar sus fábricas y vender con razonable esperanza de cobrar. Pero en una situación como la que padecemos, es decir, una deflación, los que más sufren son los productores; nadie compra más que lo estrictamente necesario para "ir viviendo", por falta de dinero, y las industrias, e incluso las explotaciones agrícolas y ganaderas sucumben a millares.

Hemos dicho que nos hallamos en plena deflación e intuímos que tal aseveración sorprenderá a los más, por cuanto en la desdichada prensa occidental de nuestros pecados estamos hartos de leer tópicos tales como: "la presente situación inflacionaria", "la tasa de inflación es del x por ciento", "el desempleo causado (?) por la actual inflación", etc. etc. No queremos empuñar la lanza de San Jorge para derribar puertas abiertas. Nos limitaremos a sugerir a los contraopinantes que abran un diccionario y se enteren de si inflación es, o no es, "aumento excesivo de la moneda en relación a la producción", y deflación "aumento insuficiente de la moneda en relación a la producción". Luego pueden consultar a cualquier Cámara de Comercio sobre si hay poco paro (período inflacionario), o si hay mucho paro (período deflacionario), o si hay escasos stocks o, por el contrario, dichos stoks están en lo alto de la curva. Finalmente pueden hacer la prueba del fuego: pueden leer las reseñas financieras de la prensa y enterarse de si los bancos tienen, o no. líquido disponible, o "argent frais" (dinero fresco), como dicen en el argot bancario de nuestros hermanos del Norte, o, sencillamente, "dinero" como dice el hombre de la calle. entendiendo por tal trozos de metal o papel emitidos por el Gobierno.

Se argüirá que poco importa que lo que le pase a nuestra depauperada economía sea inflación o deflación, y que lo esencial es que su salud presenta síntomas muy alarmantes. Error. No hay proceso curativo sin diagnóstico acertado. Los problemas hay que resolverlos a partir de un planteamiento correcto.

Y si nuestros inefables economistas, sin necesidad de jugar a sabios, limitándose a observar lo que sucede a su alrededor y utilizando el sentido común que se les supone generosamente. se decidieran a plantear correctamente el problema de la por ellos llamada Crisis, en vez de tanto hablar de inflación, dirían que la actual crisis es el resultado de una deflación monetaria, cuyo principio debe necesariamente coincidir con el período final de una inflación crediticia. O, si se prefiere en lenguaje menos castigado, que (la crisis) no es más que la consecuencia de la escasez de dinero auténtico en proporción con la cantidad de dinero falso (o escriptural), que se ha ido creando en los años precedentes[55].

---

[55] El hecho de hallamos en un período terminal del llamado ciclo económico hace que coincidan todos los síntomas de la nueva situación deflacionaria, con uno de la anterior, inflacionaria, el aumento del índice de precios. La causa esencial es el aumento político de salarios en el momento en que se frena la producción. De este punto trataremos en el

De este tema del Dinero deberemos tratar con detalle en su momento, pues es la clave de la Crisis actual.

Pero no queremos seguir adelante sin llamar la atención sobre el sorprendente hecho, en verdad mágico, de este "error" permanente, constante y universal de los autotitulados expertos financieros. Algo increíble. Es más, llevado a ese nivel y a esa "permanencia", el error se nos antoja imposible. Los términos error y permanente se rechazan recíprocamente, no pueden coexistir, son incompatibles. Más bien parece la obediencia, consciente o - inconsciente, a ciertas consignas de determinadas Fuerzas interesadas en desviar la atención del verdadero problema. y si se admitiera generalmente la realidad, es decir, que padecemos una deflación que sólo admite parangón con la de 1929-1934 -¡también llamada inflación entonces!- es posible que la gente se preguntará por qué la padecemos y por qué el Estado no pone el remedio sencillo y lógico, es decir, lanza una buena emisión de billetes al mercado, para respaldar los bienes efectivamente producidos por la comunidad y posibilitar su intercambio entre los miembros de la misma. Y eso es lo que se trata de evitar, que aparezca dinero fresco, o sea auténtico, sin la tara congénita de la Deuda. De eso, del Crédito y del Dinero-Deuda, hemos dicho que nos ocuparemos con detalle por ser punto capital del problema. Ahora, creemos llegado e! momento de hacer un inciso para ocuparnos de otras vías muertas que, para distraer nuestra atención del problema real, se ofrecen, tentadoras, a nuestra

---

epígrafe "Prostitución de la Máquina ante el Dinero".

disposición.

LAS FALSAS RAZONES

Uno de los motivos que se aducen para justificar la enfermedad económica de Occidente es la pérdida de las colonias de los estados europeos. Un simple análisis de los hechos nos demuestra que esa razón es, más bien, una sinrazón. En efecto, aún dando por sentada y admitida la petición de principio de que las colonias se tenían por razones económicas -interpretación marxista, zafia y totalmente falsa de la Gran Política- enseguida se echa de ver que el argumento carece de valor demostrativo. La primera potencia continental en 1939, Alemania, no tenía colonias, pero Inglaterra sí las tenía, aunque en un avanzado grado de subdesarrollo, si se exceptúan las blancas Australia, Canadá y Nueva Zelanda, y, en todo caso, dichas colonias no la libraron de la Gran Crisis de 1929-1934, aquélla gigantesca deflación iniciada en el Viernes Negro de la Bolsa de Nueva York, deflación que, como hemos visto, fue rebautizada inflación por las necesidades de la Causa. En una palabra: Alemania, sin colonias, padeció la primera Gran Crisis Económica del siglo, y también sin colonias se salió de ella, antes que los demás, precisamente por haber empezado a adecuar una reforma, o mejor, una Revolución Financiera al lado de la vigente Revolución Industrial Inglaterra, con colonias, sufrió dicha Crisis de la que salió, a medias, durante la Guerra Mundial -es curioso, pero nunca hay esa clase de Crisis en el transcurso de las guerras-, y prácticamente sin colonias la está sufriendo ahora, siendo precisamente las Islas Británicas uno de los puntos álgidos, geográficamente hablando del problema.

Algo parecido, aunque menos acusado, podemos decir de Francia e Italia. En cuanto a España, no puede decirse que sus escasas y áridas colonias la sacaran, en el siglo XX, de ningún atolladero económico, pero, en todo caso, también España sufrió -con colonias- las consecuencias de la llamada Crisis de 1929 y las está sufriendo de nuevo -sin colonias- en 1976. Los económicamente poderosos países escandinavos nunca han tenido colonias -a no ser que se quiera considerar tales a los hielos de Groenlandia- y ello no les ha librado tampoco de la dichosa Crisis.

Pero el argumento más definitivo contra esa razón, que no es tal, nos lo dan los propios Estados Unidos de América En efecto, los Estados Unidos, que con apelativos coloniales o no, tienen una influencia política, va partir de ahí, económica, en numerosos territorios de los cinco continentes, acaparando mercados a su guisa, sufren también los efectos de la Crisis. De hecho, la primera gran crisis del siglo se inició en los propios Estados Unidos, cuyo Imperio Colonial se extendía ya, entonces, por Alaska, Puerto Rico, Filipinas, Guam, Hawaii, las Aleutianas, Samoa, y miles de islas en el Pacífico y en el Caribe[56]. Y la segunda, la actual, se inició otra vez en los mismos Estados Unidos, tras el amago de Nixon cuando

---

[56] Es evidente que, a efectos prácticos, carece de importancia que esos territorios se denominasen, entonces o ahora, "estados", "provincias", "colonias" o lo que fuere. El nombre no hace la cosa.

la devaluación del Dólar hasta su iniciación real, a partir del segundo semestre de 1974. Y continúan en plena crisis con todas sus consecuencias: marasmo económico, paro y quiebras por decenas de millares. No. No ha sido la pérdida -ni la adquisición, más o menos camuflada- de colonias, lo que ha causado la actual crisis económica occidental. Y repetimos que así la denominamos en concesión a la inercia mental de los más, puesto que no hay tal crisis económica. sino puramente financiera.

Otro motivo que se aduce, con verdadera machaconería, para justificar la Crisis. es otra "crisis", la del petróleo. Es innegable que los bruscos e importantísimos aumentos en el precio del crudo han supuesto un serio revés para las economías de los países desarrollados, basadas, en gran parte, desde el punto de vista energético, en el petróleo.

No obstante, bueno será tener en cuenta que:

a) En 1929 no había crisis petrolífera y sin embargo se produjo una crisis económica de una configuración rigurosamente exacta a la actual.

b) Los Estados Unidos, el pionero de la actual crisis tiene petróleo suficiente, en sus propios yacimientos y en los que posee la Standard Oil of New Jersey, del trust Rockefeller, en Venezuela y México, para cubrir sus necesidades. El petróleo árabe representaba, para los Estados Unidos, antes de las medidas tomadas por los países productores de petróleo, un 10 por ciento del consumo norteamericano, y se adquiría más por razones políticas que económicas. Ese diez por ciento lo obtiene ahora el tío Sam en Iran, a precios más ventajosos. A pesar de todo lo cual, repetimos, los Estados Unidos no sólo padecen la actual crisis, sino que la padecieron antes que nadie.

c) La Unión Sudafricana, Australia y Nueva Zelanda hace muchos años que no compran el petróleo árabe. Lo adquieren, desde hace ya mucho tiempo, en Irán e Indonesia. Además, tienen sus propios yacimientos, en el caso de Sudafrica y, especialmente, de Australia, de manera que el "argumento petrolífero" difícilmente puede aplicarse a estos países. No obstante, los tres han sufrido -y continúan sufriendo- la actual crisis económica que, por ejemplo. en la riquísima Australia. ha alcanzado cotas elevadísimas.

d) En todo caso, la radicalización de la llamada "política petrolífera" de los países árabes es posterior a los primeros síntomas de la Deflación Monetaria-Inflación Crediticia que padecemos. Esta se gestó con la Devaluación del Dólar, a principios de 1973 para estallar con toda su virulencia en Septiembre del mismo año. Los árabes no radicalizaron sus medidas petrolíferas hasta la Primavera de 1974. No puede haber, pues, relación de causa a efecto, pues éste debe ser cronológicamente posterior.

Es cierto que la política de los países árabes productores de petróleo ha supuesto un handicap para Europa; nuestro Continente ha sufrido más que nadie las consecuencias de la lucha entre el Sionismo u el Panarabismo pues éste ha descargado el clásico "garrotazo del ciego" que sólo ha servido para enriquecer aún más a las mastodónticas compañías multinacionales, refinadoras y distribuidoras del crudo, que se hallan casi totalmente bajo la férula de indivíduos e intereses ligados al Sionismo. En cambio, es altamente dudoso que esos países árabes se beneficien de absoluto de las subidas en el precio de sus crudos pues al tratarse de países sub-equipados y sub-desarrollados deben importarlo casi todo, y no hace falta ser un mago de las Finanzas para darse cuenta de que lo que ganan por un lado lo pierden por otro, en forma de subidas espectaculares en los precios de todo lo que deben importar[57].

Con todo, debemos tener en cuenta, volviendo a lo que más directamente nos incumbe, a Occidente y a su núcleo, Europa. los siguientes hechos:

1) A pesar de sus amenazas, los países árabes no han cesado nunca de suministrar petróleo a Europa, por intermedio de las distribuidoras en el 90 por ciento de los casos, o directamente en el 10 por ciento restante. Sólo en ocasión de la última guerra árabe-israelí Holanda sufrió un boycot petrolero, más formal que efectivo (pues Holanda podía obtener el petróleo árabe a través de cualquiera de sus ocho asociados del Mercado Común) y, en

---

[57] Aún cuando ello escape del ámbito del presente estudio, nos interesa mencionar que lo único que han ganado, con su chantaje petrolero, los presidentes y reyezuelos árabes, es la antipatía del mundo. Y si un mal día decidieran apretar demasiado, poco les costaría a las poderosas compañías distribuidoras organizar una Cruzada en beneficio de la Humanidad... y del Estado de Israel, cruzada que terminaría con la arrogancia de unos reyezuelos que no han comprendido que la razón política primordial, en el siglo XX, es la fuerza, y no el chantaje.

cualquier caso, al distanciarse políticamente de los Estados Unidos y, en parte, de los llamados "países socialistas", los árabes se han convertido en clientes casi exclusivos de Europa Occidental, lo cual ha supuesto una válvula de escape para nuestras economías nacionales, en su obsesión por encontrar puestos de trabajo.

2) En todo caso, ho es la primera vez que Europa, o una gran parte de ella, se ve privada de petróleo. En efecto, si utilizamos nuestra memoria -facultad del alma hoy en día tan abandonada como sus compañeras, la inteligencia y la voluntad- recordaremos que hace, aproximadamente. unos treinta y cinco años, en un Continente militarmente dominado por Hitler, desde el Cabo Norte hasta los Pirineos y desde Brest hasta el Cáucaso, no había una gota de petróleo. si se exceptúan los yacimientos de Ploesti, en Rumania, regularmente bombardeados por la aviación británica. Pues bien, Alemania y sus aliados, obtenían petróleo sintético a partir de la destilación del carbón. Se objetará que la industria de entonces no había llegado, ni con mucho, a su actual grado de desarrollo. A esto puede responderse enumerando las ingentes necesidades de combustible de un ejército tan altamente motorizado como la Wehrmacht, y del necesario para mantener en pie de guerra a la Luftwaffe y a la KriegsMarine, así como del que se precisaba para una industria bélica funcionando a pleno rendimiento bajo las bombas democrático-comunistas. y sería un ultraje al genio europeo y a su espíritu de inventiva negar que lo que hizo Alemania prácticamente sola en la década de los cuarenta y en tiempo de guerra, con sus destiladoras de carbón bombardeadas a diario, puede -no ya repetirse- sino superarse en la década de los setenta,

en tiempo de paz... Y CON ALEMANIA FLANQUEADA POR INGLATERRA, FRANCIA Y LOS DEMAS ESTADOS EUROPEOS que se suponen libres.

No es que neguemos, con lo anteriormente expuesto, que la apodada crisis petrolífera haya dañado a Occidente, y especialmente a Europa. Pero sí negamos resueltamente que haya sido, no ya el motivo, sino ni siquiera un motivo de la actual crisis económica; todo lo más, una circunstancia transitoriamente agravante. Y decimos "transitoriamente" por que, aparte de la aludida posibilidad de la destilación del carbón, ha bastado que se produjera el chantaje árabe para que inmediatamente empezaran las prospecciones petrolíferas en nuestro Continente, con perspectivas excelentes en el Mar del Norte, en el Egeo; antes las costas de Noruega e incluso a pocos kilómetros de las playas españolas del Mediterráneo[58].

---

[58] Esta situación ha servido, de paso, para demostrar la mínima estatura política de los actuales estadistas europeos. Un Pitt, un Bismarck, un Richelieu, hubieran comprendido, al perder Europa sus posiciones en el Medio Oriente, que había que prever el futuro abastecimiento de petróleo, y tomar las disposiciones adecuadas. Claro que ello implicaba un gasto y un sacrificio... y los políticos democráticos no pueden pedir sacrificios a sus súbditos, por no ser electoralmente rentables. Sólo se buscó petróleo en Europa cuando empezó el chantaje árabe, y aún ¡Dios sabe qué concesiones políticas y económicas habrán debido de hacerse a la Standard y a la Shell!

LOCALIZACIÓN DEL ÓRGANO AFECTADO

Hemos analizado, en los epígrafes precedentes, los cinco puntos esenciales del planteamiento del problema, incluyendo una incursión en el mundo de las fantasías económicas cual son las falsas razones que se nos pretende imponer como motivos de la actual crisis "económica" occidental. De dicho análisis se deduce, según creemos, con suficiente claridad, que tenemos una producción ampliamente suficiente para nuestras necesidades; que la escasez se manifiesta al no haber bastante dinero para comprar lo producido a un precio atrayente para los productores; que es obvio que si falta dinero hay que hacerlo y que ello no es precisamente un imposible; que la inflación, y la deflación son imposibles con la ayuda de la Informática, y que la máquina, al cumplir su función de aliviar de trabajo al hombre, le deja a éste tiempo libre para emplear sus energías intelectuales y espirituales, por que si de algo podemos estar absolutamente seguros es de que hay gran cantidad de trabajo, intelectual, espiritual y recreativo por hacer, en un mundo en pleno desarrollo, en el cual tanto queda por hacer en todos los campos. Y una de las primeras cosas que se deben hacer es, si no embellecer la máquina, si, al menos, procurar que sea lo más atractiva, o lo menos repelente posible; otra cosa, luchar contra las depredaciones producidas en la Naturaleza, no por la máquina, sino por su uso desconsiderado por parte del hombre, preocupado sólo de sacarle el máximo rendimiento, sin calcular el mal causado en el entorno ecológico. Quedan, en fin, tantísimas cosas por realizar, que la palabra "ocio" puede descartarse de una futura sociedad humana, orgánicamente concebida.

Una vez analizados los cinco puntos de lo que, para nosotros, es el planteamiento del problema, y dando por sentado que nuestra Economía está enferma, lo pertinente y lógico es detectar qué órgano u órganos de la Economía se hallan afectados de enfermedad.

En realidad, no hará falta buscar mucho. La Economía consta, sólo, de tres órganos: la Producción, el Consumo y la Distribución. La Producción, la constituyen las mercancías y los servicios que el trabajo del hombre y su máquina ponen a disposición del Pueblo, es decir, de los consumidores. El consumo, está constituido por las necesidades, los deseos de lo menos necesario e incluso de lo superfluo, de la población. Y la Distribución no es más que el medio que permite que la Producción llegue, de la manera más idónea posible, al Consumo. La Producción también se denomina Oferta, y el Consumo, Demanda.

Digamos, antes de proseguir, que el objeto de la Producción es el Consumo. No es crear puestos de trabajo; no es equilibrar la Balanza de Pagos; no es regular los precios. El objeto de la Producción es el Consumo.

En primer lugar , la Producción. Podemos considerar desde tres puntos de vista: el de la maquinaria e instalaciones; el de las materias primas con que alimentarla, y el del "manpower" utilizado para supervisarla, mantenerla en uso y organizarla. En los epígrafes "La Máquina" y "El Manpower" se ha puesto de relieve que el órgano de la Producción, en Europa rebosa excelente salud. En efecto, de maquinaria e instalaciones hay, aparentemente, de sobras, puesto que muchas de ellas estan paradas. No creemos que éste sea el caso, pero de cualquier modo no constituye ningún problema para los europeos aumentar sus instalaciones fabriles, agrícolas o ganaderas cuando y cómo quieran. En cuanto al "manpower" la tendencia muestra un aumento constante, a pesar del desorden social y político (huelgas universitarias, etc.). Finalmente, refiriéndonos a las materias primas, aparte de los nuevos hallazgos de petróleo en nuestro Continente, tenemos carbón para siglos, somos los pioneros del desarrollo de la energía atómica -aún cuando, hasta ahora, los principales beneficiarios hayan sido las externas Rusia y Estados Unidos- y también de la energía solar, de la de las mareas, y en Holanda hay gas natural para toda Europa Occidental.

En segundo lugar, el Consumo. Ya hemos dicho que el Consumo es la Demanda, es decir, lo que mantiene la rueda en constante movimiento. No hay nada malo en el Consumo, o deseo de consumir, o, como le llaman los economistas profesionales, demanda efectiva. Por mucho que vociferen contra la llamada "Sociedad de Consumo" los revolucionarios de salón, repitiendo como loros las consignas de los beneficiarios de la presente situación, nada hay de vituperable en el hecho de que una comunidad pretenda consumir lo que ha producido, con su propio esfuerzo. Este órgano, pues, está sano.

Finalmente, la Distribución, que es el órgano que articula, que establece la conexión entre la Producción y el Consumo. Es evidente que si el mal no está en la Producción ni tampoco en el Consumo como tales, el órgano del cuerpo económico que se encuentra afectado del mal es, por eliminación, la Distribución. El Dinero es el medio a través del cual opera la Distribución. Esta definición es clásica. Pero tal vez no lo absolutamente precisa y exacta que requiere el sujeto que estamos tratando. Para nosotros, el Dinero, es el medio a través del cual debiera operar la Distribución. En la realidad, tal como suceden las cosas en nuestra enferma economía, el mecanismo operatorio de la Distribución son las Finanzas. Las Finanzas son el medio que permite -o no permite, según convenga a los financieros- que la Producción y el Consumo se encuentren.

EL PUENTE DEL DIABLO

Es imprescindible tener una idea totalmente clara de esa función de engarce llevada a cabo por las Finanzas. Un ejemplo que ilustra de una manera insuperablemente gráfica tal función nos lo facilita el llamado "ejemplo del puente", que ha sido utilizado por cinco escritores, como mínimo[59]. Un puente que, por las cosas y raras y nocivas que en el mismo ocurren llamaremos el Puente del Diablo.

Dicho puente une las dos riberas de un río, las cuales representan a la Producción y al Consumo. El puente, por supuesto, son las Finanzas, y el tráfico que por él transita son las mercancías y servicios, es decir, la riqueza de una comunidad. Y damos por sabido que en todo sistema económico, aparte los niños, los ancianos y los impedidos, todos viven una doble vida, es decir, son, a la vez, productores y consumidores. Así un industrial produce, por ejemplo, lingotes de acero y consume alimentos, ropa, etc. y un agricultor produce cereales y consume semillas, tractores, así como los servicios de los detallistas en el mercado central y, por supuesto, también una parte de sus propios cereales. Es decir, todos trabajan en la ribera de la Producción y viven en la del Consumo.

---

[59] *"The Green Magicians"*, de Thomas Porter.- *"The ABC of Money"*, de Felix J. Frazer.- *"La Economía Nueva"* de Maurice Coulborne.- *"Le Crédit Social et le Catholicisme"*, de G. H. Lebesque.- *"The Paradox of Capitalism"*, de Richard R. Morrisson.

El puente presenta las siguientes características:

a) Es un artificio para que el tráfico cruce la orilla, y nada más.

b) Ha sido construído en beneficio exclusivo de la comunidad.

c) Aparte del servicio que ejecuta, carece de todo valor artístico; no es más que piedra, acero, cables y andamiaje.

d) Es obra humana, no divina, y en consecuencia pueden introducirse en la misma todas las modificaciones que su mejor aprovechamiento hagan aconsejable, y, como dice Colbourne, "no debe ser reverenciado ni por el beneficio que reporta ni por el hecho de que fuera una cosa extraordinaria para nuestros abuelos"[60].

e) Pertenece a la comunidad que lo necesita y emplea, y no al personal que se cuida de su mantenimiento p de cobrar el peaje de tránsito.

f) En consecuencia, incumbe a los propietarios de dicho puente, tomar todas las decisiones que consideren necesarias para el normal funcionamiento del mismo, y contratar al personal que se ocupe de la ejecución de tales decisiones; este personal, naturalmente, será pagado por los propietarios del puente y a ellos deberá rendir cuentas de su gestión.

Y no obstante...

Veamos las cosas rarísimas que suceden en este diabólico puente. Para ello, comparémoslas, párrafo por párrafo, con las cosas

---

[60] M. Coulborne: Ibid Id. Op. Cit.

que deben suceder en un puente bien administrado.

a) Es una ciencia cuya finalidad es la obtención del poder político. En la actualidad, no hay un sólo gobierno en el mundo que no se halle compuesto, esencial o mayoritariamente, por testaferros de la Alta Finanza. No se excluyen de esta aseveración, como luego veremos, los gobiernos de los llamados países socialistas.

b) Es considerado (el puente) como si, en vez de haber sido construído en beneficio de la comunidad, hubiera sido construído en beneficio de los encargados del cobro del peaje de tránsito, pues el Dinero ha llegado a ser una mercancía más, sujeta a los avatares del negocio, en vez de ser un instrumento de medida y cambio.

c) Para contribuir al engaño colectivo, se ha rodeado al puente de una leyenda dorada, segun la cual, para transitar pór el mismo los usuarios deben dejarse guiar por los consejos de los magos, expertos en los arcanos de la hermética bancaria.

d) Aún cuando el puente sea obra humana, se actúa como si fuera pura emanación de la voluntad divina, tan alejado, pues, de nuestra capacidad de comprensión, que en vez de ensanchar el tamaño del mismo para acomodarlo al tráfico, es precisamente éste el que, con perjuicio para toda la comunidad, debe amoldarse a las inmutables dimensiones del puente.

e) El puente NO pertenece a la comunidad que lo necesita y emplea, sino que los instrumentos de la Finanza, es decir, los bancos, son entidades privadas, incluyendo a los llamados bancos nacionales, o Centrales, como la Banque de France, el Bank of England, el Federal Reserve Bureau, etc.

f) En consecuencia, los empleados del puente no son designados por los propietarios(?)--usuarios, ni son pagados por éstos, ni, lógicamente, rinden cuentas de su gestión a los mismos. Muy al contrario, obtienen inmensos beneficios personales y, paralelamente, poder político, en su propio beneficio.

Más adelante, veremos que aún suceden muchísimas más cosas raras en ese puente del Diablo. Pero una cosa es evidente, y es que el puente no funciona como debiera; pues bien, cuando la administración deficiente es causa de que el tráfico no funcione con fluidez y se transforme en una auténtico tumulto, lo lógico es pedir cuentas de su gestión a los encargados de su mantenimiento y, si procede, echarlos a la calle. Pero ello no ocurre así en la realidad; muy al contrario, se le hace creer a la gente que la única manera de que las cosas marchen bien en el futuro consiste en confirmar en sus puestos de privilegio a los empleados del puente. Cualquier debate acerca de la función económica de la Distribución, es decir, de las Finanzas, es tabú para nuestros expertos en Economía. Así lo han decretado los budas financieros que les pagan su miserable pitanza.

EL DINERO

Es curioso comprobar cómo sujetos altamente versados en diversas ramas del saber humano, exhiben una ignorancia su pina en cuanto se ocupan del tema del Dinero. En general, doctos e ignorantes, lo único que saben a propósito del Dinero es que siempre andan escasos de él. En una época como la actual, en que los que controlan la llamada opinión pública atraen la atención de las gentes sobre tenias tan insólitos como exóticos -la Atlántida, los extraterrestres, la Primhistoria, la Parapsicología, los fenómenos "paranormales", la vieja "sabiduría oriental" y un larguísimo etcétera- parece extraño que, así como en Arqueología, Historia, Filosofía, son -y no lo criticamos apriorísticamente- unos verdaderos revolucionarios, en cambio, cuando se trata de abordar el tema, de palpitante interés, del Dinero, nuestros "fabricantes de la opinión" son unos auténticos reaccionarios. Para ellos siguen vigentes los viejos conceptos de la Economía Medieval, ellos, ¡tan progresistas!.

Para ellos, el Dinero es una mercancía, pero es evidente que el Dinero, como medio de cambio, -que eso es lo que es y no otra cosa- debe ser, por encima de todo, estable, y una mercancía sólo será estable mientras su oferta esté bien equilibrada como su demanda, y esto no le puede interesar, lógicamente, a un comerciante de dinero, pues a éste lo que le interesa es que la demanda sea muy superior a la oferta, para subir el precio de su mercancía.

¿Que es el dinero? El Dinero no es más que un medio utilizado como calculador o contador de riqueza. Como medio de cambio que es, su valor procede de su aceptabilidad. Charles A. Lindbergh, Sr., lo definió como "algo que ha llegado a alcanzar tal punto de aceptabilidad que no tiene importancia de qué metal esté hecho ni porqué la gente lo desea, pues nadie rechazará tomarlo a cambio de bienes o servicios"[61]. También se ha dicho que el Dinero es como un boleto universal. Una empresa teatral, una ferroviaria, o de autobuses urbanos, emiten sus propios boletos, cuya posesión da derecho a utilizar los servicios de tales empresas. Pues bien, el dinero es, repetimos, un boleto universal o, dicho de otra manera, una reclamación de su poseedor contra sus conciudadanos; reclamación cuyo origen es, precisamente, un trabajo que se ha hecho en pro de la comunidad.

Pero la mejor definición la da Sir Arthur Kit son cuando dice: "El Dinero es la Nada que se obtiene por Algo antes de que se pueda obtener por cualquier cosa"[62]. Examinémoslo: el Dinero es la Nada, es decir, un pedazo de papel cuyo valor intrínseco es nulo. Se obtiene por Algo, o sea. por un trabajo en pro de la comunidad. y con él se puede obtener cualquier cosa que pertenezca a dicha

---

[61] Charles a. Lindbergh, Sr.: *"Banking and Currency and the Money Trust"* p.81.
[62] Arthur Kitson: *"A Fraudulent Standard"*, p. 69

comunidad.

Hemos dicho que el Dinero es un medio de cambio: más exactamente, es el medio de cambio. Todos los productores emplean su tiempo y energía en proporcionar bienes y servicios útiles a la comunidad. Las cosas que producen, sin consumirlas ellos mismos, pasan a disposición de la comunidad. A cambio, reciben dinero, que es como una reivindicación sobre bienes que otros han producido. Al ser el instrumento de cambio, el dinero pasa igualmente a ser el instrumento de medida. El dinero mide la riqueza de una comunidad, exactamente de la misma manera que el metro mide las longitudes y el kilógramo los pesos. Partiendo de ese indiscutible principio, el valor de una moneda debe permanecer estable. Si ello no es así y si los precios se disparan, ganando siempre la carrera que disputan con los salarios, es debido a las manipulaciones de los siniestros funcionarios del Puente del Diablo. Ha llegado el momento de que nos ocupemos del "modus operandi" de esos caballeros.

EL GRAN TIMO

La inmensa mayoría de la gente imagina que un banco es un lugar respetable y seguro, para depositar, o bien para ir a tomar prestado dinero que otras personas han depositado. No obstante, los bancos prestan hasta nueve veces más dinero que el que realmente guardan en sus cajas. ¿Cómo es ésto posible? Porque los bancos, realmente, no prestan nada. Sólo lo hacen ver. Cuando un banco presta dinero, o, para emplear la terminología bancaria, abre un crédito, lo único que realmente hace es aceptar el crédito del prestatario. Vamos a exponer, tratando de aunar brevedad y claridad, cómo se perpetra este auténtico timo, porque timo es al concurrir en su comisión todos los requisitos de tal delito.

Aún cuando el negocio bancario y su corolario, la usura, se remontan a la época de Babilonia, la Banca, en su forma moderna, apareció en Europa a principios del siglo XVII, primero en Lombardía y en Holanda, luego, inmediatamente, en Inglaterra va renglón seguido en los demás países de nuestro Continente, para aparecer en los Estados Unidos poco después de su configuración como Estado independiente.

En aquéllas épocas, los poseedores de oro y plata -metales que, por su relativa escasez, eran los más adecuados para servir de moneda oficial ténder en un tiempo, precisamente de escasez- lo entregaban, para su custodia, al banquero que los guardaba en una caja fuerte. Evidentemente, no era cómodo, ni seguro, desplazarse llevando constantemente encima el oro y la plata -o las monedas que de ambos metales más adelante se hicieron- y, por otra parte, era recomendable guardar el dinero en un banco, dotado de una sólida caja fuerte, custodiada constantemente por un guardián armado. El banquero prestaba, pues, un servicio, y por tal servicio era lógico que cobrara, decimos "cobrara", unos honorarios.

Al entregar su dinero en el banco, los depositarios obtenían un recibo que les entregaba el banquero, y sobre tal recibo -documento, en sí, intachable- se iba a montar el mayor timo de todos los tiempos.

En efecto, el banquero era un hombre observador y pronto se dió cuenta de que la gente utilizaba esos recibos como si de auténtico dinero se tratara. Esos recibos, respaldados por dinero auténtico, hacían la misma función que el dinero, es decir, servían para adquirir mercancías y contratar servicios. Como tales recibos no era nominativos, cualquier persona, que a lo mejor nunca había depositado dinero en el banco, podía presentarse en la ventanilla de pagos del mismo, y, exhibiendo un recibo por una cantidad determinada de dinero oficial, o legal, exigir tal cantidad en el acto. Un inciso imprescindible: decimos dinero oficial, o legal, porque esos recibos, al ser aceptados por la comunidad como medio de pago, se convertían automáticamente, de hecho, en dinero. También se dió cuenta, el banquero, de que, en promedio, los impositores sólo retiraban, en un período determinado de tiempo, el diez por ciento del dinero depositado. O dicho en otras palabras, que el noventa por ciento de sus depósitos permanecían en sus cofres, y que con el diez restante tenía suficiente para hacer frente a los recibos que se le irían presentando al cobro. La tentación era demasiado grande para el banquero, hombre cuya conciencia no sentía excesivamente el embarazo de los escrúpulos, o no podía sentirlos por sus condiciones étnicas y religiosas. Y se formuló a sí mismo la siguiente pregunta: ¿Por qué no poner en circulación más recibos, representando nueve veces más valor que el dinero que, efectivamente, tenía en su caja fuerte? Para él, formular así esa pregunta equivalía a responderla en el sentido deseado por su yo íntimo. Es decir, que multiplicó por nueve sus recibos - comprometiéndose a pagar un dinero que no tenía, o, como máximo, sólo tenía en una novena parte -y empezó a prestarlo a particulares y, sobre todo, a comerciantes, cobrando un interés por ese dinero inexistente. En realidad, más que inexistente, ficticio; pues existencia, aunque fraudulenta, la tenía, al entregarse mercancías y servicios por él. Este fue el fraude original, que ha perdurado hasta nuestros días, y que está en la raíz de todos nuestros males económicos. Como dice Gertrude Coogan, "los banqueros pueden justificar sus prácticas como gusten, pero el hecho es que cuando prestan su 'crédito' a interés lo único Que hacen es crear dinero privado, que luego pueden reclamar y destruir a su voluntad para desesperación y empobrecimiento del prestatario" [63] quien periódicamente se ve obligado, por la artificial escasez del dinero-

---

[63] Gertrude M. Coogan: *"Money Creators"*, pág. 18.

crédito, a entregar bienes auténticos por el dinero-crédito que tomó en préstamo.

El banquero, al proceder de esta guisa, efectivamente, ha creado dinero. Y para crearlo lo único que ha necesitado ha sido que un empleado del banco tomara una pluma, o un bolígrafo, y escribiera en el Libro Mayor del banco, una cifra cualquiera, pongamos diez millones de pesetas, en el saldo deudor del prestatario. Pero, al mismo tiempo, en el saldo acreedor del mismo, se ha anotado la garantía que éste ha debido ofrecer contra el préstamo bancario. Dicha garantía, que siempre debe ser un bien tangible, una casa, unos terrenos, unas cosechas o el título de propiedad de una industria, siempre vale más que el dinero que el banco presta. Al prestatario se le entrega un talonario de cheques, que permiten fraccionar cómodamente el importe del préstamo, luego se le carga en cuenta un interés por dicho préstamo, interés que oscila entre un cinco y un nueve por ciento en las épocas relativamente "tranquilas", pero que puede ser mucho más elevado en las épocas turbias y la operación ha sido puesta en marcha.

Detengámonos un momento para hacer las siguientes observaciones:

a) Al poner en circulación de hecho, más dinero, que aparece en el mercado antes de que el mismo haya podido generar más riqueza, se ha puesto en movimiento un proceso inflacionario, es decir, se ha hecho perder valor al dinero que existía ya en circulación.

b) Las mercancías que, con el nuevo dinero, irán apareciendo en el mercado, llevarán su costo gravado con el interés bancario -como ya hemos dicho, de un 5 a un 9 por ciento- que deberán pagar, en última instancia, los consumidores. Nueva contribución al proceso inflacionario.

c) Mientras el banquero ha entregado sus "promesas de pagar" dinero -pues nadie, por muy banquero que sea, puede crear algo de la Nada, y así, lo que él presta no son más que promesas- en cambio, el prestario ha entregado al banquero títulos que representan una riqueza que, a parte de ser muy superior al préstamo, es real. Ha habido, pues, un notorio abuso de confianza por parte del banco. Como decíamos en otro lugar[64] "mientras el banco dispone contra la comunidad de garantías representando una riqueza real, tal como fábricas, fincas, cosechas, etc. la comunidad no dispone, contra los bancos, de ninguna garantía. La menor tentativa hecha por los acreedores de un banco para ejercitar sus garantías contra éste, pone de manifiesto que dichas garantías, de hecho, no tienen substancia alguna. Si tales acreedores le "aprietan demasiado las clavijas" al banco, son castigados perdiendo todos sus ahorros. El banco cierra sus puertas poniendo de manifiesto que sus "promesas de pagar" son falsas promesas... a menos que el gobierno no acuda en su ayuda con una moratoria.... moratoria cuyas consecuencias serán que, al fin y a la postre, la comunidad en bloque deberá pagar para cubrir las falsas promesas del

---

[64] J. Bochaca: *"La Finanza y el Poder"*, Omnia Veritas Ltd.

banquero". La objeción de que esto muy raramente ocurre no tiene validez alguna. Si ocurre raramente es porque en todos los países existe un Consejo Superior Bancario [65] cuya principal misión consiste, precisamente, en corregir las desviaciones excesivas de la permanente inflación crediticia procurando que ningún banco sobrepase el fatídico cociente 9 en la división entre los créditos abiertos y el dinero registrado en las cuentas corrientes. Y cuando, no obstante, un banco se dispara y franquea el límite de la zona de peligro, los demás acuden en su ayuda, pues la Finanza funciona como un todo, a escala nacional para lo ordinario, e internacional para los grandes problemas económicos. Pero esa ayuda, en definitiva, la pagará el pueblo, es decir, cada ciudadano o ciudadana que van al mercado, pues hemos dicho, y hay que tenerlo bien presente, que los llamados gastos bancarios se incluyen en los costos de producción.

Según se demuestra en los apartados a) y b) el banco, al crear una situación inflacionaria, ha robado a todos y cada uno de los miembros de la comunidad. El hecho de que las actividades bancarias hayan sido legalizadas por la Administración Pública en todos los países no disminuye en un ápice su ilegitimidad fundamental. El que un Estado, o cien Estados, decreten, como testaferros que son de la Alta Finanza, que la creación privada de Dinero es legal cuando la realiza un banco e ilegal cuando la lleva

---

[65] Naturalmente, los nombres de tales organismos varían: en los Estados Unidos dicho organismo se denomina Federal Reserve Bureau, en otros países existen las llamadas Cámaras de Compensación, etc.

a cabo un falsificador de moneda no modifica en absoluto el hecho de su radical inmoralidad, desde el punto de vista ético, y de su inoperancia, desde el punto de vista económico, exceptuando, claro está, la privada economía de los bancos y sus adláteres.

Y tal como queda demostrado en el apartado c), no contento con robar a la comunidad, el banco ha cometido, con su cliente al que ha concedido un préstamo, un verdadero abuso de confianza, al cambiar una promesa que vale, digamos X menos los intereses cobrados anticipadamente, por una realidad (títulos de propiedad de bienes tangibles) que vale, por lo menos X multiplicado por dos. Y que no se objete que el cliente es muy libre de aceptar o no el "cambio" que le propone el banco. El cliente está convencido de que lo que el banco le presta son los ahorros de otro conciudadano y que por este préstamo hay que pagar un alquiler, llamado "interés". Pero no terminan aquí las actividades del banco; en realidad, los funestos efectos de sus actividades apenas tienen relieve alguno si se comparan con lo que sigue.

Volvamos al momento en que el banco -en realidad, más que el banco o los bancos se trata del sistema bancario, pues todos actúan de manera mancomunada- ha abierto créditos representando hasta nueve veces más dinero del que realmente tienen en caja. De momento, el sistema parece dar resultado. La euforia general disimula el robo que se ha cometido. Pues es evidente que un auténtico robo ha tenido lugar; al crear dinero nuevo, el banquero, al igual que un vulgar falsificador, ha robado un poco a cada uno de sus conciudadanos y ha obtenido interés sobre el "dinero" robado[66]. Gracias a la emisión brusca de dinero nuevo se ha podido desarrollar nueva riqueza, el comercio se halla en pleno apogeo y se ha llegado al, por todos, soñado "pleno empleo". Cada vez que un prestatario devuelve un préstamo al banco, con sus intereses acumulados, el banco se apresura a ponerlo de nuevo en circulación. Se ha originado lo que los economistas clásicos llaman el "boom" que en los países latinos se denomina "euforia de mercado". Los precios suben en vertical, mientras toda clase de productos se ofrecen a la venta[67]. Pero el banquero se da cuenta de que esta subida de precios continúa sólo mientras continúan produciéndose préstamos. Cada vez que el banquero deja de hacer dichos préstamos - o, en otras palabras, de crear nuevo dinero- los precios dejan de subir, y al dejar de subir, los negocios se hunden. La posibilidad de continuar haciendo más negocios en un mercado alcista ha desaparecido. ¿Por qué? Pues porque ahora el banquero empieza a verse en dificultades, a causa de que el volúmen de sus préstamos se halla ya rondando el 900 por ciento de sus reservas en caja. Ya corre el riesgo de que cualquier demanda de dinero auténtico por parte de sus impositores, que por cualquier motivo se produzca en un momento dado, ponga en evidencia, ante toda la comunidad, el verdadero timo a que ésta se ha visto sometida por parte del aludido banquero. Cada crédito que él ha abierto, representado por cheques, así como cada recibo que ha extendido

---

[66] J. Bochaca: "*La Finanza y el Poder*", pág. 11
[67] Ibid. Id. Ob. Cit., págs. 12-13.

a sus impositores por el dinero que le han cedido temporalmente para que los custodie, representan promesas de pagar oro y plata (en la actualidad papel moneda ténder del Estado). Es decir, que tanto sus impositores como sus prestatarios pueden exigir, de un momento a otro, dinero auténtico, es decir, oficial, emitido por el Estado, a cambio de sus recibos.

¿Qué le queda por hacer al banquero en la circunstancia dada? Sólo una cosa: cancelar una parte sustancial de los créditos que ha abierto. En consecuencia, llama a su oficina a algunos de los industriales a quienes ha prestado sus "promesas de pagar" y les invita a devolver, digamos, la mitad del crédito. Los industriales, probablemente, protestarán, no comprenderán nada ante la súbita demanda del banquero en unos momentos en que todo parece ir a las mil maravillas, pero, finalmente, en vista de la cada vez más firme insistencia del banquero, deberán devolver la cantidad solicitada. Para convertir en dinero líquido -el dinero que les exige el banquero con tan súbita celeridad- sus stocks, los industriales deberán vender como sea, es decir, deberán malvender una parte substancial de los mismos, y, al mismo tiempo, se verán obligados a forzar a un pago inmediato a algunos de sus clientes Que habían comprado sus mercancías a plazos. Toda la operación generará, en cascada, una serie de pérdidas para industriales e intermediarios del comercio y, por vía de consecuencia, provocará una reducción general del volúmen de los negocios, es decir, en última instancia, el paro.

Pero éste es sólo un aspecto del caso, ya que, en muchas de las situaciones que se van creando, los industriales no logran realizar sus stocks cuándo y cómo lo exige el banquero, y éste ejecuta las garantías que contra ellos posee, apoderándose así, a cambio de nada, -pues nada más que falsas promesas les prestó- de bienes reales, que pasan, de este modo, con toda la legalidad y toda la inmoralidad del mundo, a ser propiedad del banco.

La normalidad ha vuelto. Entretanto, muchos industriales y comerciantes -más de aquéllos que de éstos- se han arruinado. Los precios de todos los artículos han subido; los salarios, por fuerza, también, pero menos que aquellos. Una gran parte de la sociedad, sobre todo las llamadas clases medias, se ha proletarizado un poco más. El único ganador, en toda la línea, es el banquero. El, que no ha hecho nada, aparte de perpetrar una falsificación de moneda en gran escala, ha obtenido beneficios inmensos, en bienes tangibles, y, lo que es más importante, ha visto confirmada su facultad de continuar creando dinero a expensas de la comunidad, lo que le convierte en el hombre más poderoso del país. Todavía más, en el colmo del cinismo, aún se permite amonestar severamente a sus conciudadanos, diciéndoles que la reciente crisis se ha producido porque han querido vivir por encima de sus medios. La sencilla objeción de que la comunidad sólo pretendía consumir lo que había producido con su trabajo, es olímpicamente despreciada. La ignorancia general en asuntos financieros, cuidadosamente cultivada por los testaferros al servicio de la misma. es el muro del silencio ante el que se estrellan el sentido común y el instinto popular, que rechazan vigorosamente la idea de que una gran parte de los miembros de una comunidad se hayan arruinado precisamente por que han trabajado demasiado y han producido, con su trabajo, una oferta de bienes que no ha colmado aún la demanda de los mismos.

La normalidad ha vuelto, decíamos. Nuestro banquero ya puede volver a poner en funcionamiento la máquina del Gran Timo. Las ovejas del humano rebaño ya se hallan prestas a ser esquiladas una vez más.

EL CRÉDITO BANCARIO

En la génesis del Gran Timo hemos mencionado en diversas ocasiones la palabra Crédito, generalmente unida a otra palabra: financiero. Analicemos esto.

La palabra crédito, se deriva del latín "credere", que significa creer. En pocas palabras: el crédito de algo o alguien no es más que la confianza que inspira -si se trata de una persona- o la creencia en su capacidad de hacer lo que de ella se espera -si se trata de una cosa-. El crédito de una comunidad es, pues, la creencia racional en su capacidad de producir, distribuir y consumir las mercancías y servicios que precisen sus miembros. Es claro que la capacidad de hacer esas cosas depende exclusivamente de realidades como el talento de los miembros de la comunidad y su capacidad de trabajo, así como de los recursos del suelo y el subsuelo de dicha comunidad. No depende, en absoluto, del número de billetes de banco que decide imprimir esa comunidad, ni de la cantidad de oro que ese país atesore en las arcas del banco central.

Debiera resultar clarísimo para cualquier cerebro independiente que, en cualquier comunidad que no fuera un asilo psiquiátrico o el presente mundo capitalista-comunista, el dinero debe estar basado en la cifra que representa el crédito real de tal comunidad. Entonces, y sólo entonces, la apelación crédito financiero no sería ya una denominación impropia. Por el contrario, sería el único nombre que debiera darse al dinero, ya que el crédito financiero sería, entonces, el reflejo, en billetes, del crédito real[68], En una palabra, las cifras reflejarían, exactamente, los hechos. En cambio, en la realidad, en nuestra triste realidad de la Miseria en la Abundancia, sucede que el crédito financiero no tiene nada que ver con el crédito real, sino que no es más que un múltiplo del oro que poseen los bancos. De manera que nuestro dinero, en vez de basarse en mercancías producidas por un trabajo honrado, se basa en el oro. Más trágico aún: a veces no se basa ni en eso, sino en una pura ficción, en la suposición de que la gente no se apercibirá de que los bancos están falsificando dinero, construyendo, sobre los billetes auténticos emitidos por el Estado, una pirámide invertida de "créditos" nueve veces mayor de lo que se supone.

Además, al ser emitido por el sistema bancario con la condición de serle devuelto con intereses, el crédito financiero pasa a ser una mercancía, negociable como cualquier otra. La moneda de la nación pasa a ser una mercancía, sujeta al mismo tráfico de que son objeto las mercancías, incluyendo la ley de la oferta y la demanda. La función básica del dinero, es decir, servir de instrumento de cambio y medida de las mercancías y servicios producidos por la comunidad, es así, completamente adulterada.

Y ahora, volvamos a los bancos, los creadores del Dinero.

La función básica de los bancos consiste, en la práctica, en

---

[68] Maurice Colbourne: "*The New Economy*", p. 379.

transferir fondos de una de sus cuentas corrientes a otra. Esto, naturalmente, se hace sustrayendo de una cuenta y añadiendo a otra, mediante una sencilla operación aritmética. El hecho de que las cuentas, posiblemente, se hallen en diferentes bancos no tiene ninguna importancia, porque, como se sabe, los bancos trabajan en tan estrecha cooperación a través de las cámaras de compensación, que funcionan, casi, como si se tratara de un sólo banco. Es preciso tener muy presente que los bancos transfieren inscripciones representando dinero, no dinero auténtico, es decir, papel moneda emitido por el Estado.

Un cheque es una orden dada al Banco para que transfiera dinero -en realidad, como ya hemos dicho, inscripciones de dinero- de una cuenta a otra. El dinero, en la forma de metal o papel, es muy poco usado en los bancos. En España, el 85 por ciento de las transacciones se hacen mediante el sistema de cheques. En los Estados Unidos, el 95. La moneda se usa para pagar pequeñas facturas, para ir al mercado, para distracciones; etc. Pero los pagos importantes, alquileres, impuestos, plazos, etc, se hacen, cada vez más, por cheque.

Los bancos poseen dinero-crédito en circulación cuando hacen un "préstamo", pero en realidad, no prestan nada. Cuando el banco hace un "préstamo", el prestatario da su acuerdo a que, si no paga en el momento del vencimiento, su propiedad, llamada colateral, que vale mucho más que el crédito que solicita, se convertirá en propiedad del banco. El banco, entonces, comete un fraude al inscribir el activo del prestatario en el Haber de sus libros contables, a pesar de que todavía no es suyo y, posiblemente, nunca lo será. Entonces, el prestatario debe tomar prestado ese mismo crédito (riqueza) del banco, pagando un interés. El crédito es, entonces, transferido de la cuenta del banco a la del prestatario. De hecho, según un principio de equidad, el activo del prestatario debiera ser inscrito en su propia cuenta, para empezar. Luego, el banco garantiza los pagos del prestatario hasta la suma representada por el préstamo, siempre inferior al valor del activo que sirve de garantía, El prestatario empieza a pagar sus facturas con el "dinero" de su cuenta, mediante cheques. A riesgo de incurrir en machacona repetición, recordamos que los bancos sólo transfieren inscripciones de riqueza, o, si se quiere, de dinero, pero no dinero en forma de metal o papel moneda. "El préstamo empezó en la forma de una inscripción hecha con pluma o bolígrafo en los libros del banco, representando la propiedad del prestatario en forma de garantía. Aunque técnicamente nada lo impida excepcionalmente, un banco nunca entrega monedas, billetes, ni nada que tenga algún valor cuando hace un préstamo"[69].

Los bancos utilizan los billetes y monedas depositados por sus impositores como fondos de reserva, que nunca es prestada. Lo que prestan es una cifra que oscila sobre el 900 por cien de tales fondos de reserva. El interés pagado por éste dinero-crédito es indebidamente cargado y constituye un beneficio inmoral. ¿Por qué

---

[69] Thomas Porter: "*The Green Magicians*", pág. 5.

es inmoral? Pues porque, si el crédito -como lo hemos definido al principio de este epígrafe- el crédito real de una nación lo constituyen, a la vez, las riquezas potenciales de la nación y la inventiva y laboriosidad de sus habitantes, cuando el banquero abre un "crédito" a alguien y le cobra un interés por ese "crédito" no hace más que "prestarle" algo que ya es suyo, con el agravante de cobrarle dicho interés. Es como si a uno le hicieran pagar un alquiler por el uso de la casa que heredó de su padre... La práctica bancaria podría justificarse si los banqueros prestaran no un múltiplo, sino un sub-múltiplo del total de sus reservas, por ejemplo la mitad, o dos terceras partes, conservando el resto para hacer frente a las demandas normales de sus impositores, y cobrando por ese préstamo, que entonces podría denominarse tal, pues sería hecho en papel moneda, un alquiler, es decir un interés no acumulativo, del 2 o el 3 por ciento como máximo, y la garantía, o propiedad colateral, sería de un valor similar al del importe del préstamo. El sistema en cuestión estaría muy lejos de ser el ideal, -pues este consiste, fundamentalmente, en que el dinero es instrumento de medida y cambio, pero no mercancía-, pero por lo menos evitaría el caos económico que estamos padeciendo, y cuya motivación no es otra que la creación privada de dinero falso. Pero lo que no puede justificarse en modo alguno es la actual práctica bancaria, que constituye el más fabuloso negocio que se ha hecho y se hará, consistente en los siguiente:

a) Con cien unidades monetarias pertenecientes a un tercero, se "abren créditos" por novecientas unidades. A los prestatarios, de momento, se les hacen entregar, en garantía, títulos que representan, aproximadamente, mil quinientas unidades.

b) Esas novecientas unidades devengan un interés del 9 por ciento (a veces con agios, quebrantos, y demás pretextos, más del 10), es decir, que su rendimiento neto al cabo de un año son 81 unidades.

c) Al impositor, cuyo dinero se ha jugado alegremente el banquero, se le da un 0'5 (aunque en épocas deflacionarias, que llaman inflacionarias, se llegue al 0'75 e incluso al 1). En otras palabras, esas cien unidades, que le han costado al banco 0'5 unidades al año, le han hecho ganar 81 en el mismo lapso de tiempo.

d) De lo dicho se deduce, si la aritmética no miente, que la rentabilidad de este despampanante negocio de Alí Babá es del 16.200 por cien. Y esto con el dinero de los demás.

¿Sabe, el llamado hombre de la calle, que un buen negocio textil, por ejemplo en el ramo de las fibras sintéticas deja, en épocas denominadas de prosperidad, un 7 o un 8 por ciento, con el dinero que se expone, que pertenece, naturalmente, a los propietarios del negocio? ¿Sabe que, en el ramo de la metalurgia, -y hablamos, como en el ejemplo anterior, de España- la rentabilidad raramente llega al 5 por ciento? ¿Le han informado que en Inglaterra, en el sector algodonero, los beneficios no llegaban en la buen época, al 4 por ciento mientras en la actualidad las pérdidas superan tal porcentaje y las empresas quiebran a centenares? ¿No ha leído, en la prensa diaria, largas listas de empresas que deben suspender sus pagos, precisamente porque sus acreedores no les pagan tampoco a ellos, mientras en tales listas no aparece jamás, JAMAS, el nombre de un sólo banco? ¿Y no le han llamado la atención que mientras los productores se arruinan y los consumidores no pueden consumir lo que el trabajo de todos ha producido, los bancos surgen como setas en las fachadas de los mejores edificios de las ciudades y sus balances registran siempre enormes beneficios?

¿No crees, lector amigo, que resulta bochornoso que a una comunidad que, con el trabajo de sus miembros, ha producido una riqueza que espera ser consumida, se le diga, como hicieran en España el Señor Villar Mir y en Francia el Señor Chirac, que ha estado viviendo por encima de sus medios y que debe apretarse el cinturón? ¿Es que hay alguién capaz de proporcionar una explicación verosímil a eso de "vivir por encima de nuestros medios"? Por que, naturalmente, los interfectos, que debían verlo muy claro, negligieron explicárnoslo a los simples mortales. Los linces de la prensa también debieron verlo clarísimo, y en España asistimos al cómico espectáculo del vapuleo general a que fue sometido el tal Villar Mir, por media docena de razones "políticas", absolutamente inocuas, mientras ningún plumífero le pidió una sola explicación acerca de eso de "encima de nuestros medios" y de "apretarse el cinturón".

Y, para terminar, por ahora, con el crédito bancario, una sencilla demostración -una más- de su completa inviabilidad.

Supongamos que el dinero, que vamos a llamar A, de una determinada comunidad, es un dinero sano, sin la tara de la Deuda. (Pues en nuestro extraño mundo moderno la mayor parte del dinero, creado por los bancos nace en forma de Deuda, que debe ser cancelada precisamente cuando más necesario es, o sea en el momento en que debe servir para distribuir lo que se ha producido). Pues bien, un buen día, los bancos empiezan a crear dinero-crédito, cuyos intereses, llamaremos B. Esa deuda, es decir "B", será cargada en los escandallos de todas las mercancías. Es evidente que el dinero auténtico de la comunidad, "A", no puede comprar lo que se ha producido, que costará "A más B". Bueno, en realidad hay un medio. Consiste en que el banco cree más dinero-crédito al que vamos a llamar "C". Todo sería perfecto, si no fuera que "C" nace con un hermano siamés, su interés, que llamaremos "D". De manera que tampoco A más C podrán comprar algo que cuesta A más B más C más D. Se irá saliendo del paso a trancas y barrancas, hasta llegar el momento en que el Dinero Abstracto -que así le llaman también- superará en nueve veces a "A". Entonces se llega al final del ciclo: el banco cancela gran parte de sus préstamos, se incauta de ingentes cantidades de riqueza real y puede prepararse el siguiente ciclo inflacionario.

A ESCALA MUNDIAL...

Una vez trazado el esquema de las actividades del banquero "nacional", es decir, del hombre que inventa un dinero que no existe, pero al que extrae un interés que hace pagar a sus conciudadanos, convendría ahora, observar la otra vertiente de las actividades bancarias.

El banquero "internacional" abre créditos a firmas que se dedican al comercio con países extranjeros: compañías importadoras o exportadoras, fletadores, navieros, agentes de aduanas, compañías de seguros, etc. Le interesa a este banquero que el volumen del comercio exterior se mantenga a un buen nivel, para preservar la aceptación de sus préstamos. Es evidente que cuando los colegas de este señor, los banqueros "nacionales" se hallan a principios o a mediados del ciclo inflacionario, es decir, que están concediendo abundantes créditos y queda aún lejos el fatídico cociente 9, el volúmen de las exportaciones tiende a disminuir, ya que las gentes pueden comprar las mercancías que se producen en el propio país, y éste sólo exporta sus excedentes. En ese caso, el banquero "internacional" tiene interés en que los "nacionales" reduzcan sus préstamos. En realidad, él hace lo mismo que el "nacional", es decir, concede créditos a empresas relacionadas con el comercio exterior, e incluso a países extranjeros, para que compren en el propio, por valores que multiplican, aproximadamente, por nueve el total de los depósitos de sus cuentacorrentistas[70].

Era fatal que el banquero "nacional" y el "internacional" llegaran a ponerse de acuerdo para una cooperación entre ambos, ya que sus operaciones, a parte de regirse por un mismo mecanismo, se complementan admirablemente. Por consiguiente, cuando el mercado interior se halla en plena prosperidad, o sea, en plena inflación crediticia, el banquero "nacional" recibe todo el apoyo, o el "crédito" de su colega, el banquero "internacional". Y cuando a la prosperidad sigue la cíclica crisis, o sea la deflación monetaria, el banquero "nacional", conforme va cancelando sus créditos, va abriendo una parte de éstos en favor de su colega "internacional", que financia las exportaciones y que, además, en esas circunstancias, recibe la ayuda de la asustada Administración Pública, que ve en la Exportación un medio de procurar trabajo a las masas que se están impacientando. Aparecen entonces las desgravaciones fiscales, las primas a la exportación y demás tipos de apoyo directo e indirecto. Podrá argumentarse que la Administración no tiene porqué reaccionar de esa manera y, en vez de coadyuvar al timo bancario, nacional o internacional, puede poner coto a sus actividades, impidiendo la creación de dinero incontrolado, a escala nacional e internacional, y creándolo ella misma, de acuerdo con el volumen de mercancías que se hallan en espera de ser consumidas. El argumento es muy bonito y totalmente válido en otro mundo o en otras circunstancias. En este mundo, y

---

[70] J. Bochaca: *"La Finanza y el Poder"*, Omnia Veritas Ltd.

en estas circunstancias, DINERO SIGNIFICA PODER, y como el Dinero y, lo que es muchísimo más importante, la facultad de crearlo, es de la Finanza, resulta que la Administración[71] se halla al servicio de aquélla, y no al revés, como debiera ser. Y bien sabe -o, más que saberlo, lo intuye, lo siente en su epidermis- cualquier funcionario público, por altísimo que sea su rango, que cualquier veleidad de independencia suya frente a los poderes omnímodos de la Finanza pondrá en marcha un mecanismo que empezará por una campaña de prensa en contra suya y terminará por una carta de su superior jerárquico "agradeciéndole los servicios prestados". Dicho superior jerárquico deberá actuar así, por estar ligado él mismo al Sistema, o por constarle que, de apoyar a su subordinado, él perderá, con toda seguridad, las próximas elecciones.

Para poner en marcha ese mecanismo de intimidación no hacen falta secretas reuniones de embozados, ni aquelarres de Sanhedrines con cirios de cera negra e imprecaciones cabalísticas, decretando la muerte civil del desobediente. El Sistema funciona tan bien que, salvo casos excepcionales, no hace falta pronunciar una sóla palabra. El que molesta, o puede molestar el funcionamiento de la máquina del Fraude Financiero, es automáticamente castigado sin que probablemente los que ejecuten el castigo se den cuenta.

---

[71] Esa palabra está substituyendo paulatinamente a "Gobierno" y nos parece justo pues, en la actualidad, en nuestra Europa residual, de gobierno, lo que se dice GOBIERNO, no acertamos a ver ninguno.

EL PATRON ORO

Todo el mundo ha oído hablar del Patrón Oro. Pero nadie ha sido capaz de dar una explicación clara de lo que es. O, más exactamente, de cuál es el motivo de su existencia.

Antes de la aparición de la Máquina, los metales preciosos -la plata y, más corrientemente, el oro- servían de instrumento de cambio. Precedieron a la aparición del papel moneda y, en aquélla época, que podemos denominar de Escasez, o, al menos, de relativa Escasez, servían el propósito que se les atribuía.

En la actualidad, las monedas nacionales están basadas en el Oro. Es evidente que, en una Economía sana, debieran basarse en lar mercancías, pero esto no conviene a los intereses de la Finanza, porque el Patrón Oro les asegura el precio que puede ser solicitado por la omnipotencia[72]. Está claro que mientras alguien controle la provisión de oro y sólo sobre éste pueda crearse dinero, ese alguien controlará el monopolio del dinero.

La mejor definición actual sobre el Patrón Oro le han dado, a nuestro juicio, Colbourne y el escocés Douglas: "El Oro es una medida internacional de cambio". Admitimos que es una definición corta y, sobre todo, poco completa, pero es que no puede decirse

---

[72] M. Colbourne: *"La Economía Nueva"*, pág. 156

nada más que sea exacto. Si acaso, puede añadirse que en épocas de Escasez, al ser de difícil obtención y aparecer con lentitud las mercancías en el mercado, podía cumplir su misión, muy imperfectamente, pero, en fín, podía servir. Pero en la actual Epoca de la Abundancia, el Patrón Oro, objetivamente hablando, no puede ser definido más que como una incongruencia. En la actualidad, las monedas de todos los países no debieran tener más Patrón que el Trabajo. Si se mantiene la vigencia del Patrón Oro es por favorecer los intereses de sus poseedores y porque la vieja superstición fetichista, tan anclada en el corazón del hombre, de su divinidad, no se ha tambaleado a pesar de las hecatombes que ha provocado.

Hemos dicho que el Oro es una medida internacional de cambio, y vamos a ilustrarlo con un ejemplo sencillo y corriente de comercio internacional. Empecemos por precisar que, como el dinero oficial, es decir, el papel moneda de una nación, se basa en el oro que ésta posee, cuando una cantidad importante de oro sale de un país, inmediatamente se substrae de la circulación papel moneda por el valor del oro en cuestión. En otras palabras, una cantidad de poder adquisitivo desaparece del mercado doméstico, cantidad igual al oro que sale del país. Tal desaparición de poder adquisitivo provocará una caída en los precios y frenará el "boom" o la prosperidad antes de que se convierta en un peligro para los banqueros. Esto es práctica corriente en todos los países y por eso se considera que es un desastre el descenso de las reservas de oro - lo que se produce cuando las importaciones superan a las exportaciones- pues ello significa que la Balanza de Pagos está en déficit. Esta retirada de papel moneda para compensar el oro que sale del país puede llevarse a cabo disminuyendo proporcionalmente la cuantía del valor del papel moneda que periódicamente imprime el Estado a trates de la Casa de la Moneda o, simplemente, aumentando los impuestos.

Como los banqueros son unos comerciantes de dinero, colocan sus créditos allí donde pueden obtener para ellos porcentajes de interés lo más elevados posible, siempre que ello, claro está, sea compatible con la seguridad del reembolso. Y aquí, un inciso: también a nivel del comercio internacional exigen los banqueros sus famosas garantías colaterales.

Pues bien: supongamos que un banquero suizo presta mil millones de francos suizos al gobierno colombiano para que éste compre un par de centrales térmicas. Y supongamos también que los italianos las producen más baratas que los industriales suizos. ¿Qué sucederá, entonces? Pues sucederá que los colombianos comprarán las centrales térmicas a Italia; técnicos italianos se desplazarán al altiplano de Colombia, con el material correspondiente, procederán al montaje de las centrales, y el banquero suizo pagará a los italianos. Pero el pago deberá hacerse en liras, toda vez que los francos suizos, en principio, no les sirven para nada a los italianos. En pocas palabras: el banquero deberá comprar liras con francos suizos, y entonces las liras subirán, serán más caras, y los francos suizos bajarán, serán más baratos, en el mercado de divisas. Y eso, ¿por qué? Pues porque, como es bien sabido, cuanto más sube la demanda de una mercancía -y el dinero, para un financiero es una mercancía- más sube su precio. De manera que si las liras suben demasiado con relación a los francos suizos, resultará más ventajoso para el financiero usar sus francos suizos para comprar oro y luego utilizar ese oro para comprar liras. Y, en tales circunstancias, el oro saldrá de Suiza. Entonces, mil millones de francos suizos, en billetes de banco, desaparecerán de la circulación. Y los precios bajarán. Y los salarios, también[73]. La consecuencia de esa baja será que entonces los suizos estarán en disposición de producir centrales térmicas más baratas como las de los italianos, o más. Entonces los colombianos, o quien fuere, podrá comprar esa mercancía en Suiza, y el oro no deberá salir del país.

Las consecuencias de esta tan lógica, como funesta política financiera son las siguientes:

a) La Finanza Internacional puede enfrentar a los pueblos, unos contra otros.

b) Puede nivelar hacia abajo los salarios de las clases laboriosas de todos los países industrializados.

c) Por consiguiente, puede impedir que cualquier pueblo tenga un poder adquisitivo suficiente para comprar sus propias mercancías y obligarle a exportarlas en competencia con todos los demás países.

d) Esto significa lucha por la posesión de mercados exteriores,

---

[73] Eso de que los salarios bajen hará -suponemos- sonreír a muchos. En realidad, la baja de salarios es un fenómeno corriente hoy en día, aunque no se presenta en esa forma, sino en el de la supresión de horas extraordinarias o, simplemente, en el paro.

e, indirectamente, tal vez la guerra. A esta última conclusión llega Gottfried Feder[74] y también, con una matización importante, Francis Parker Yockey[75]. En efecto, según Yockey, la guerra sólo se produce por cuestiones políticas; sólo los marxistas creen en las guerras por motivos económicos, pero si un motivo no político puede llegar a crear una tensión existencial entre dos pueblos, creando en ellos la dualidad amigo-enemigo, entonces el motivo se convierte en político y la guerra estalla pasando tal motivo a segundo término.

---

[74] Gottfried Feder: "*La lucha contra las Altas Finanzas*".
[75] Francis Parker Yockey: "*Imperium*", Omnia Veritas Ltd. www.omnia-veritas.com.

LOS BANCOS CENTRALES

El concepto del Patrón Oro es inseparable de la existencia de los llamados bancos "Centrales", entidades que a pesar de su denominación y empaque oficial son, en realidad, privadas, dirigidas por individuos privados, que son sus verdaderos dueños.

Aunque el primer banco "central" que aparece en Europa, en el siglo XVII, es el Banco de Inglaterra, su precedente hay que buscarlo en el Banco de Amsterdam. Fundado por un judío expulsado de España, Fernandez Carbajal, este banco fue el primero en dar a sus clientes un "recibo" o "vale", que era posible fragmentar por un sistema que fue el precursor del actual "talonario" de cheques. Estos "recibos" naturalmente, se daban a cambio de dinero que se depositaba para su seguridad en una caja fuerte. Estos son los famosos recibos a que hemos aludido repetidas veces, los recibos prestados hasta nueve veces el valor que representan. Como todos los precursores, acabó mal. El Banco de Amsterdam fue un mártir de la sagrada causa bancaria. Porque, un buen día, se declaró en quiebra. El peligro, para los bancos, estriba en su propia naturaleza, y, a la vez, en la naturaleza humana. La naturaleza de los bancos estriba en obtener el máximo rendimiento posible del dinero que prestan, y la naturaleza humana -demasiado humana, diría Nietzsche, en el caso de los banqueros- incita a los profesionales del dinero a tomar cada vez más y mayores riesgos, rondando temerariamente el cociente nueve en la relación depósitos-préstamos y, a veces, ocurren quiebras, aunque en ese caso, generalmente es el Estado quien acude con una moratoria para salvar la situación e impedir la ruina de los impositores y, por vía de consecuencia, salva también al banquero. Claro que la suerte de éste no sería la de sus desgraciados clientes, toda vez que una elemental prudencia le habrá hecho guardar su propio dinero en lugar seguro, o lo habrá invertido en valores bien sólidos. Incluso los conciudadanos del banquero que no son clientes suyos, han debido pagar entre todos, a prorrata, el auténtico desfalco cometido. Esto crea, claro es, situaciones desagradables. Como válvula de seguridad, para impedir, o dificultar al máximo, situaciones de quiebra, se concibieron los bancos "centrales".

El Banco de Inglaterra fue fundado en el año 1694, por una concesión hecha por Guillermo II a un judío de Amsterdam, Manasseh-ben-Israel. Esta concesión se basaba en otra anterior, hecha por Oliver Cromwell a Ali-ben-Israel, también de Amsterdam. Cromwell, que había recibido el apoyo económico de los hebreos de Amsterdam en su lucha contra la Corona, pagó los favores recibidos autorizándoles a que se instalaran en Inglaterra y dieran un 4 y medio por ciento de interés a quien depositara oro en sus cajas fuertes (un interés demesuradamente elevado) ya su vez lo prestaran al Gobierno a un 8 por ciento[76].

---

[76] Francis Parker Yockey : "*Imperium*", Omnia Veritas Ltd.

La causa de la creación del Banco de Inglaterra fue un préstamo de un millón doscientas mil libras esterlinas a Guillermo III. Los métodos del Banco no eran nuevos; no hicieron más que seguir precedentes. Y el precedente fue la usura practicada en aquél tiempo por los orífices de Londres [77], que ya actuaban, clandestinamente, antes del legalmente autorizado Alí-ben-Israel. Esos orífices, que solían prestar con un interés del diez por ciento, miraron en un principio con desconfianza al nuevo Banco, que "sólo" prestaba al 8, aunque pronto subiría al nueve, mientras los intereses pagados a sus impositores se reducirían a un medio por ciento.

El Banco de Inglaterra, cuyo nombre auténtico era "The Governor and Company of the Bank of England" (El Gobernador -o Administrador- y la Compañía del Banco de Inglaterra) introdujo una novedad con respecto a las prácticas iniciadas por el Banco de Amsterdam. Empezó a emitir vales por la cantidad que el Gobierno debía al Banco; un privilegio concedido al Banco por un Gobierno agradecido a los servicios prestados en varias ocasiones por aquél[78]. De manera que, en agradecimiento a esos servicios[79] al Banco se le concedió la potestad de emitir dinero. Pero dinero real,

---

[77] Esos orífices eran una agrupación de judíos lombardos, que se instalaron en Inglaterra al ser expulsados de Milan debido a sus prácticas usurarias. La calle en que se instalaron, "Lombard Street" continua ocupada por sus sucesores.

[78] Maurice Colbourne: "*La Economía Nueva*", pág. 136.

[79] Tales servicios consistieron en un apoyo masivo de la Alta Finanza Internacional al Imperio Británico hasta finales del siglo XIX. En la lucha de Inglaterra contra Holanda, España, la Francia de los últimos Capetos y la de Napoleón y el naciente Imperio Prusiano, la Finanza fue un aliado -desde luego, no desinteresado- de Inglaterra.

y no ya sólo promesas de pagar dinero, tal como habían hechos los "pioneros" de Amsterdam o, ya en Inglaterra, Alí-ben-Israel con anuencia de Cromwell.

El Banco de Inglaterra -repetimos, una entidad privada- fabricaba, literalmente, dinero. Si el Banco tenía diez libras de oro en sus sótanos y prestaba cinco al Gobierno, podía fabricar un billete de cinco libras y ponerlo en circulación, y de esta manera aumentaba la cantidad de diez libras hasta un total de quince; el Gobierno, que usaba cinco y el Banco que disponía de diez, cinco nuevas y cinco viejas: y la cantidad total podía estar en circulación activa[80], una importante masa de dinero, sin haberse creado, aún, riqueza nueva que lo justificara, es decir, se cometía inflación.

Pero la función principal, la esencial, diríamos, del Banco de Inglaterra y de los demás bancos centrales que irían apareciendo en todos los países, no era fabricar dinero, sino, por encima de todo, perpetuar, con el apoyo de la Ley, el sistema bancario moderno; es decir, asegurar la perennidad de las ilegítimas actividades bancarias.

El "modus operandi" es el siguiente: El banco "central" presta a los bancos privados[81] dinero legal ténder o bonos del Estado o cualquier otro valor totalmente seguro. En la deliberadamente embrollada terminología bancaria, la palabra "depósito" significa "préstamo", y ello queda expresado en la bien conocida expresión

---

[80] M. Colbourne: "La Economía nueva", pág. 138.

[81] En realidad, los bancos centrales son tan privados como los demás; nos expresamos así para marcar la diferencia entre unos y otros.

bancaria anglosajona "A loan creates a deposit" (Un préstamo crea un depósito) cuando los simples mortales nos sentiríamos inclinados a creer que un depósito es dinero colocado en un banco para su seguridad[82].

Pues bien, los depósitos en el Banco Central, o préstamos del Banco Central a los bancos privados son dinero contante y sonante, son ténder, pues aún tratándose de bonos del Estado, pueden ser cambiados inmediatamente por dinero legal. El Banco Central, como emisor, por privilegio inaudito concedido por el Gobierno, de dinero legal-ténder, pagará siempre con dinero legal-ténder a los que tengan derecho a ello. Los bancos privados, por consiguiente, prestan a sus clientes promesas de pagar dinero hasta nueve veces la cantidad de depósitos que ellos, los bancos privados, poseen en el Banco Central, de la misma manera que prestan promesas de pagar dinero hasta nueve veces superior a la cantidad que ellos poseen en caja. Para los bancos, dinero en metálico y Depósitos en el Banco Central son, realmente, la misma cosa... No obstante, existe una diferencia entre ellas. Dinero metálico es dinero metálico. Es dinero legal-ténder. Pero, como se ha dicho, los depósitos en el Banco Central son préstamos del Banco Central. Dicho Banco Central, como todos los bancos, emite promesas de pagar dinero

---

[82] La indigencia mental de los críticos económicos que padecemos puede llegar a ser tan increíble y su ignorancia sobre el tema bancario tan crasa que a veces pueden leerse en la sección financiera de un periódico frases de este talante: "De la lectura del balance del Banco Tal se deduce la confianza que el público tiene en su gestión, pues el volúmen de sus depósitos se ha triplicado en sólo tres semanas" ¡Y los cielos no se hunden!.

legal-ténder. Pero puede, también como todos los bancos, cancelar sus préstamos o reducirlos de forma substancial. Puede hacerlo de diversas maneras, y el efecto de ello consiste en reducir todos los "depósitos en el Banco Central" de todos los bancos privados y, por vía de consecuencia, la cantidad de dinero legal-ténder de todos y cada uno de los bancos privados. Cuando un banco privado pierde dinero legal-ténder, también, debe cancelar o reducir sus préstamos de manera que no pueda verse en el riesgo, en ningún momento, de estar prestando promesas de pagar dinero en una proporción que exceda en nueve veces su posesión de dinero legal-ténder[83].

Un ejemplo: Un banco privado posee, en un momento dado:

En Cuentas Corrientes..............................100 millones

En Depósitos en el Banco Central..................100 millones

Total..200 millones

Ese banco prestará promesas de pagar hasta 1.800 millones.

Pero el Banco Central cancela el 50 por ciento de su préstamo, y entonces el banco privado tiene :

En Cuentas Corrientes..............................100 millones

En Depósitos en el Banco Central....................50 millones

---

[83] R. McNair Wilson: "*Promise to Pay*", Omnia Veritas Ltd, www.omnia-veritas.com

Total..150millones

Ese banco prestará, ahora, 1.350 millones, de promesas de pagar. Un inciso. Se habrá observado que calificamos a los préstamos de los bancos como "promesas de pagar" dinero, porque eso son, en realidad. Ya hemos visto que los bancos sólo prestan promesas, que además son falsas, pues la menor tentativa de los prestatarios de convertirlas en realidad, es decir exigiendo dinero auténtico por ellas en un cociente total superior al diez por ciento de la totalidad de tales promesas, pone de manifiesto que el banco ha cometido abuso de confianza, que sus promesas son falsas y que, en consecuencia, debe colocar el cartelito de "Cerrado" en su ventanilla de Pagos. Pero continuemos con el mecanismo del funcionamiento de los Bancos Centrales.

Ese mecanismo, mediante el cual los bancos privados toman prestado del banco Central, permite a éste controlarles, aumentando o disminuyendo las cantidades de dinero legal-ténder. Ese control se hace en beneficio de todo el Sistema, pues los Bancos Centrales, en razón de su posición, su volúmen, su empaque semi-oficial, sus concomitancias con los bancos centrales de todos los países - concomitancias que saltan por encima de rivalidades políticas nacionales, reales o ficticias- su posibilidad de manejar oro, en una palabra, en razón de su propia importancia, están en disposición única para ver, por encima del barullo del mercado del Dinero, cuándo sus colegas de los bancos privados se están excediendo en sus riesgos y pueden llegar a una situación límite.

Los bancos centrales son, pues, los coordinadores de las actividades de los bancos privados. Son también, la válvula de seguridad y el sello de rentabilidad de los mismos y, en fin, los manejadores del Patrón Oro, que es la clave de bóveda de todo el Sistema, a escala Mundial.

En 1844 se firmó, en Londres, el Acta de Control Bancario, que fue aprobada por el Parlamento británico, por la que las reservas de oro de Inglaterra se depositarían obligatoriamente en el banco central, es decir, el Banco de Inglaterra. Esto ya se hacía, en la práctica, desde casi dos siglos, pero la Finanza exigió el respaldo de la Ley, y poco después la tradicional alianza Imperio Británico-Finanza Internacional, empezaría a resquebrajarse. El tradicional legalismo anglosajón garantizaba a la Finanza sus posiciones en Inglaterra, y aquella ya se sentía libre de actuar con más flexibilidad en su política a nivel mundial. Gracias al Acta de Control Bancario, el dinero, oficialmente, quedaba en libertad de "buscar su propio nivel", es decir, que podía invertir en el extranjero, si le convenía, si allí podía obtener los mayores beneficios dentro de un margen razonable de seguridad. Otra de las consecuencias del Acta consistía en que la exportación de oro, cuando tuviera lugar, debía provocar una insuficiencia de dinero en el mercado doméstico. De eso ya hemos hablado en el epígrafe dedicado al Patrón Oro. Esa insuficiencia de dinero en el mercado interior debe fatalmente ocasionar una baja de precios, obligando, por consiguiente, a los patronos, a reducir los salarios para poder seguir siendo competitivos.

La convertibilidad del papel en oro -que eso es el Patrón Oro-, y a precios regidos por la ley de la oferta y la demanda, es un sistema que debe, necesariamente, engendrar la miseria. Los industriales y los agricultores nacionales se ven encerrados en un círculo vicioso. Lo único que pueden hacer para ser competitivos es reducir los salarios de sus obreros, o automatizar más y más sus explotaciones lo que significa, a la corta o a la larga, licenciar a un número determinado de sus empleados. Pero, precisamente, por haber rebajado salarios, o reducido plantillas, ya les será muy difícil, tal vez imposible, colocar todos sus productos en un mercado cuyo poder adquisitivo ha bajado, precisamente a causa de esa baja de salarios, o de ese paro. Los productores nacionales deben orientar, hasta donde sea posible, su producción de cara a la exportación. y así, un sistema cuya finalidad original fue, teóricamente, servir a las necesidades nacionales, se orienta, por la fuerza del nefasto sistema, a la producción de artículos suficientemente baratos para poder competir, con garantías de éxito, en los mercados exteriores. Esta es la finalidad de la Finanza Internacional: el Comercio Exterior. No se permite a ningún país vivir para sí. Por el contrario, cada país debe enfrentarse a todos los demás, para que los beneficios que obtenga el Dinero sean en todas partes los mayores posibles.

¿En qué consiste el "juego del patrón oro"? Pues se basa en el intercambio de productos entre dos países. Los países, como los individuos, son, a la vez, productores y consumidores. Así, España puede vender naranjas y manganeso a Alemania, y Alemania, al mismo tiempo, vender máquinaria y productos químicos a España.

Las naranjas y el manganeso se compensarán con las máquinas y los productos químicos. Está claro, no obstante, que este ideal equilibrio de la balanza comercial no podrá siempre lograrse de un modo rigurosamente exacto. Por ejemplo, es muy posible que las naranjas y el manganeso españoles representen un valor superior a las máquinas y los productos químicos recibidos en España, en cuyo caso, a fin de año, Alemania se encontraría con una balanza comercial desfavorable con respecto a España. ¿Cómo pueden los alemanes equilibrarlo? Evidentemente, enviando más máquinas o productos químicos a España, pero es posible que a los españoles ya no les interesen esos productos alemanes, a los encuentren más baratos, por ejemplo en Suecia. El patrón oro ofrece una solución al problema. Los alemanes pueden enviar oro a España para saldar la deuda, porque el oro se acepta en el acto, en todo el mundo, como instrumento de pago. Toda moneda es convertible en oro a cierto tipo de cambio, y el poseedor de oro puede comprar cualquier moneda a un tipo de cambio determinado[84]. Este pago en oro no tendría mayor trascendencia que un simple saldo de cuentas si no fuera que todas las monedas del mundo están basadas en el oro. Si no fuera así -si todas las monedas no se basaran en el oro- España, en el ejemplo aludido, tendría más oro, y Alemania menos, pero no se produciría ningún efecto sobre los precios interiores españoles ni sobre los alemanes. Pero el efecto que, en la práctica se va a producir como consecuencia del saldo de la cuenta a través de un pago en oro, tanto sobre los precios alemanes como sobre

---

[84] R. Mc. Nair Wilson: *"God and the Goldchsmiths"*.

los españoles, se fundamenta en la regla de que, cuando sale oro de un país, debe ser retirada de la circulación interior una cantidad de dinero de tal país igual al importe del oro que ha salido. Es decir, que una exportación -una salida- de oro, provoca que el Banco Central "retire" de la circulación interior billetes de banco por el valor de esa salida, con lo cual se verá obligado a reducir sus préstamos (los "depósitos en el Banco Central") a los bancos privados, que, a su vez, deberán cancelar o reducir préstamos hechos a la industria local, y se producirá una deflación en el mercado doméstico. En otras palabras, cuando un país debe usar el patrón oro para saldar su balanza comercial -llamada técnicamente Balanza de Pagos-, se produce una contracción de la cantidad de dinero en ese país, igual a la cantidad de oro perdido.

Sabemos que la demanda, o poder adquisitivo del mercado interior de un país, depende de los créditos abiertos por los bancos a los industriales, agricultores y ganaderos del país en cuestión. Pero los créditos son -o mejor dicho, hacen función de- dinero, y la cantidad de dinero existente en un país, como ya se ha dicho, depende de la cantidad de oro existente en el Banco Central de ese país. Así se consigue que el poder adquisitivo deba depender de la cantidad de oro existente en los cofres del Banco Central. Si, de acuerdo con las leyes del retorcido sistema, debe salir oro de un país para pagar un exceso de importaciones sobre las exportaciones, se reducirá, en tal país, el volumen del dinero, de acuerdo con el siguiente ciclo:

a) Bajará el volumen de los créditos bancarios.

b) En consecuencia, bajará el volumen de la producción.

c) Lógicamente se reducirán los beneficios industriales, los salarios de los obreros y los dividendos de los accionistas.

d) También lógicamente, se reducirá la capacidad adquisitiva y, por vía de consecuencia.

e) Bajarán los precios de los productos. Y entonces se produce un círculo vicioso. La baja en los precios de los productos es causa de bajas en los salarios y, de retruque, en la capacidad adquisitiva.

Es decir, que se ha urdido un sistema mediante el cual cuando el oro debe salir de un país, deben también reducirse los precios de tos artículos de consumo y bajar los salarios. Un inciso muy importante: No es necesario que los precios bajen en valores absolutos, sino en el índice del costo de la vida. Es muy posible que los Gobiernos, asustados por el descontento popular, decreten subidas políticas de salarios, que no son más que cataplasmas para salir del paso -como ocurre, especialmente, en España- aunque el resultado final es, fatalmente, una baja de precios. En todo caso esta reducción de precios hace más atrayentes -más comerciales, o más vendibles- los productos de ese país, a causa de su baratura; en lógica consecuencia, las gentes de los demás países los compran en mayores cantidades, y así aumenta el volumen de las exportaciones[85]. El país, en cuestión se encuentra, ahora, con una Balanza de Pagos equilibrada, o incluso favorable y en condiciones,

---

[85] Gertrude M. Coogan: *"Money Creators"*.

por lo tanto, de recibir oro.

Es decir que, en principio, el "juego" del Patrón Oro se compensa, o, si se quiere, se corrige a sí mismo. Supongamos que entra oro en un país: en tal caso, aumenta el dinero en circulación, aumentan los créditos bancarios a la Producción; aumenta la Producción; aumenta la demanda y suben los precios. En consecuencia, deben subir también los salarios, hasta que se llega a un punto en que los productos resultan demasiados caros para competir en los mercados extranjeros[86].

De tal manera -pretenden los panegiristas del Patrón Oro- se consigue una uniformidad y estabilidad de precios en todo el mundo. Pero esto no es así, como demuestran los hechos. PORQUE LOS DUEÑOS DEL ORO CONSERVAN LEGALMENTE LA LIBERTAD DE RETIRARLO DE LA CIRCULACION CREANDO UNA ESCASEZ MUNDIAL. También puede darse el caso de un descubrimiento de nuevos yacimientos de oro en cualquier parte. El sistema del Patrón Oro no tiene nada previsto ante tales contingencias. En última instancia, puede demostrarse experimentalmente que ninguna falta hace el patrón oro para mantener los precios -y los salarios- estables. Más adelante hablamos del caso de Alemania, entre 1933 y 1939, en el momento en que estalla la Segunda Guerra Mundial. ALEMANIA NO TENÍA UN GRAMO DE ORO Y EL INDICE DE SUS PRECIOS VARIÓ, EN SEIS AÑOS, EN UN 0'4 POR CIENTO, MIENTRAS INGLATERRA, QUE POSEÍA INGENTES

---

[86] Gertrude M. Coogan: *"Money Creators"*.

CANTIDADES DE ORO, VIÓ SUS PRECIOS INTERIORES AUMENTAR EN UN ONCE POR CIENTO EN EL MISMO LAPSO DE TIEMPO. Es más, como más adelante veremos, ni siquiera ese módico 0'4 debiera haberse producido; si se produjo fue más por causas políticas -Hitler debía tener en cuenta la situación internacional y las presiones que sufría- que económicas. De esta experiencia, así como del caso del Japón -otro país que hizo caso omiso del Patrón Oro- se deduce que el oro es completamente innecesario para estabilizar los precios, pero es necesario para los dueños del oro, pues si el mundo deja de utilizarlo, sufrirían un grave perjuicio si la gente se diera cuenta -lo que ocurriría fatalmente- que el oro, no solamente no es necesario como base de la Moneda, sino que es completamente inadecuado a tal fin, sobre todo en una época como la nuestra, en que la producción de toda clase de artículos supera en varios millares de veces la producción de oro. Los dueños del oro se encontrarían entonces privados de su instrumento de dominio. Sólo mientras el público crea que un banco le está prestando oro contante y sonante, estará de acuerdo en pagarle un nueve por ciento sobre sus préstamos. Pero en el mismo momento en que se dé cuenta de que ello no es verdad, comprenderá que los banqueros le están timando por el sencillo sistema de crear dinero falso.

Se arguye, a veces, que, a fin de cuentas, el que obtiene un préstamo, obtiene lo que desea, es decir, el medio para comprar mercancías o servicios o pagar deudas, y esto es lo que importa. Pero esto no es así, pues, a parte de que sólo el que ha ganado realmente un dinero debiera tener, en principio, derecho a prestarlo, debe tenerse en cuenta el hecho de que toda creación de dinero nuevo disminuye el valor del dinero ya existente. Así, pues, cuando el Estado crea dinero nuevo para pagar obras de interés público, salarios de funcionarios, armamentos para el Ejército, y otros gastos derivados de su función específica, evidentemente disminuye en algo el valor del dinero existente antes de crear ese dinero, pero esa inflación queda compensada por una disminución de los impuestos del Estado, pues éstos sólo se cobran para pagar trabajos y servicios estatales. En cambio, el interés pagado a los bancos es un verdadero impuesto privado, que no revierte utilidad alguna para la comunidad.

En resumen, el Patrón Oro sólo se justifica, en la actualidad, como regulador, -a través de los bancos "centrales"-, de la creación de Dinero-Deuda por los bancos privados y de la esclavización de todos los países al poder irresponsable de la Finanza Internacional. ¿Cómo se consigue esto último? Mediante el sistema, oficializado por la Ley en prácticamente todos los países del mundo civilizado, de que todas las reservas de oro se guardan en los bancos "centrales", y que éstos y los Gobiernos sólo emitieran moneda legal ténder en proporción al oro de que disponen. Ningún Gobierno puede crear oro; por consiguiente, ningún Gobierno puede emitir dinero, ni siquiera inventarlo como hace cualquier banquero al conceder un crédito. De este modo, los dueños del dinero, como dice McNair Wilson[87] están en disposición de "poder obligar a todos los prestatarios del mundo -es decir, a todos los productores, patronos o asalariados- a producir lo más barato posible para poder pagar los tipos más altos de interés sobre los préstamos, sin olvidar claro es, de procurarse la debida garantía colateral. Como se ve, están en situación de amedrentar a aquellos gobiernos que muestren tendencias a convertirse en deudores poco provechosos, bien sea por no nivelar sus presupuestos o por otros motivos, incluyendo los de tipo político". En esos casos, los dueños del oro -una "clique" internacional a la que más adelante identificaremos, con sus nombres y apellidos- lo exigen al correspondiente banco "central" en forma de lingotes, obligando a éste, por vía de consecuencia, a amortizar sus préstamos a los bancos ordinarios, llamados privados, los cuales, a su vez, por el mecanismo del Sistema, deben hacer lo mismo con sus víctimas (sus clientes). Los precios bajan, y la ruina y las quiebras asolan al país. O bien los Estados intervienen, dictando o autorizando subidas políticas y los precios suben, pero los salarios no se mueven, o suben menos, y la consecuencia es aún peor: la ruina y las quiebras siguen asolando al país, hasta que se consuma todo el maldito ciclo, y además los jubilados y funcionarios quedan en la indigencia, se desprestigia el concepto del ahorro y se proletarizan extensas capas de la población, especialmente de la sufrida y vilipendiada clase media.

---

[87] R. Mc. Nair Wilson: *"God and the Goldchsmiths"*.

LA SUBVERSIÓN DEL ORDEN ECONÓMICO NATURAL

Napoleón ha sido descrito por muchos historiadores superficiales como un simple conquistador, apenas un "condottiero" sólo preocupado en lograr posiciones de renombre y fortuna para él y su numerosa familia. Como dice Yockey[88] su filosofía del Estado ha sido ignorada. Pero sus ideas económicas fueron claramente expuestas por él a sus fieles Caulaincourt y Las Cases que, en su "Memorial de Santa Elena" reproduce la siguiente frase del Gran Corso: "La Economía es Producción, no Comercio, se basa primordialmente en la Agricultura; secundariamente en la Industria, y finalmente en el Comercio Exterior".

Creemos sinceramente que es imposible mejorar esta definición de la Economía, genial en su simplicidad. Es evidente que lo primero, lo esencial en el Sistema Digestivo de una colectividad organizada, o sea, en una Economía Nacional, es conseguir que el cuerpo de esa entidad orgánica exista, es decir, se nutra. A riesgo de incurrir en perogrullada osamos afirmar - o, mejor, recordar, por olvidado- que nadie se comerá un cigüeñal, un tractor, ni un lingote de hierro... ni siquiera de oro. Lo primero, lo esencial, es la Agricultura. Y no sólo desde un punto de vista primario, existencial,

---

[88] Francis Parker Yockey: "*Imperium*", Omnia Veritas Ltd.

sino espiritual. La Agricultura significa la asociación de los hombres con su tierra natal; es la vida misma de los pueblos, y aldeas, es la raigambre a que pertenecemos. Es irracional el odio a las ciudades en cuanto tales, pero creemos que las ciudades sin un anillo de campos cultivados son como árboles sin raíces.

No cabe duda de que nada de lo anteriormente dicho pretende ser denigratorio para la Industria. Si la Agricultura es imprescindible para existir, es decir, para sobrevivir, la Industria lo es para vivir, materialmente hablando, y para llevar a cabo una Gran Política, como dijera Spengler, si queremos referirnos al aspecto total, es decir, político, de la Nación.

Finalmente, en el orden económico natural, enunciado por Napoleón, sigue el Comercio Exterior. La finalidad del Comercio Exterior consiste en importar de otros países lo que no puede producirse -o se produce demasiado caro- en el propio, y exportar al Extranjero los propios excedentes que allí se puedan necesitar. Como decía Napoleón: "La Agricultura es el alma, el fundamento del Imperio; la Industria procura la comodidad y la felicidad material del Pueblo: el Comercio Exterior es la superabundancia, y permite el libre cambio del exceso de la Agricultura y la Industria[89]. En casos muy excepcionales, en países muy pobres, por sus condiciones climáticas, como Suiza, la exportación puede ser preponderante, tanto cuando exporta servicios (turismo) como instrumentos de precisión. Pero tales casos no hacen más que confirmar la regla

---

[89] Las Cases: "*Memorial de Santa Elena*", pág. 185.

general, como excepciones que son y, de cualquier modo, debemos recordar que, tal como expusimos en el epígrafe "Ambito", nos ocupamos de la Economía del organismo llamado Civilización Occidental, la cual es -o debiera serlo- económicamente autárquica.

La idea napoleónica respecto a la Exportación consiste en qué los exportadores -salvo casos excepcionales- se las arreglan por sus propios medios. Esto es lógico. La Exportación es la superabundancia; es el lujo. No hay nada de malo en el lujo, siempre que sea honradamente ganado, claro es. Pero es irracional sacrificarse por el lujo. y precisamente es lo que se hace a diario, y a escala mundial, en el absurdo Sistema del Patrón Oro y el Capitalismo Internacional.

¿Por qué?

Pues por que, contrariamente al Sistema Natural, orgánico, de la Economía, el Capitalismo, la Alta Finanza, con sus transferencias de créditos a los países extranjeros que pueden proporcionarle mayores beneficios, logra desposeer a los mercados nacionales de su capacidad adquisitva, obligando así a los productores a exportar los artículos que no tienen posibilidad de vender -por artificial escasez de medios de compra- en su propio país. Así, el comercio exterior viene primero y si languidece, en la situación dada, en la circunstancia económico-financiera actual, el país se arruina. Industria y agricultura quedan incondicionalmente subordinadas a las exigencias del mercado de exportación. En última instancia, el obrero y el campesino pasan igualmente a depender del mercado exportador, pues una subida de salarios influiría en los costos de producción y ello repercutiría desfavorablemente en las posibilidades de colocar los productos nacionales a en los mercados extranjeros. Por tal razón, la natural política económica seguida por Alemania a partir de 1933 provocó tan tremenda reacción por parte de la Alta Finanza Internacional. El Gobierno Alemán, al coartar paulatinamente la facultad de los banqueros privados de conceder créditos, es decir, de crear dinero, logró estabilizar los precios. Al mismo tiempo, y como medida complementaria indispensable de cara a su Comercio Exterior, dejó libres los cambios de divisas, dejó que sus exportadores se defendieran sólos, aunque contando -eso sí- con el respaldo de una moneda, el Marco, que se basaba, no en el Oro, sino en el Trabajo de un pueblo laborioso, inteligente y tenaz. Y eso es lo contrario de la práctica financiera a escala internacional, que exige:

a) Una escala de precios móvil, que se obtiene mediante la inflación y la deflación crediticias, origen de los llamados ciclos económicos, gracias a los cuales la Finanza obtiene fabulosas ganancias y, paralelamente, omnímodo poder.

b) Unos cambios exteriores fijos, que sólo se cambian cuando así conviene a los mercaderes del Dinero.

Por otra parte, a la Finanza le interesa infinitamente más la Industria que la Agricultura.

¿Por qué? Sencillamente, por que con aquella pueden obtenerse mayores beneficios. La industria depende de las máquinas. La Agricultura de imponderables, como sequías, granizos, plagas y epidemias. Aún cuando con la industrialización de la Agricultura ésta puede mejorar sus rendimientos, todo tiene un límite. Ese límite es más difícil de alcanzar en la industria.

El resultado de la aplicación de la mecánica del Sistema financiero a la Economía transmuta, pues, todos los valores económicos. El lucro pasa delante de lo útil e incluso de lo necesario. Los Mercados Exteriores consiguen la atención primordial de los Gobiernos. Luego, se ocupan de la Industria, que puede procurar artículos, en masa, para la exportación. En último lugar, viene el pariente pobre, la Agricultura.

¡Qué infame parodia de lo que debiera ser un auténtico y sano comercio normal! ¡Se explota, se esclaviza a otros países con grandes sumas de crédito financiero que ya no puede ser prestado en el propio país, para ser empleado en alguna parte para que reporte beneficios a los señores del Oro, cuando los stocks del país descorban y todos están deseosos de consumir lo que han producido! La exportación financiera por el crédito al Extranjero no es comerciar honradamente con otros países, sino forzarles a contraer obligaciones; es un timo, un engaño destinado a sacar provecho de la creación de Dinero a escala internacional y, en fin, es un medio ladino para llegar a dominar a otro país al que se ha hecho llegar a la Deuda. La Deuda bancaria que es, por definición, impagable, a menos de contraer, para cancelarla -temporalmente- una nueva Deuda, mayor que la anterior. ¡Y esto lo presentan los apóstoles del Sistema como una contribución al entendimiento entre los pueblos! Pero ¿qué vemos por todas partes? A escala mundial, gobiernos de nobles naciones disputando cual verduleras suburbiales por la posesión de mercados, creando tensiones pre-bélicas. ¿Ya escala nacional? Pues a escala nacional, en todos los países ocurre lo mismo. Los industriales claman por rebajar, directa o indirectamente, los salarios, con objeto de ser competitivos en los mercados exteriores. Estallan huelgas. Los patronos, cuando pueden, responden con "lock-outs". Como es natural, los obreros se enfadan con sus patronos. Los patronos, con sus obreros. Pero unos y otros están en manos de desconocidos financieros, que son quienes controlan la cantidad de dinero que existe en el mercado. En esas circunstancias, una gran parte de la población obrera se quedará sin trabajo, a menos que los salarios se reduzcan, lo que es materialmente imposible. Y si no se reducen -directa o indirectamente- muchísimas empresas quebrarán, y de todas maneras los obreros se quedarán sin trabajo. Y cuando en fin una gran parte de la Sociedad -obreros y patronos, agricultores y jornaleros- se han arruinado, entonces el horrendo ciclo Prosperidad-Crisis-Prosperidad-Crisis, puede volver a empezar de nuevo. En tan trágicas circunstancias, ¿puede alguien sorprenderse del odio entre las "clases"? ¿O de los obreros contra los patronos? ¿O de los patronos contra los obreros? ¿O de las naciones entre sí?

Nadie ve el verdadero enemigo. Nadie ve al Gran Parásito. O no lo quiere ver. Nadie parece querer darse cuenta de que la raíz de todos los males económicos se halla en las falsas promesas de pagar puestas en circulación a interés por los Parásitos. Nadie parece querer admitir que si el dinero, a escala mundial, fuera verdadero, y no falso, no habría necesidad de fijar los cambios ni de hacer los tremendos esfuerzos que se hacen para impedir una demanda de Oro superior al diez por ciento del que se ha prestado. Así se subvierte el orden económico natural. Y se arrojan a pueblos contra pueblos, naciones contra naciones, razas contra razas, para que sobreviva el más monstruoso sistema de robo que la mente humana (?) ha logrado concebir para establecer la tiranía de esa aquelarre de brujas que es la Finanza Internacional.

LA DEUDA

Describir a nuestro actual sistema financiero sin mencionar a la Deuda sería tan difícil y absurdo como reseñar el drama de Romeo y Julieta omitiendo la rivalidad entre sus respectivas familias.

La mejor definición de nuestro sistema financiero la ha dado, a nuestro juicio, el escocés Comandante Douglas, según el cual se trata de "un sistema encaminado a la creación de deudas impagables"[90] y nos permitiríamos completarla añadiendo: "... y precisamente porque son impagables todos los estados del mundo quedan permanentemente sujetos en las garras de dicho sistema".

Cuando hablamos de Deuda no nos referimos, claro es, a la deuda que puede contraer un particular, o una entidad privada o pública, con respecto a otra persona u otras entidades, sino al sistema en bloque, según el cual, todo dinero que existe es una deuda contraída con el sistema bancario. Cualquier persona, en el mundo Occidental, que tiene en su cuenta corriente, un millón, por ejemplo, de unidades monetarias cualesquiera, puede creer que efectivamente las tiene, si eso le hace feliz. Pero de hecho, no tiene más que unos cuantos miles, como máximo, pues aunque es su cuenta bancaria ese millón aparezca como un haber suyo, en la

---

[90] Ch. Douglas: "*The Control and Distribution of Production*".

cuenta de otro banco aparecerá como un debe, como una deuda, porque ese dinero fue creado como una deuda.

Y si en un momento dado todos los impositores de un país fueran a sus respectivos bancos y exigieran, en mano, bien la totalidad de sus imposiciones en dinero contante y sonante -es decir, en moneda legal-ténder-, bien un recibo, legalmente autenticado ante notario, especificando que el dinero que ingresaron en sus cuentas corrientes se halla invertido en tal o cual empresa o ha sido prestado al propio Estado, se encontrarían con la desagradable sorpresa de que lo máximo que recibirían, (en dinero o recibos auténticos) es un diez por ciento de su dinero. Y esto en el mejor de los casos, pues a poco que los bancos se hubieran "disparado" en su emisión fiduciaria, sólo recibirían alrededor de un cinco por ciento. Es decir, que en nuestro loco sistema, el trabajo humano, las mercancías y los servicios, se pagan en lo que los franceses llaman "monnaie de singe" (moneda de mico), es decir, en algo puramente inexistente. En otras palabras, no se pagan, o se pagan sólo en un cinco o un diez por ciento de su valor real o pactado. Lo que la gente entiende por "dinero", es decir, los billetes de banco y las monedas de metal, no es más que la "calderilla".

El Dinero, que debiera ser MEDIDA, es DEUDA. Y Deuda impagable.

¿Por qué impagable? A causa del interés.

¿Cómo puede pagar el mundo más dinero del que ha sido creado como préstamo? ¿Cómo va a pagar 109 si sólo existen 100? Y esos 100, además, sólo existen "in abstracto". El mundo no es un milagrero.

¿Cómo se resuelve, pues, éste problema? ¿Como puede sobrevivir un sistema cuyos resultados crean fatalmente tal problema?

La respuesta es sencilla. El problema no se resuelve; se aplaza, se pospone, y se logra que subsista mediante la aplicación de todo un complejo de subterfugios, paliativos y expedientes, a saber:

a) Mediante las quiebras y bancarrotas de empresas.

b) Recurriendo a supensiones de pagos, y ventas por debajo del precio de coste, con objeto de obtener dinero líquido.

c) Lanzándose a la loca carrera de la Exportación, en la que es imposible que todos ganen, pero es muy probable que todos los exportadores pierdan cuando, para mantenerse en carrera, debe recurrise al "dumping"[91] lo que arruina, además, el mercado interior de los importadores.

d) Con la práctica del sabotaje, es decir, el freno a la producción. Y, como corolario de todo el edificio...

e) Mediante la creación de nuevo dinero-Deuda, es decir, de más deudas impagables.

Con las quiebras y el "dumping" se engendra la miseria, y el paro

---

[91] "Dumping": venta a precios inferiores al coste de producción.

obrero. Con la exportación a cualquier precio surgen rivalidades nacionales que pueden provocar guerras. Con el sabotaje a la producción se frena el progreso. y con la permanente creación de Dinero-Deuda viene la tiranía sobre indivíduos, pueblos y naciones: sobre el mundo entero. Los mismos estados modernos, que tan puntillosamente suelen ser en todo lo que atañe a los "signos externos" de su soberanía, se hallan totalmente sujetos al funesto sistema y, por vía de consecuencia, a los beneficiarios del mismo, es decir, a la Finanza Internacional. El principio de las emisiones fiduciarias abusivamente concedidas a los bancos, a que aludimos en el epígrafe "Los Bancos Centrales", hace que los Estados, por poderosos que sean, o crean ser, estén irremisiblemente sometidos a los financieros: al "Money Power", como le llaman en América. Más adelante veremos, en casos muy concretos y actuales, hasta qué punto de sumisión abyecta pueden ser llevados los estados modernos mediante el sistema financiero que padecemos. La Deuda de los estados -y no nos referimos, evidentemente, a la que pueden haber contraído con otro estado, sino a la derivada de la creación del Dinero-Deuda- es tan fabulosa, tan increíble, que, ni aún estrujando a sus desgraciados súbditos con brutales y absurdos impuestos pueden llegar a pagar, siquiera, los intereses anuales acumulados de tal Deuda.

LA PROSTITUCIÓN DE LA ECONOMÍA ANTE LA FINANZA

Creemos haber demostrado que, en nuestro sistema financiero, la Economía -sistema nutritivo y digestivo de una Cultura- y sus dos principales auxiliares, el Trabajo y la Máquina, se halla totalmente prostituida ante la Finanza. A efectos inmediatos, ante la Finanza "Nacional"; mediatamente, - pero también, inevitablemente-, ante la Finanza Internacional.

En este maldito sistema, el poder que logran los bancos a través de sus funciones de inventar, desarrollar, comprar, vender, regular, aumentar, disminuir y destruir Dinero es tremendo. En una época en que, además, priva el Materialismo más desenfrenado y zafio, tal poder es prácticamente absoluto. La Finanza Internacional posee el Oro, y como sobre éste se apoya el Dinero, posee el Dinero; al poseer el Dinero, posee en Poder. El poder de elevar a la cumbre a cualquier mediocridad política, alzada sobre un pedestal de dinero que financiará su campaña electoral; el poder de hundirla, al retirarle su apoyo, cuando convenga. El poder de influenciar, más aún, de determinar, la línea de los grandes medios informativos, que sólo son negocio merced a la publicidad, hermana bastarda de una Economía natural y legítima. En una palabra, un poder total y absoluto: EL PODER, con el que soñaron, sin llegar jamás a alcanzarlo, los más tiránicos autócratas. El Poder, en suma, más temible y despótico para la comunidad pues, precisamente por ser desconocidos para la Gran Mayoría sus detentores, es irresponsable.

Resumiendo lo dicho en anteriores epígrafes, vemos que el "modus operandi" de lo que llamamos el Robo de los Siglos se manifiesta a través de los ocho siguientes escalones:

1) Los beneficios de los patronos y el pleno empleo de los obreros dependen del nivel de precios.

2) El nivel de precios depende de la cantidad de dinero en circulación...

3) La cantidad de dinero circulante depende de los préstamos de los bancos privados.

4) Los préstamos de los bancos privados dependen de los depósitos en el banco "central".

5) Los depósitos en el banco "central" dependen de los préstamos hechos por dicho banco al comercio exterior.

6) Los préstamos del banco "central" al comercio exterior dependen del movimiento del oro.

7) El movimiento del oro depende de los cambios de moneda extranjeros.

8) Los cambios de moneda extranjera dependen de las manipulaciones de la Finanza Internacional[92].

---

[92] Un ejemplo recientísimo lo tenemos en el tremendo bajón que se ha hecho dar al precio

Moraleja:

El banquero internacional empezó a prestar sus promesas de pagar a importadores y exportadores. Sus promesas de pagar fueron causa de una salida de oro. La salida de oro hizo que el banco "central" cancelara sus préstamos. La cancelación de los préstamos del banco "central" hizo que la banca privada cancelara los suyos. La cancelación de los préstamos de la banca privada fue causa de que los precios se hundieran. El hundimiento de los precios trajo como consecuencia el hundimiento de los beneficios. El hundimiento de los beneficios produjo una baja de salarios, y, en muchos casos, el paro obrero. Y entonces...

Entonces el país pudo producir más barato y el banquero internacional no tuvo que cumplir sus promesas de pagar, dando dinero auténtico por ellas, después de todo. Y así pudo obtener, cuando volvió la normalidad, tras haberse arruinado millones de sus conciudadanos, un quince por ciento de interés por el préstamo de nuevas promesas de pagar en la República de Monomotapa. Lo cual está muy bien, teniendo en cuenta que todo ese tinglado se hizo con el dinero de los demás y que, en un mundo cuerdo, él sería un pobre diablo con los bolsillos vacíos. En vez de ello, es el detentor de un irresponsable poder; presidentes y soberanos son monigotes que él

---

del oro, mediante una venta masiva de lingotes del precioso metal en la Bolsa de Nueva York. Automáticamente, Africa del Sur, con una economía boyante se ve materialmente forzada a devaluar su moneda. En otro lugar hablamos de este y otros parecidos casos de manipulación monetaria a través de acciones concertadas de la Alta Finanza.

maneja de acuerdo con los designios de una demente política milenaria. El, y sus congéneres, han logrado prostituir a la Economía Mundial. Esa prostitución se lleva a cabo en el Burdel de las Mentiras:

La mentira de que un hombre que ha prometido pagar diez veces más dinero del que posee podrá cumplir su promesa.

La mentira de que una pérdida de oro es desastrosa.

La mentira de que los cambios de moneda extranjera deben mantenerse fijos, y alterarse sólo cuando los bancos "centrales" lo deciden.

La mentira de que un país vive, sobre todo, gracias a su comercio de exportación.

La mentira de que un poder adquisitivo elevado en el mercado doméstico es nefasto por que puede perjudicar a los precios del mercado de exportación.

La mentira de que los salarios elevados son un peligro para dicho mercado exterior.

La mentira de que un país que no exporta más de lo que importa está viviendo por encima de sus propios medios.

La mentira de que el remedio contra la super-producción consiste en la destrucción de cosechas, el sabotaje de la Máquina y el paro obrero.

La mentira de que el dinero es una mercancía y no un instrumento de medida y cambio.

Y, en la cúspide de esa pirámide de mentiras, como colofón lógico de las falsas premisas en que se apoya, la Mentira de que un hombre, una comunidad, un país, todo un mundo; pueden arruinarse por haber trabajado demasiado, mientras el Hambre empieza a hacer su aparición cuando los stoks de toda clase de mercancías han llegado a su punto más alto.

He aquí el resultado mágico del Capitalismo Internacional. Desmoralización general; destrucción del ahorro; proletarización de las clases medias; endeudamiento colectivo; salvaje presión de los impuestos; descrédito del concepto del Trabajo y laica canonización de los "listos"; tiranía anónima de una caterva de indeseables y supresión paulatina de todas las libertades en aras de una téorica Libertad sin contenido alguno. Ese camino de calamidades conduce, inevitablemente, al Paraíso en la Tierra ofrecido por Satán: al Capitalismo de Estado, el mal llamado "Comunismo", falso contrario del Capitalismo, y en realidad su hijo natural.

EL SISTEMA

LOS PRECURSORES

El famoso escritor católico inglés, Gilbert Keith Chesterton escribió que "la característica del gobierno moderno es que no se sabe quién gobierna de hecho. Vemos al político profesional, pero no a quien lo respalda; menos aun al que respalda al respaldador ni -lo que es mucho más importante- al banquero del respaldador... Entronizado sobre todos nosotros con firmeza increíble, es el profeta oculto de las finanzas, gobernando las vidas de los hombres y lanzando exorcismos en una lengua desconocida para todos. La prensa habla mucho de las penalidades de los rusos bajo el poder soviético. Los periódicos preguntan con indignación de dónde sale el dinero comunista. Pero ¿es que hay alguien que sepa de dónde sale ningún dinero?"[93].

Y otro inglés, protestante, Brailsford, sostuvo que: "Las Finanzas son el verdadero soberano y el árbitro de la Economía Moderna. Es la única autocracia que sobrevive en nuestra época. Produce los menguantes y crecientes del comercio, igual que la Luna gobierna las mareas. Regula los negocios y raciona los empleos"[94].

En el estudio que, bajo el título global de La Miseria en la

---

[93] Gilbert K. Chesterton: *"England's Little History"*.

[94] Hector N. Brailsford: *"Finance"*

Abundancia, hemos hecho del presente caos económico mundial, hemos aludido repetidamente a la Finanza Internacional. Consideramos necesario, dentro del plan que nos hemos trazado, exponer, al menos, la composición, los medios, procedimientos y finalidades de la Finanza o, como se la empieza a llamar en los medios "iniciados", el Sistema. El Sistema creador del Dinero, como sugería Chesterton, y regulador de nuestras vidas, como denunciaba claramente Blailsford.

* * *

Si bien es cierto que los precursores del sistema bancario fueron los Fenicios, no lo es menos que la principal actividad de aquellos sorprendentes navegantes de la Antigüedad fue el Comercio puro y simple. La usura -considerando como tal el préstamo de dinero a interés- aparece en Grecia, siendo legalizado por las Constituciones del legislador ateniense Solon. Platon, no obstante, ya denunció que la pretensión de hacer engendrar dinero al dinero era una aberración contra Natura. También Babilonia y Roma practicaron complejos sistemas bancarios, con su colofón habitual, la Usura. En la Roma Republicana se hizo célebre el usurero Verres, blanco de las sátiras de Cicerón.

Fue el Cristianismo quien prohibió, lisa y llanamente la Usura, o préstamo a interés, y con el Emperador Constantino los usureros podían incurrir en penas que abarcasen desde los diez años en galeras, hasta la muerte. Al hundirse el Imperio Romano de

Occidente, desaparece prácticamente el sistema bancario, aunque subsisten los orífices y prestadores de dinero, que incurren, cuando son descubiertos por las autoridades, en severísimas sanciones. Los Pontífices romanos dictan numerosas Bulas y Edictos contra los usureros y, como consecuencia de ello, en aquellas épocas de acendrada fé, los cristianos se apartan totalmente del comercio del dinero, dejando el camino libre a los judíos. A partir del siglo IX, dice Henry Coston[95] los judíos son los únicos usureros que existen en Occidente. "Especialistas del préstamo con garantía, los judíos serán los únicos en practicarlo en Occidente, durante cinco siglos. Fijarán las reglas de ese negocio inspirándose tanto en los preceptos religiosos del Talmud como en las necesidades impuestas por la práctica"[96]. Esto no podía dejar de atraerles numerosas vicisitudes. Los Papas multiplican las condenas contra ellos, con un rigor y una dureza de lenguaje que nunca se permitiría, en su día, el Dr. Goebbels. A pesar de las represiones sufridas, vuelven siempre a la carga con la típica tenacidad de su raza. Cuando un monarca benévolo y débil, como Carlos el Calvo, de Francia, suprime ciertas medidas que dificultaban las actividades de los Señores del Dinero, éstos dan libre curso a su naturaleza y alcanzan una posición de privilegio; ya no les basta con que en la entonces ultra-católica Francia se les tolere el libre ejercicio de su culto, sino que es preciso que el monarca ordene que los comerciantes franceses no trabajen en sábado y que los tribunales no les citen en juicio tal día. Tanta

---

[95] Henry Coston: "*Les Financiers qui mènent le monde*", p. 17.
[96] A. Dauphin-Meunier: "*Histoire de la Banque*", p. 23.

audacia provoca la indignación general, pero ellos se han ganado totalmente la confianza del desgraciado Carlos el Calvo, que morirá finalmente envenenado por un judío, Sedecio. El poderío de los judíos en los principales reinos de la Cristiandad es inmenso, pero desorganizado. Tal poderío -la transformación del Dinero en Poder es una alquimia que ese pueblo sorprendente ha practicado siempre con maravillosa habilidad- es ejercido individualmente, y con fines igualmente individuales. Habrá que esperar al siglo XIX para que las actividades político-financieras del Judaismo sobrepasen los límites individuales, familiares o, como máximo, nacionales, y se conviertan en internacionales.

A pesar de la repulsa popular, los judíos logran alcanzar lugares de influencia. Son recaudadores de impuestos por cuenta de los monarcas y del "dénier de Saint Pierre" (denario de San Pedro) por cuenta de los romanos pontífices. Son, como dice Michelet, "el indispensable intermediario entre el Fisco y la víctima del Fisco, quitando el dinero a los de abajo para entregárselo a reyes y poderosos con una repugnante mueca"[97]. Pero en esas idas y venidas, siempre les queda algo de dinero a ellos, hasta que finalmente son los seres más ricos de cada país, sin haberse jamás dedicado a oficio productivo alguno.

Su propio poderío fue causa de la envidia de los poderosos, molestos, además, por las constantes quejas de sus súbditos. y así, Felipe IV les expulsó de Francia en el año 1306 confiscando todos

---

[97] Jules Michelet: *"Histoire de France"*.

sus bienes. El mismo monarca, convencido de que la famosa Orden de los Templarios había sido infiltrada por numerosos judíos, la disolvió, quemando a su Gran Maestre, convicto de herejía. Los Templarios habían llegado a ser renombrados prestadores de dinero, y si bien es cierto que financiaron varias Cruzadas, no lo es menos que también ayudaron a los musulmanes y, en secreto, practicaban la Demonolatría[98]. Poco antes, los judíos habían sido expulsados de Inglaterra por el Rey Eduardo el Confesor, a causa, también, de sus prácticas usurarias. Lo mismo sucedió en Nápoles, en Hungría, y en numerosos estados germánicos. A parte de esas medidas generales, de tipo oficial, dictadas por los estados cristianos, encabezados por los propios Estados de la Iglesia, las incontroladas reacciones populares contra los comerciantes del dinero menudeaban por doquier, desde Polonia y Rusia (la expresión rusa, "pogrom", o matanza de judíos, se ha incorporado a todos los idiomas) hasta España donde, en 1491, en Barcelona, el ejército tuvo que intervenir para impedir el colectivo asesinato de toda la colonia hebrea. Un año después, los judíos eran expulsados de España, y aunque el motivo oficial fue su no pertenencia a la religión católica, sería infantil negar que las prácticas usurarias de esa comunidad tuvieron mucho que ver con tan drástica medida.

Pero si ese pueblo asombroso era expulsado de un país, pronto

---

[98] La judaización de la Orden Templaria no puede discutirse seriamente, como tampoco que secretamente adoraban al Gran Baphomet, representación semi-animal, semi-humana, del Diablo. En la Masonería, donde tanto hay de judío, se halla buena parte del ritual Templario.

aparecía en otro. Con increíble tenacidad, con gregaria capacidad para el masoquismo, se instalan en otras tierras, excitan la compasión del pueblo sencillo, mientras -artistas del halago- se hacen amigos de los poderosos. Al cabo de un cierto tiempo, sus procedimientos "mercantiles" le han ganado la antipatía general. Príncipes y soberanos les toleran algún tiempo más, por su utilidad como despiadados recaudadores de impuestos, pero terminan por ceder a las presiones del pueblo llano y de nuevo vuelven las persecuciones y expulsiones. Conexa a la razón usuraria de estos hechos, se halla la razón religiosa. "En la Edad Media -dice Michelet[99]- el dueño del oro es el judío, ese hombre inmundo, que no puede tocar ni una mujer, ni una mercancía, sin que sean quemadas; el asqueroso deicida a quién todos escupen..."

Estas persecuciones, estos mutuos abusos eran, en realidad, inevitables. El judío y el Occidental pertenecen a diferentes Culturas, considerando Cultura al ser orgánico superior que compendia una unidad de Nación-Estado-Raza-Destino[100]. La convivencia territorial de dos Culturas es radicalmente imposible, y más tratándose de Culturas totalmente antagónicas, como en el caso que nos ocupa. De nada sirve la "buena voluntad", la "tolerancia" y demás zarandajas humanitarias. La Vida tiene sus propias leyes, y una de ellas se refiere al ámbito territorial de los animales inferiores, de los superiores (a veces, no tanto) y de las Culturas. La convivencia territorial de dos Culturas sólo puede engendrar la guerra entre

---

[99] Jules Michelet: "*Histoire de France*".
[100] Francis Parker Yockey: "*Imperium*", Omnia Veritas Ltd.

ambas. Y los seres vivos guerrean con sus propias armas. El Occidental, a cara descubierta. El Gran Parásito, a traición, por imperativo de su propia naturaleza.

El anterior inciso nos ha parecido absolutamente imprescindible, porque de su completa comprensión depende la solución de los problemas de occidente; no ya de los problemas puramente económicos, sino políticos, es decir, totales: raciales, geográficos, culturales, militares y, en última instancia -pero también con carácter vital- económicos.

Precisamente ha sido una característica típica del Pueblo Judío regresar siempre a los lugares de donde ha sido expulsado. y cuando no ha vuelto como tal judío, lo ha hecho adoptando el gentilicio de otros pueblos que transitoriamente han sido sus anfitriones. Así, poco después de ser expulsados de Francia como tales judíos, volvían a aparecer como "lombardos". En realidad, los prestadores lombardos -lombardos auténticos- ya existían en Francia desde el año 1210, atraídos por los condes de Champagne, y actuaban como banqueros del Tesoro y recaudadores de impuestos. Tras la expulsión oficial de los judíos, un "lombardo" -en realidad judío- Musciatto degli Franzesi, dirigía las finanzas de Felipe IV, ayudado por su hermano Biccio. Otro disfraz que adoptaron fue el de los "cahorsins" que si bien se creían originarios de Cahors, en el Centro de Francia, en realidad procedían de Cuorsa, en el Piamonte.

Los prestamistas "cahorsins" ayudaron a ambos bandos en el transcurso de la Cruzada Albigesa. Simon de Montfort, cedió como intereses al "cahorsin" Raymond de Salvagnac el derecho al saqueo de la villa de Lavaur. Y al "lombardo" Jacques (o Jacob) Jean se le entregó como interés la ciudad de Provins. En general, tanto los "lombardos" como los "cahorsins" practicaban el préstamo a particulares a réditos que nunca bajaban del 23 por ciento anual. En Nimes y Beaucaire, el 50 por ciento ya veces el cien por cien[101]. Las actividades de esos prestamistas les hicieron, naturalmente, impopulares, si bien la protección de los Papas, en especial de Gregorio IX e Inocencio IV, les evitó muchos problemas. La protección papal se fundamentaba en el hecho de ser, los "lombardos", los recuadadores del "Denario de San Pedro", tributo que cobraban los Estados Eclesiásticos, directamente, en todos los Estados de la Cristiandad, y que podía alcanzar hasta el diez por ciento de la renta de los nobles, y el quince por ciento de los campesinos. Pero también la protección vaticana perdieron los "lombardos" al apercibirse Inocencio IV de que aquellos se quedaban con una parte de lo recaudado muy superior a lo estipulado. Y así Carlos VI volvió a expulsar a los judíos, "cahorsins", "lombardos", o como se llamaran.

Los "cahorsins" volvieron a Italia, y al Africa del Norte. Y los "lombardos" se fueron a Inglaterra, tal como ya hemos mencionado en el epígrafe "Los Bancos Centrales". Allí coincidieron con otros

---

[101] Henry Coston: *"Les financiers qui mènent le monde"*, pág.29.

judíos, que habían sido, casi simultáneamente, expulsados de Milán, también en razón de sus prácticas usurarias, y unos y otros se instalaron como orífices, prestando dinero a un interés del diez por ciento.

Paulatinamente, van apareciendo los primeros "financieros", que empiezan a mezclarse en política. Jacques Coeur, misterioso personaje nacido en Burdeos a principios del siglo XVI, es el primer financiero de quien habla la historia de Francia. A pesar de haber sido condenado por falsificación de moneda, Carlos VII le encargó de las Finanzas del Reino, en su capital de Bourges. Pronto amasó una colosal fortuna y, paralelamente, una enorme influencia. Llegó a Consejero General del Reino, mientras su hermano era consagrado obispo de Luçon y su hijo arzobispo de Bourges. El Sumo Pontífice le utilizaba para misiones diplomáticas de confianza. Su rápida ascensión le creó numerosos enemigos, y fue acusado del envenenamiento de Agnés Sorel, la favorita de Carlos VII. En el proceso aparecieron nuevos motivos de acusación contra él: prácticas heréticas, venta de cristianos como esclavos en Oriente, protección a usureros "lombardos", etc. Condenado a una módica multa, prefirió ir a prisión antes que pagar, pero pronto huyó merced a raras complicidades, yendo a acabar sus días en Roma, donde el Papa Calixto III le tomó bajo su protección.

Los Médicis, de Florencia, banqueros de los Papas Juan XXII y Martín V, fueron los homólogos en Italia del rapaz y genial Jacques Coeur. Los Médicis fueron "figuras de transición entre los mercaderes de dinero de la Edad Media y los banqueros de los tiempos modernos"[102], Traficando hábilmente con el dinero, con toda la honradez que permite el "oficio", administrando todo el movimiento de fondos necesarios a la celebración del Concilio de Constanza, desde 1414 hasta 1418, y más tarde, en 1431, del de Basilea, los Médicis alcanzaron un relieve político-financiero sin parangón hasta entonces. Sobre todo, Lorenzo de Médicis, apodado "el Magnífico", dió un esplendor legendario a su banca, pero subordinó la marcha de sus operaciones financieras a la gran política, participando en casi todas las grandes intrigas internacionales de su tiempo. A su muerte, ya pesar de la protección del Papa Inocencio VIII, empezó la decadencia de la casa. Aunque el nombre de los Médicis, los primeros grandes financieros cristianos, sobrevivirá, la casa desaparecerá rápidamente como centro financiero y político. Los Médicis pueden ser considerados como una prefiguración de los Morgan y de Cyrus Eaton, banqueros "gentiles" que colaboraron activamente con colegas judíos y fueron, paulatinamente, absorbidos o anulados por éstos. Quienes eclipsaron a los Médicis, en su momento, fueron los Fugger.

Los Fugger, de Augsburgo, eran tanto o más poderosos que los Médicis, pero mucho más discretos. Hans Fugger, cristiano, tejedor, se casó con una hebrea y el hijo mayor del matrimonio, Jacob, que llegó a ser jefe de la corporación de tejedores de Augsburgo, se consagró al comercio del dinero. El matrimonio tuvo cinco hijos,

---

[102] A. Dauphin-Meunier: "*Histoire de la Banque*", pág. 67.

todos varones, y todos casados con judías, pero sólo dos siguieron el negocio paterno, Mark y Jacob. Los Fugger mantuvieron relaciones financieras con el Papado y la dinastía de los Habsburgo. Jacob Fugger II llegó a ser banquero del Sacro Imperio Romano-Germánico. En 1519, proporcionó los fondos necesarios para la compra de los votos de los Electores que elevaron al trono imperial al sobrino de Maximiliano, Carlos V de Alemania, que luego ocuparía también el trono de España. Este Fugger escribió al Emperador Carlos, en 1523, en los siguientes términos: "Es conocido y evidente que Vuestra Majestad no habría obtenido la Corona Imperial sin mí"[103]. Los Fugger cobraban intereses reducidísimos (el 1 por ciento) cuando trataban con particulares, pero su línea política consistía en prestar dinero a los poderes públicos en buenas condiciones: a cambio, éstos les concedían el derecho a explotar minas, así como favores y privilegios. Así obtuvieron el control de las minas de cobre y plata del Tirol y de Hungría; de mercurio en España (Almadén), así como inmensas regiones mineras en Venezuela. Una rama de los Fugger se instaló en España, cambiando su apellido por el hispanizado de Fúcar .Antonio Fúcar financió la guerra de Felipe II de España contra Francia y contra los turcos. Los Fugger-Fúcar eran ya banqueros de la Santa Sede, cuando se 1es confió el derecho de acuñar la moneda de los Estados de la Iglesia, y, sin consideración a su antigua alianza con los Médicis, fueron arrebatándoles gradualmente todas sus posiciones. Pero el Decreto de Valladolid, en 1557, por el que Felipe II suspendía el pago de

---

[103] A. Dauphin-Meunier: *"Histoire de la Banque"*, pág. 69.

todas sus deudas y prohibía la exportación del oro español, provocó la ruina de los Fugger.

El último gran financiero "individual", cuyas actividades prefigurarán las de la Moderna Finanza es Samuel Bernard, hugonote de religión, pero que, según Voltaire y Drummont, era judío de raza. Considerado como el Creso de su época, Bernard, banquero de Luis XV de Francia, utilizó su poderío económico para arrancar del monarca concesiones en favor de sus correligionarios que, a pesar de las renovadas prohibiciones volvían constantemente a instalarse en aquel país. Su gran fortuna, el hecho de gozar del favor real, sus influencias en la sociedad europea incitaron a las familias nobles y poderosas a buscar la alianza con sus ricos descendientes. Los Clermont-Tonnerre, los Cossé-Brissac, los Saint-Chamans pudieron sacar nuevo brillo a su blasón gracias a la herencia del financiero Samuel Bernard. Uno de los descendientes de esa alianza entre el Dinero y la Nobleza, Mathieu-François Molé, recibió de Napoleón el encargo de dirigir las deliberaciones del Gran Sanhedrín en 1807, lo que sucedía entonces por primera vez y daba paso a la oficialización de una nación judía dentro de la francesa, algo de lo que el Gran Corso debería arrepentirse muy pronto.

EL CALDO DE CULTIVO

Por la propia inercia de los hechos, y en razón de sus intereses comunes, las dinastías financieras se fueron agrupando, y, en ciertos casos, fundiendo, hasta formar lo que comunmente se llama la Finanza Internacional, y los "iniciados" apodan el Sistema, o en inglés, el Establishment.

Pero para actualizar, para realizar lo que Treitchske llamada una "gran política" no basta con el Dinero. El Dinero no es suficiente, por sí sólo, ni para llevar a cabo una política financiera. Hace falta, incluso para algo tan concreto y material como la Finanza, un espíritu rector, un alma[104]. Ya hemos dicho que el "modus operandi" de los precursores de la Finanza consistía en el comercio del dinero y, a través del mismo, del tráfico de influencia. Pero al transformar el otrora honrado negocio bancario, que consistía en custodiar los ahorros del público cobrando por ello un canon, en el prodigioso timo del que ya nos hemos ocupado con detenimiento, las posibilidades de los financieros alcanzaron límites insospechados incluso para las élites, y desde luego completamente increíbles para el gran público. Ya no se trataba de prestar dinero, sino de inventarlo, de crearlo de la nada. Para ello había que vencer la oposición de los gobiernos, pues ningún monarca, ninguna república sana estarán jamás de acuerdo en que la medida y cambio de los bienes de un país

---

[104]. Mario Alberti: "*El Cuerpo y el Alma de la Moneda*", Roma 1935.

dependan del albedrío de individuos o instituciones particulares, o, en todo caso, extraños y ajenos al interés nacional. De ahí que lo que genéricamente se llama "la Revolución" -desde la burguesa Revolución Francesa hasta la "comunista" Revolución Rusa pasando por la interminable serie de utopías anarquistas, "socialistas", democráticas y demás- haya gozado siempre del apoyo decisivo de la Alta Finanza. El escritor Anatole France, de cuyo republicanismo no es posible lícitamente dudar afirmó: "Uno de los beneficios de nuestra Revolución ha consistido en entregar a Francia, maniatada, a los hombres del Dinero, los cuales la devoran desde hace cien años" [105]. Y Pierre Gaxotte, sin duda el mejor historiador especializado en el tema de la Revolución Francesa, no dudó en decir que: "Sin el apoyo masivo y descarado de las potencias internacionales del Dinero, ocasionalmente dirigidas por Inglaterra, nunca se hubiera producido el fenómeno llamado Revolución Francesa"[106].

La conclusión Finanza-Revolución, sobre la que tanto se ha escrito, es tan evidente que parece imposible que sólo sea plenamente comprendida y aceptada por unos pocos, La única explicación que hallamos consiste en el generalmente olvidado fenómeno de la pereza mental humana. "Algunos hombres" -dice Bernard Shaw- "preferirían morir antes que pensar. Son los mártires de la estupidez humana"[107]. Claro que debe hacerse la debida

---

[105] Anatole France: *"El lirio rojo"*

[106] Pierre Gaxotte: *"La Révolution Française"*.

[107] G. Bernard Shaw: *"El Carro de las Manzanas"*.

justicia a los manuales escolares de Historia según los cuales, las Revoluciones Francesa y Rusa -las de la Libertad y la Igualdad- se produjeron porque el Pueblo hambriento y explotado se levantó contra la tiranía de las clases pudientes... cuando la realidad es que la Francia de Luís XVI, aunque endeudada por la funesta obra de Law y Necker, poseía, si queremos hablar en términos contables, un activo muy superior al pasivo y sus clases laboriosas gozaban del más elevado nivel de vida en la Europa de su tiempo, mientras que la Rusia de Nicolás II, a pesar de su retraso con respecto a Occidente, había llegado a una renta per cápita inigualada hasta entonces... y desde entonces. Esa complicidad entre capitalistas y revolucionarios es, no sólo históricamente cierta, sino necesaria. En efecto, para organizar una Revolución "espontánea" hace falta:

a) Contratar -y pagar- a actores y agitadores profesionales, que con sus inflamados discursos harán creer a una mayoría de cretinos que son muy desgraciados y que los poderes establecidos los explotan. Es un axioma psicológico que por cada mediocre que esté dispuesto a admitir el hecho de su propia mediocridad, se encontrarán cien dispuestos a echarle la culpa a "la Sociedad", es decir , a los demás.

b) Contratar -y pagar- los alquileres de las salas donde tendrán lugar los mítines de los agitadores en cuestión.

c) Contratar -y pagar- los "matones" encargados de asegurar el mantenimiento del orden en dichas salas, y "convencer" con sus puños a los contra-opinantes.

d) Contratar -y pagar- a los escritorzuelos de tres al cuarto, a los médicos sin enfermos, abogados sin causas y, en general, a la plebe de los fracasados profesionales, para que redacten los pasquines revolucionarios que hay que imprimir, distribuir y pegar en las paredes.

e) Contratar -y pagar- a los impresores, tipógrafos y "hombres de mano" necesarios para tal menester.

f) Contratar -y pagar- espacios en los diversos medios de comunicación.

g) Contratar -y pagar- equipos de abnegados revolucionarios cuya misión consistirá en alterar el orden público. Dichas alteraciones del orden, que suelen producirse con una sincronización notable, no pueden, en modo alguno, proceder de acciones "espontáneas".

h) Contratar -y pagar- equipos de picapleitos cuyo misión no será otra que la de prestar asistencia legal a los revolucionarios detenidos por la policía.

i) Contratar -y pagar- suministros de alijos de armas cortas[108] necesarias para la acción revolucionaria callejera.

j) Contratar -y pagar- los servicios de traidores en el Ejército, la Policía y la Administración, sin los cuales no ha triunfado jamás revolución alguna.

Para organizar una Revolución hay que contratar -y pagar- tantas cosas que aquélla sólo queda al alcance de grupos superiormente

---

[108] A veces, no tan "cortas". El glorioso Ejército Rojo, en la Revolución de Octubre, en Rusia, disponía incluso de tanques y cañones, que francamente dudamos se compraran con el importe de las cuotas del miembros del Partido.

adinerados. Esto es así ahora; esto ha sido así siempre, y nunca podrá ser de otra manera.

Esta colusión, necesaria colusión capitalista-revolucionaria ha tenido su obligatorio paralelismo en la Historia. Por que es históricamente irrefutable que la relativamente pacífica Revolución Inglesa, que terminó con la ejecución del rey Carlos I y la implantación de la dictadura de Cromwell, recibió el poderoso apoyo de los banqueros sefardíes de Amsterdam y de los recientemente expulsados de España, así como de los "lombardos" instalados en Londres. El resultado aparatoso, claro es, fue la instauración de la Cámara Baja, o de los Comunes, y el decisivo para la Finanza y, en definitiva, para la Intra-Historia, la legalización de las actividades de los ususeros y la posterior creación del llamado Banco de Inglaterra.

Lo mismo puede decirse de la Revolución Francesa. El ataque de la Finanza Internacional contra los tres últimos reyes de la dinastía Capeto fue de una violencia desconocida hasta entonces. Un aventurero escocés, John Law, que, según Gaxotte[109] era un agente de Fernández Carbajal, el banquero sefardí artífice del triunfo de Cromwell y de la creación del Banco de Inglaterra, se instaló en París y propuso sus servicios a Luis XIV, que los rechazó. Entró entonces en contacto con el Duque de Orléans, primo del monarca y pretendiente a la Corona de Francia. Luis XIV mandó expulsar a Law[110] pero éste regresó a Francia tras el fallecimiento de aquél.

---

[109] Pierre Gaxotte: Ibid. Id. Op. cit.

[110] Afirma Henry Coston ("*La Haute Banque et les Trusts*" que el apellido auténtico de Law

Fundó una banca privada, y más tarde una Compañía de Comercio de Occidente, cuyo capital fue íntegramente suscrito por la Banca Law. Esta nueva compañía obtuvo el privilegio real de la exclusiva del comercio con la Luisiana, las Américas, las Indias, China y Africa. Un año y medio después, un edicto real transformaba la Banca Law en "Banca Real". Esa banca puso en práctica el sistema del crédito, pero con escasa prudencia, lo que determinó su bancarrota, al cabo de dos años. El Estado debió conceder una moratoria, endeudándose él para evitar la ruina de miles de cuentacorrentistas, mientras Law huía a Inglaterra para escapar a la orden de detención contra él dictada.

"Pero -dice Henry Coston- los manipuladores de dinero tomaron su revancha en 1789. Aprovechando la revolución que arrasó el trono de San Luís, establecieron sobre las ruinas de la vieja Francia un dominio ignomisioso, sobre todo si tenemos en cuenta que estaba ejercido, en el nombre del pueblo francés, por hombres generalmente extraños a sus costumbres, sus tradiciones y su fé"[111].

Mucho se ha hablado de la labor de los enciclopedistas y los conspiradores en la gestación de la Revolución Francesa. Menos se ha hablado, aunque su importancia fuera primordial, del financiero suizo Necker. Hijo de un abogado prusiano resisdente en Ginebra, Necker entró muy pronto a prestar sus servicios en la Banca Isaac Vernet. Inicialmente luterano, se convirtió al calvinismo e ingresó en

---

(ley, en inglés) era Lasse, y que, desde luego, no era escocés, ni inglés.
[111] Henry Coston: *"Les financiers..."* pág. 29.

la Masonería. Isaac Vernet le nombró director de su sucursal en París. "Habiendo sobornado a un alto funcionario del Ministerio de Asuntos Exteriores, Necker se enteró de las negociaciones secretas de paz entre Francia e Inglaterra. Compró a vil precio todos los valores ingleses que pudo hallar en el mercado y, después del Tratado de París, en febrero de 1763, las revendió con un beneficio de 1.800.000 libras"[112]. Una operación similar, basada esta vez en las deudas canadienses, hizo de él el personaje más rico del reino.

Cediendo a múltiples presiones de su "entourage" Luis XVI llamó a Necker encargándole poner orden en las finanzas del país. Durante unos meses Necker pareció ser la panacea. Para sanear el Tesoro Público lo único que hacía era lanzar empréstitos, tomando el dinero prestado a réditos escandalosos. En cuatro años, triplicó la Deuda del país; su política, sostenida sobre todo por banqueros extranjeros, como los ginebrinos Hottinguer, Mallet, Mirabaud, Vernes y, sobre todo, Isaac Vernet, se basaba en la multiplicación de la Deuda "ad infinitum". Además, presionaba constantemente al Rey para que éste diera su autorización para la fundación de un "Banco Central", como los que ya funcionaban en Holanda e Inglaterra. Su protección a ciertos revolucionarios fue causa -junto con su desacertada política económica- de su destitución por el Rey. Pero la presión de las "Sociedades del Pensamiento" obligó al débil Luis XVI a llamarle de nuevo, en 1788, es decir, siete años después de su destitución. El retorno de Necker fue causa de extravagantes

---

[112] Jacques Bordiot : *"Une main cachée dirige..."* pág. 65.

manifestaciones de entusiasmo por parte de una "opinión pública" convenientemente manipulada. El 27 de diciembre de 1788, en su informe al Consejo Real, Necker, sin recato alguno, ataca a Luis XVI ya su primer ministro, Vergennes, la "bestia negra" de los revolucionarios. Seis meses después, en mayo de 1789, se convocan los Estados Generales, embrión del futuro Parlamento, objetivo por el que ha luchado durante años el financiero millonario Necker. Dos meses más tarde, el irresoluto Luis XVI expulsaba de nuevo a Necker. Era el 11 de julio. Nueva agitación del populacho parisino en favor de Necker. Algaradas callejeras y toma de la Bastilla el día 14, y, el día siguiente, el desgraciado Luis XVI, obligado por el "hermano" General Lafayette, llamaba nuevamente a Necker. En 1790, con el país completamente arruinado y el Monarca prácticamente prisionero de los revolucionarios -que lo guillotinarían tres años más tarde- Necker, completamente desacreditado por los que le habían sostenido pese a su vacuidad y le abandonaban cuando ya no les era necesario, volvía a Ginebra, junto a su mentor Isaac Vernet.

* * *

Anteriormente hemos aludido a las "Sociétés de Pensée" o Sociedades de Pensamiento, que no eran otra cosa que logias masónicas a las que se permitía la asistencia ocasional de simpatizantes no miembros de la Secta. La influencia de dichas "Sociedades" en el desencadenamiento de la Revolución Francesa fue importantísima. No es éste el lugar adecuado para extendernos en una reseña minuciosa de la lucha secular de la Franc-Masonería contra la Corona de San Luís hasta lograr su hundimiento en la Revolución Francesa. Autores de la talla de Bernard Fay, Augustin Cochin, Copin-Albancelli, Gustave Bord, Gaston Martin, Henry Coston, Georges Virebeau y la inglesa Nesta H. Webster han tratado el tema con profundidad y documentación exhaustiva. En realidad, la Masonería ha sido, y es, enemiga de todos los Tronos, aun cuando por razones tácticas se haya apoyado a veces en otros, o haya tolerado la existencia de algunos más, sobre todo cuando se trata de Tronos meramente figurativos, es decir, desprovistos de mando real.

Pero lo que nos interesa mencionar especialmente aquí es que la Masonería, juntamente con la Revolución[113] es uno de los componentes del caldo de cultivo del Sistema. El tercer componente es la Finanza Internacional. Repetimos: la Finanza Internacional, con todo lo omnipotente que es, no pasa de ser un componente más. La Finanza es una herramienta, como lo es el Comunismo, como lo fue el Anarquismo, como estuvo a punto de serlo el Trotzkysmo, como lo será, tal vez, mañana, el anti-racista Racismo de los pueblos de color.

Pero hay algo más. El Sistema es más que eso. El Sistema es el llamado Mundialismo, representado por la funesta O.N.U. y los misteriosos grupos de individuos que, muy antidemocráticamente,

---

[113] Nos referimos a la Revolución de acuerdo con el significado que a la palabra le da la mayoría, y no al concepto evocado por su significado etimológico.

son designados por cooptación, tales como el Grupo Bilderberger, del que más adelante hablaremos. El Sistema, en suma, no es más que la actualización de viejas profecías mesiánicas; es, ni más ni menos, que una organización tentacular, cuyo objetivo final, lo conozcan o no todos o la mayoría de sus miembros, es el dominio del Planeta.

NAPOLEON Y ROTHSCHILD

Si Necker había dejado vacías las arcas del Estado, una pléyade de politicastros, entre los que abundaban los nacidos fueras de Francia, como el judío prusiano Anacharsis Klotz, el sefardita Chocerlos de Laclos, los también sefarditas Almereyda (portugués) y Guzmán (español), y, sobre todo, el sanguinario hebreo Jean Paul Marat, imponían el Terror, ciego y arbitrario, como forma de gobierno, apoyándose en la chusma de las grandes ciudades. De esa chusma había surgido lo que Spengler llamaba "la élite negativa del arroyo", el mundo abisal de los inferiores, de los resentidos, de los fracasados; profesionales sin profesión; soñadores, ociosos y borrachos; prostitutas, charlatanes y demagogos; tarados físicos y morales; seres inferiores que odiaban a la Sociedad ya los valores establecidos, en razón, precisamente, de su propia inferioridad. Gentes que amparándose en el famoso trilema Libertad-Igualdad-Fraternidad hacían fabulosos negocios. Todos, a fin de cuentas, victimarios y víctimas, sucesivamente, de la dinámica del Mal; del principio según el cual, el Mal es malo hasta para el Mal. En definitiva, todos al servicio de fuerzas anti-nacionales, cosmopolitas, como ya entonces se decía. En el proceso de los "hébertistas", por ejemplo, se demostró que todos eran tan anti-franceses como anti-demócratas, al acusarse sin recato alguno los unos a los otros. Fueron guillotinados, como cómplices del "Extranjero": el judeo-prusiano Klotz; Danton, el ilustre estipendiado de Inglaterra -o, más exactamente, del Banco de Inglaterra-; el sefardita Guzmán; los banqueros israelitas austríacos Emmanuel y Junius Frey; Madame de Haelder, agente del Rey de Prusia y fundadora de la masónica "Sociedad Fraternal de los dos Sexos", de la que formaba parte la aventurera y espía holandesa Etta Palm, agente del Banco de Amsterdam, amante del diputado Choudieu, agente de los Paises Bajos[114]. Pero, meses más tarde, los "jacobinos", ejecutores de los "hébertistas", irían, a su vez, a la guillotina.

Las guerras del Directorio -escribe Henry Coston[115]- permitieron a los financieros, convertidos en dueños del Estado, explotar las conquistas que llevaban a cabo los generales. En 1799, el Directorio, arruinado, se enteró de que "su" banquero, Ouvrard, había rehusado suministrarle más dinero. El Gobierno, entonces, anunció medidas contra los financieros "especuladores". Los banqueros se asustaron y buscaron un sable que impusiera orden en aquél caos. Los banqueros Perregaux y Marmot se acordaron de un cierto general Bonaparte que, en Egipto, como antes en Italia, había demostrado ser, no sólo un gran estratega, sino también un prudente administrador de los territorios conquistados. Perregaux y Marmont enviaron a Egipto a su emisario Bourbaki, que informó a Bonaparte de que "dos millones de francos estaban a su disposición en previsión de un golpe de Estado"[116]. Dejando a sus tropas al mando

---

[114] Jacques Bordiot: *"Une main cachée dirige..."*, pág. 83.
[115] Henry Coston: *"Les Financiers..."* pág. 51.
[116] A. Dauphin-Meunir: *"La Banque à travers les Âges"*, T. II. p. 71.

del General Kléber, Napoleón fue rápidamente a Paris, donde le esperaban ansiosamente los banqueros Le Couteulx, Perregaux y Marmot, padre del ayuda de campo del vencedor de las Pirámides. En realidad, la Alta Finanza no tenía ningún interés en derribar al Directorio, y tampoco podía sospechar que Ouvrard, en primer lugar, y luego Perregaux, Le Couteulx y Marmont, actuaran por su cuenta, sin consultar al incipiente, pero cada vez más poderoso Poder del Dinero, instalado en Londres y Amsterdam. Fue por ello que se tomaron las necesarias medidas para impedir que se repitiera el escandaloso hecho de que algún banquero pensara más en su patria que en los intereses del Sistema Financiero Internacional; y ello no volvería a repetirse hasta ciento treinta años más tarde, en Alemania.

Pero no nos adelantemos y volvamos a Paris, donde el dinero u la influencia de Perregaux, Le Couteulx y Marmont, hicieron elegir a Luciano Bonaparte como Presidente de la Asamblea Nacional, en abril de 1799. Le Couteulx se hizo elegir Presidente de la administración del Departamento del Sena. Se compró la complicidad de Lemercier, Presidente del Consejo de los Ancianos. El General Marmont, hombre clave de la conjuración, por ser hijo de un banquero, hijo político de Perregaux y edecán de Bonaparte, convenció al General Jubé, jefe de la Guardia del Directorio, para que se uniera a los con- jurados. Jubé encerró a los miembros del Directorio-cuya seguridad estaba a él encomendada- en el Palacio de Luxemburgo, mientras Napoleón hacía llevar, a la fuerza, a los miembros de las dos Asambleas al castillo de Saint-Cloud y allí, bajo pretexto de salvar a la República, la estranguló. El 19 Brumario (11 de noviembre de 1799), Napoleón Bonaparte era nombrado Primer Cónsul[117].

¿Puede afirmarse que, por deberles el Poder, Napoleón fuera el juguete de un reducido grupo de financieros? Rotundamente, no. Al contrario: pues aunque se mostrara agradecido hacia quienes habían contribuído a su accesión al Poder, no vaciló nunca, cuando ello convino a los intereses de Francia o de su política, en pararles los piés con todo el rigor exigido por la circunstancia.

Napoleón, indudablemente la más excelsa figura de una época en la que los grandes hombres abundaban, ha sido descrito de las maneras más diversas y desde los ángulos más dispares por historiadores de tres al cuarto que, a lo sumo, han visto en él a un afortunado aventurero advenedizo, versado en la táctica y la estrategia militares. Pero los auténticos historiadores, empezando por el muy monárquico Jacques Bainville, han captado el gran estadista, legislador, economista: al Genio. Napoleón, en plena campaña de Italia, había llegado a la conclusión de que lo que Francia necesitaba con urgencia, para acabar de una vez con el caos organizado en beneficio de la Finanza Apátrida era un Rey. Incluso sugirió a Sieyés la posibilidad de traer de nuevo a los Borbones. Desgraciadamente, el hermano y heredero de Luis XVI, que en su exilio londinense se hacía llamar Luis XVII, cobraba una pensión del Gobierno Británico y amenazaba con solicitar la ayuda

---

[117] A. Dauphin-Meunier: *"La Banque à travers les Âges"* T. II, pág. 79.

inglesa para someter a sus "súbditos rebeldes". Tan indigna conducta, impropia de un auténtico monarca, convertía la Restauración en imposible. "La Nación Francesa -decía Napoleón- necesita un jefe hereditario... Yo recomendaría incluso la restauración borbónica, si ellos (los Borbones) tuvieran hoy en Europa otro título de consideración o de fuerza que no fuera la derivada de los despreciables salarios que reciben de Inglaterra, o de los financieros que en esa Isla imponen su voluntad, y si los franceses no dispusieran de buenas razones para temer que su regreso atrajera sobre sus cabezas el desprecio que merece su debilidad, y ocasionaría la destrucción de nuestras actuales instituciones a manos de gentes ignaras que las odian"[118].

Napoleón enjuiciaba la Revolución Francesa desde el mismo punto de vista que Mirabeau, esto es, como un medio y no como un fin. Como un medio de expurgar de abusos el sistema feudal, superado por la Vida misma.

Napoleón deseaba hacer "la Revolución desde arriba", es decir, la única Revolución posible. Una Revolución que él estaba dispuesto a llevar a cabo restaurando el Trono —"a un monarca", decía, "no se le puede sobornar"- lo que equivalía en su mente a dominar al Sistema Financiero, el cual, lógicamente, lucharía contra el Trono como ya lo hiciera en tiempos del irresoluto Luis XVI. Se daba cuenta de que sería una lucha multifacial, tentacular. Sabía que el Dinero nunca lucha abiertamente, de cara, sino por medio de agentes que

---

[118] R. Mc Nair Wilson: *"God and the Goldsmiths"*, pág. 94.

muchas veces incluso desconocen el objetivo al que sirven y, a fortiori, las Fuerzas y los hombres que buscan ese objetivo. Napoleón sabía que había dinero internacional detrás de cada uno de sus enemigos; lo había detrás del fantoche Luís XVII y de todo el partido monárquico: lo había detrás de los sangrientos ultra-revolucionarios del Club de los jacobinos; y lo había, sobre todo, en la comunidad israelita de Francia. Una de las primeras medidas tomadas por la Convención, en efecto, fue no sólo admitir la inmigración incontrolada de los judíos, sino concederles el goce de todos los derechos civiles, aún cuando acabaran de llegar de un ghetto de Transilvania. Los judíos, como siempre y en todas partes, estaban, individual y conjuntamente, al servicio del Dinero Internacional. Ellos hundirían, apoyándose -también como siempre, y en todas partes- en el patriotismo respetable de otras naciones o en la traición de los descontentos del interior, a quien había osado oponerse a los designios del Gran Parásito. El Aguila de Austerlitz, a pesar de haber detectado desde el principio a su Enemigo, y de haber tomado medidas, tanto internas como externas, para protegerse de sus venenosas mordeduras, acabaría sucumbiendo.

Napoleón quiso restaurar la idea de servicio, cuando la demagogia sólo hablaba de "derechos". Puso un freno a las actividades de los banqueros; proclamó que "el crédito es de la Nación, no de los banqueros". A finales del siglo XVIII, el Primer Consul Bonaparte recorría con su mirada un viejo mundo en el cual el sistema del servicio estaba por doquier en melancólica decadencia. En las caducas monarquías, una clase privilegiada miraba recelosamente a los banqueros, que codiciaban sus privilegios. En Inglaterra, la gallardía con que había iniciado su reinado Jorge III se iba difuminando. El monarca, desde su humillación en América, de la que más adelante hablaremos, no se atrevía ya a actuar contra los intereses de la City londinense; esa misma City que había traicionado clamorosamente a Inglaterra en la guerra con las colonias norteamericanas, se volcaría luego en favor de la misma Inglaterra contra Francia o, más exactamente, contra la Idea de Servicio y de Mesianismo Europeo que el Gran Corso encarnaba en la circunstancia dada. Dice McNair Wilson que "los financieros exportaban e importaban el oro sin hacer caso alguno de la ley ni del estado de guerra; sus operaciones escapaban a toda sanción, porque los que hubieran podido imponérselo estaban asociados a sus empresas y cosechaban formidables beneficios"[119]. Es una verdad histórica incontrovertible que, durante toda su vida Napoleón buscó la alianza con Inglaterra; él comprendió siempre que una cosa era el pueblo inglés y otra los hombres de la City. Nunca se recató en proclamar la viva admiración que sentía por Inglaterra y sus instituciones. En una ocasión dijo al embajador inglés: "Todo sería posible para la Humanidad si Francia, la primera potencia continental, e Inglaterra, la primera potencia naval, estuvieran unidas". Así, propuso al gobierno inglés un tratado de paz, que se firmó en Amiens, a finales de 1799, por el que Francia, sin otra contrapartida que la de mostrar a Londres su espíritu de buena voluntad y paz, se comprometía a que su flota de guerra, en

---

[119] R. Mc Nair Wilson : *"The Bankers Conspiracy"*.

ningún caso, excediera en tonelaje, a un tercio del de la británica. Además, Napoleón, que había derrotado a todos sus enemigos, dictó una amnistía amplísima, llamó a todos los desterrados, y, una vez restablecida la Religión, oyó un solemne Te Deum en Notre Dame.

Tras hacer la paz con sus enemigos externos, Napoleón quiso poner orden en los asuntos internos. Prohibió bajo severísimas penas que el dinero fuese exportado de Francia y ordenó que, bajo ningún pretexto ni circunstancia, se recurriese al empréstito para sufragar los gastos ordinarios, civiles o militares. Estas medidas tenían por objeto evitar que los banqueros pusieran en dificultades al Gobierno, como ya habían hecho con Luis XV, Luís XVI, la Convención y el Directorio. Cuando un Gobierno depende financieramente de la Banca, el verdadero Gobierno son los banqueros, ya que "la mano que dá está por encima de la mano que recibe".

Según el mismo Napoleón afirmó a su fiel Las Cases "el Dinero no tiene patria: los financieros no tienen patriotismo ni decencia; su único objeto es el lucro"[120]. Ciento treinta años más tarde, el Napoleón de nuestra época afirmaba algo parecido, completándolo con la aseveración de que el lucro no era el fin último, sino el Poder que el mismo proporciona.

La negativa napoleónica a aceptar préstamos de ninguna clase

---

[120] Las Cases: *"Memorial de Santa Helena"*.

había causado viva inquietud en la City londinense. No debe olvidarse que ya no se trataba sólo de Francia, sino de más de la mitad del Continente, donde la influencia de las victoriosas armas francesas imponía una natural sumisión a las directrices de París. Otra medida que excitó los ánimos de la Alta Finanza fue la creación del Banco de Francia. Debe reconocerse que dicho Banco de Francia había sido preconizado por Necker y, por vía de consecuencia, por los financieros que en Necker mandaban. Pero lo que éstos deseaban era un Banco de Francia como sus homólogos de Inglaterra y Holanda, es decir, el clásico "banco central", coordinador de los bancos privados, y tan "privado" como éstos. Y lo que Napoleón creó fue un auténtico Banco de Francia, es decir, vinculado a Francia, perteneciente a Francia y sirviendo sólo los intereses de Francia. Dicha institución crearía el dinero, es decir, emitiría la moneda a medida que la producción agrícola e industrial lo exigiera; dicho dinero nacería sin el estigma de la Deuda y estaría totalmente desvinculado del Oro. Además, Napoleón se hizo nombrar Presidente vitalicio del Banco, figurando en cabeza de la primera lista de suscriptores de acciones de la entidad, junto a personas de su absoluta confianza, como su hermano José; su cuñado Murat; su nuera Hortensia de Beauharnais y sus fieles edecanes Duroc, Clarke y Bourienne, así como su confidente Las Cases. El banquero Ouvrard, que criticó abiertamente la política del nuevo Banco nacional, fue arrestado por orden de Napoleón, lo que aumentó aún más la hostilidad de la Finanza Internacional.

Pero la medida que llevó la hostilidad al paroxismo fue la actitud del primer Consul hacia los judíos. Si fue Napoleón quien ordenó convocar el Gran Sanhedrín de Francia, su idea fue, según demostrarían sus actos posteriores, "ver a sus judíos", según frase de Edouard Drumont[121]. En esto, el seguro instinto de su genio maravilloso no lo traicionaba, porque, según afirma acertadamente Drumont, "todo judío que se ve, todo judío descubierto es relativamente poco peligroso, y puede incluso ser útil si se le emplea en acciones deshonrosas que nadie más aceptaría llevar a cabo. El judío peligroso es el judío vago, socialista de palabra, agente provocador, generalmente al servicio del Extranjero, al que también traicionará cuando le convenga..."[122].

Para "ver" a sus judíos, Napoleón exigió, para empezar, que adoptaran nombres y apellidos fijos, bajo pena de expulsión; les obligó a que se empadronaran; fijó un "numerus clausus" que afectaba tanto a sus lugares de residencia como a determinadas actividades: y les prohibió terminantemente la usura. Además, al considerar que en Alsacia eran demasiado numerosos y provocaban las quejas de los habitantes de aquella región, ordenó la expulsión de más de la mitad de ellos, mandándolos a la Vendée, "en castigo de esa región, culpable de rebelión en favor del titulado Luís XVII". Pero, a parte de todas esas medidas, lo evidente era la animadversión del Primer Cónsul. Se cuenta que en una reunión del Consejo de Estado, Napoléon dijo: "Nadie se queja de los católicos ni de los protestantes como se queja de los judíos, lo que prueba

---

[121] E. Drumont: *"La France Juive"*, pág. 254.
[122] Ibid. Id. Op. Cit. pág. 256.

que no se trata de una cuestión de religión, sino de raza. El mal que hacen los judíos no proviene de los individuos, sino de la propia idiosincracia de ese pueblo extraño. Son unas sabandijas, unos parásitos que quieren arruinar a mi Francia"[123].

Y, para colmo de la indignación de la Finanza Internacional, que ha posibilitado la Revolución Francesa, el general corso Napoleone Buonaparte, que nunca se desprendió de su acento corso, se proclamó Emperador. Insistió en que la Iglesia lo consagrase por mano del propio Papa, Pío VII, pero para que no pudiera ni suponerse que el nombramiento del Cielo venía indirectamente a través de la Iglesia, colocó él mismo la Corona de Francia sobre su cabeza. Napoleón, por consiguiente, fue soberano de Francia por la Gracia de Dios, sin que pueda establecerse ninguna diferencia entre su soberanía y la de cualquier otro soberano. "El Poder viene de Dios y del Pueblo" -afirmaba Napoleón- pero la legitimidad no deriva necesariamente de la herencia, especialmente si los herederos han demostrado ser indignos".

Así, la Finanza Internacional organizaría desde Londres, y con abundantes complicidades continentales, coalición tras coalición contra el Gran Corso. A pesar de haber cortado de raíz los históricos abusos anticatólicos de los jacobinos, Napoleón tuvo también ante sí la hostilidad apenas velada, si no de la Iglesia, como institución, sí al menos del Alto Clero, que nunca le perdonó su actitud en el

---

[123] Ibid. Id. Op. Cit. pág. 259.

día de su coronación como Emperador.

El historiador D'Ivernois, poco sospechoso de bonapartismo, afirma que fue la Alta Banca la culpable del fracaso del bloqueo continental impuesto por Napoleón a Inglaterra[124], y, por vía de consecuencia, del forzado exilio del Aguila a Santa Helena[125].

La caída de Napoleón representó el retorno al "orden", es decir, a la reinstauración de la Usura como sistema económico-político para el gobierno de los pueblos. También representó un frenazo a la gran Idea de la Nación-Europa encarnada por el Genio del siglo XIX, que hubiera significado, dentro del ámbito económico que nos ocupa, la creación de un ente territorial autárquico, económicamente autosuficiente, desde el Atlántico hasta las riberas orientales del Báltico, como mínimo. En vez de ello, nuestro Continente fue "balcanizado" en un sin fin de estados más o menos independientes, aunque en la práctica todos dependieran, sabiéndolo o no, y cada vez de manera más definitiva, del poder omnímodo de la Finanza Internacional.

Pero, además, cronológicamente, la caída de Napoleón coincidió con la aparición en la escena de la alta política, del nuevo Rey de Europa: Rothschild.

Los antepasados de Mayer Amschel Rothschild vivían, como él,

---

[124] R. D 'Ivernois: *"Les effets du blocus continental"*.
[125] Será probablemente una coincidencia, pero el Gobernador inglés de Santa Helena, que tan indigno trato dió al Emperador, era un judío llamado Edmund Lowe.

en Frankfurt, en cuyo ghetto explotaban un negocio de préstamos de dinero contra garantías. Como, en un principio, los judíos no numeraban las casas de las callejuelas del ghetto, se distinguían unas de otras por el escudo, de un determinado color, que exhibían encima de la puerta, o por algún otro emblema particular. La casa habitada por los miembros de la familia Rothschild estaba presidida por un escudo de color rojo, y escudo rojo se traduce precisamente en alemán por "Rotes Schild", y de ahí procede sin duda el nombre de la familia[126].

Mayer Amschel Rothschild, el verdadero fundador de la dinastía, entró al servicio del Landgrave Federico de Hesse-Cassel, el Príncipe más rico de la Confederación Germánica, el cual proporcionaba soldados mercenarios a los soberanos europeos que los precisaban. Este tipo de comercio se practicaba mucho en aquella época, y Mayer-Amschel se encargaba de reclutar a las tropas, vistiéndolas, albergándolas y alimentándolas hasta el momento de su remisión a su nuevo soberano. Evidentemente, cobraba una buena comisión de Federico II de Hesse-Cassel, que era quien nominalmente suministraba aquélla "carne de cañón". Las Guerras de la Revolución Francesa y del Consulado permitieron al Elector de Hesse y a su alto empleado Rothschild hacer magníficos negocios. Cuando, en 1806, se organiza otra coalición contra Napoleón, el Rey de Prusia reclama ayuda al Elector de Hesse. Le pide que le mande soldados, pero confiesa que no dispone del

---

[126] Conde Cesare Corti: "*La Maison Rothschild*", pág. 13.

dinero necesario para pagarlos. Rothschild adelanta la suma necesaria, con un crecidísimo interés.

En 1810, viéndose envejecer, Mayer-Amschel asocia a sus cinco hijos a la empresa familiar "Mayer Amschel Rothschild and Sons", distribuyéndolos de la siguiente manera: Nathan Rothschild era enviado a Londres; Salomón, a Paris; James, que se ocupaba de enlazar al "francés" y al "inglés" residiría en Gravelinas, en Bélgica. Su hijo mayor, Amschel y Karl, se quedarían de momento con su padre en Frankfurt, aunque el segundo pronto se trasladaría a Nápoles. Por otra parte, al desaparecer el gran enemigo de la Casa, Napoleón, James se trasladaría a Viena, en donde llevaría a cabo una formidable carrera.

Los Rothschild, que, en la lucha contra Napoleón, obtuvieron fabulosos beneficios, acabaron de redondear su fortuna con el famoso "golpe bursátil de Waterloo". En efecto, enterado por sus correligionarios de poca fortuna que, según costumbre de la época, aparecían en los campos de batalla al término de la misma para rematar a los heridos y despojar a los cadáveres, de que el Emperador había sido derrotado por las fuerzas mancomunadas de Wellington y Blücher se fue a toda prisa a Londres, llegando un día antes de que la noticia fuera oficialmente conocida, haciendo correr el rumor de que los Aliados habían sido vencidos por Napoleón, provocando así un bajón en la Bolsa de Londres, mientras sus agentes compraban a vil precio toda clase de valores... que subieron como la espuma al conocerse la verdad. Esta jugada convirtió a los millonarios Rothschild en multimillonarios[127].

Waterloo, que más que una derrota francesa la fue del Ideal Europeo, consagró, al mismo tiempo, la eclosión de una nueva dinastía: la dinastía de Rothschild. A partir de 1815, se convierten en amigos y financieros de Luís XVIII, así como de los Habsburgos del Imperio Austro-Húngaro. Incluso el Gobierno Británico les encargará de recaudar la indemnización de guerra que la Francia vencida debe pagar al vencedor inglés. En 1823, Luis XVIII les confía el lanzamiento de un empréstito de 414 millones de francos. A continuación es Prusia quien recurre a su concurso, ya continuación España, Napolés, Austria-Hungría, los Estados de la Iglesia, Rusia. En 1830, 1831, 1832 y en 1834 negociaron nuevos empréstitos por cuenta del Gobierno de Francia. En 1844 se ocuparon de otro empréstito de 200 millones, que fue causa de un escándalo, acusándose al Ministro de Finanza de estar vendido a la influencia de los Rothschild. Pero súbitamente la prensa de la capital francesa, evidentemente sobornada, desacreditó a todos los que se habían opuesto a la dinastía rothschildiana ya su Ministro de Finanzas.

Se han escrito numerosos volúmenes sobre las actividades de esta asombrosa familia, contrarios y favorables; paradójicamente,

---

[127] Eugene de Mirecourt: "Rothschild", pág. 64. En cambio, el Conde Corti, en su obra "*La Maison Rothschild*", afirma que Nathan no se trasladó personalmente desde Ostende hasta Dover, debido al temporal que azotaba el Canal de la Mancha, sino que envió a su agente Rothworth, correligionario suyo con instrucciones concretas.

éstos últimos resultan más aleccionadores que aquéllos. Las irregularidades observadas en la explotación de los Ferrocarriles del Norte de Francia, en la financiación del viaducto de Barentin, que se derrumbó antes de terminarse... Mientras tanto, en Viena, Salomon Rothschild era nombrado barón por el Kaiser, y se convertía en amigo personal del Canciller Metternich, a cuyo lado colocaba insidiosamente a su agente, llamado Gentz, israelita, que le informaba de los entresijos de la alta política del poderoso estado austro-húngaro. Carlos Rothschild, de Nápoles, por su parte, era recibido personalmente por el Papa: era el primer judío a quien se concedía ese honor. Nathan, en Londres, era el primer judío admitido en la Cámara de los Lores[128]. La fortuna y, paralelamente, el poderío de la Dinastía subía sin cesar. Las guerras eran las cosechas de estos traficantes de dinero. En 1835, en España, estallaron las guerras por la sucesión al Trono, entre liberales y carlistas. Austria-Hungría apoyaba a éstos últimos, cuyo tradicionalismo atraía a Metternich. Inglaterra y Francia ayudaban a la Reina Regente y a sus liberales. Los canalizadores de esa ayuda eran los Rothschild de Viena, Londres y París; es decir, ellos prestaban dinero, contra garantías, a ambas partes. De ese modo, las minas de Almadén, en el Sur de la Península, que eran -junto con las de Idria, que el Rothschild de Viena había comprado a los

---

[128] Para que Nathan Rothschild fuera admitido en la Cámara de los Lores hubo que modificar todo el ceremonial. Hasta entonces se juraba el cargo tras la fórmula "... On the good faith of a Christian" (por la buena fe de un cristiano), a lo que se negó Rothschild. Se desató una violenta polémica, de la que el dinero, como casi siempre, salió vencedor, y desde entonces los Lores ingleses ya no juran como "cristianos".

Habsburgo- las únicas minas de mercurio en el continente europeo, pasaron a manos de la Dinastía, que estableció así, de hecho, un monopolio de aquél metal. Y no sólo esto, sino que la rama londinense de la familia establecía sobre el Gobierno de la vencedora Regente, María Cristina, un verdadero protectorado financiero.

En la cima de su poderío, los Rothschild no olvidaron jamás a sus correligionarios menos afortunados. Las intervenciones de la familia cerca de la Santa Sede, del gobierno austríaco, del Duque de Módena a quien obligaron a anular ciertas medidas vejatorias que había impuesto a sus súbditos judíos acusados de fomentar una insurrección revolucionaria, alcanzaron gran notoriedad. Pero su "bestia negra" era Rusia; los Zares excitaban, con sus medidas antisemitas, la ira de los Señores del Oro... y no sólo de los Rothschild, sino de otros correligionarios suyos de notoria influencia, como los Lazard, los Gunzbourg, los Reinach. Esto sería causa de su pérdida, como más adelante veremos.

Incluso los revolucionarios israelitas, como el adinerado poeta Henrich Heine y el ciertamente nada proletario Karl Marx, gozaron de la protección de Rothschild; Heine, del alemán, que lo libró de ir a la cárcel por su apoyo a los revolucionarios; Marx, más discretamente, del inglés. El dinero, estrechamente ligado al tráfico de influencia, era la base de toda la política de Rothschild. Así, cuando, en 1848, el populacho de Paris que acaba de proclamar una "República del Trabajo", los sublevados arrasan las Tullerías y el Palacio Real, destruyendo obras de arte y pillando los domicilios de la gente adinerada... pero la casa y el banco de Rothschild es cuidadosamente protegido por la Policía; Caussidière, el Prefecto, ha sido pagado para que nada suceda al "Rey de la República". Esta consideración de "Rey" aplicada a Rothschild hace que las letras R.F. bordadas sobre la bandera tricolor que ondea sobre los edificios oficiales, y que son las iniciales de "Republique Française", sean popularmente interpretadas como "Rothschild Frères".

Si Napoleón III, hostil a los Rothschild, se apoyó en otro banquero israelita, Péreyre, el "pequeño Napoleón" como le llamaba Victor Hugo, no hizo otra cosa que salir de Scila para ir a Caribdis; un viaje para el que no se precisaban alforjas. El gobierno francés continuó mediatizado por la influencia de la Finanza. En todo caso, la Banca Péreyre, víctima de una conjuración dirigida por los Rothschild, se hundiría, de la misma manera que sucedería con la "banca católica" Union Générale, y también Napoleón III debería volver al redil de Rothschild. Estos impondrían a un correligionario suyo, Goudchaux, como Ministro de Finanzas, y a otro, León Crémieux, como Ministro de Justicia. Este Crémieux se "ilustraría" con la absurda medida de conceder, en bloque, la nacionalidad francesa a la población judía de Argelia, mientras se negaba a los árabes de aquél territorio. Esa medida abriría un abismo de animadversión entre franceses y árabes, al interpretar éstos, justamente, esa decisión como vejatoria.

Los Rothschild financiaron la compra de las acciones del Canal de Suez para Inglaterra. El Khédive de Egipto las había ofrecido a

Francia, patria de Ferdinand de Lesseps, padre del Canal. Pero a la Alta Finanza, de la que los Rothschild constituían uno de los pilares fundamentales, decidió que convenía que el Canal lo controlara políticamente Inglaterra, y no Francia; así pues, mientras el Rothschild de Paris entretenía al Gobierno Francés con dilaciones basadas en diversos pretextos, comunicaba a su pariente en Londres que el Khédive se hallaba en aprietos y necesitaba vender sus acciones. El Primer Ministro británico, Disraeli[129], se presentó ante la Reina Victoria, con el ofrecimiento del Rothschild de la City, de la suma de cuatro millones de libras esterlinas, a un módico interés, para la compra de las acciones del Canal de Suez, que serían rápidamente adquiridas[130]. Esto cayó como una auténtica bofetada en Francia, pero de nuevo el dinero corrió a raudales entre los "chicos de la Prensa", y el asunto fue rápidamente enterrado.

Si Rothschild sirvió transitoriamente los intereses de Inglaterra en detrimento de Francia en el "affaire" del Canal de Suez, serviría los de Alemania, otra vez en detrimento de Francia, cuando, al término de la guerra de 1870, entre el banquero "alemán" Bleichroeder y el banquero "francés" Rothschild le tomaron literalmente el pelo al pobre Jules Favre, plenipotenciario del gobierno francés, a quien hicieron firmar, presentándoselo como un éxito diplomático, el reconocimiento de una indemnización de guerra de cinco mil

---

[129] Benjamín Disraeli, Lord Beaconsfield, era descendiente de los sefarditas expulsados de España por los Reyes Católicos.
[130] Cesare Corti: "*La Maison Rothschild*", pág. 241.

doscientos millones de francos[131]. En cambio, al término de la Primera Guerra Mundial, los Rothschild y sus colegas de la Finanza en todos los países, se pusieron resueltamente en contra de Alemania, resumiendo su actitud el "francés" Simon Klotz, quien dijo: "Le boche payera tout" (El alemán lo pagara todo).

Precisamente uno de los casos en que apareció de manera más flagrante que la Alta Finanza, a parte de contribuir a crear situaciones pre-bélicas, actuaba luego haciendo abstracción absoluta de los intereses de los contendientes, se dió con ocasión de la Primera Guerra Mundial. En 1917, un senador francés acusaba a los Rothschild de vender el niquel de Nueva Caledonia, colonia francesa de Oceanía, a Alemania, a través de la "America Metal Cy", sociedad que representaba en los Estados Unidos a la "Metallgesellschaft", de Franckfurt, empresa controlada

---

[131] Alphonse de Rothschild, el "francés" hablaba corrientemente el alemán, pero, ante Favre hizo ver que sólo conocía el francés, mientras que Bismarck insistía en expresarse sólo en alemán. Siguió una escena, muy bien interpretada, que permitió a Rothschild presentarse como un gran patriota francés. Bismarck era hombre astuto, que sabía utilizar a los financieros. No era imprudente, como Metternich lo fuera con Salomon de Rothschild. Se servía tanto de Bleichroeder como de Rothschild, pero afirmaba: "No puede uno dejarse influenciar por los judíos ni colocarse bajo su tutela financiera, como ocurre desgraciadamente en muchos países. Cada vez que debo tratar con la Alta Finanza, generalmente compuesta de judíos, nunca soy yo quien debe agradecer nada". Y agregaba: "En los tratos con los judíos debe tenerse muy en cuenta que ellos tienen un código moral que no tiene relación alguna con el nuestro. La escala de valores judía, especialmente la de los judíos que se dedican a la Finanza, está en las antípodas de la escala de valores de los europeos. Quien no comprenda esto plenamente, está perdido". (Hermann Hoffmann: *"Furst Bismarck"*. t. I. págs. 149-151).

por los Rothschild de Alemania. Y, en el Reichtag, se acusó a los Rothschild alemanes de vender trigo alemán y austro-húngaro a Francia e Inglaterra, mediante operaciones triangulares a través de países neutrales.

Los Rothschild intervinieron, también, en la Guerra de Secesión norteamericana, ayudando a los Estados de la Confederación del Sur, directamente, mientras apoyaban a los nordistas a través de sus agentes, los banqueros Belmont, correligionarios suyos. Pero fue precisamente entonces cuando su estrella empezaría a palidecer. En realidad, esto es muy relativo, pues los Rothschild continuaron en primerísima línea de la superpotencia internacional en que se iba convirtiendo la Alta Finanza, pero la eclosión de la nueva potencia política, los Estados Unidos de América, hizo que el centro de gravedad de la Gran Política se fuera trasladando paulatinamente desde Europa hasta el Nuevo Continente lo que fue causa de que fueran las dinastías bancarias allí instaladas las que pasaran a primerísimo rango.

Otra espectacular intervención de los Rothschild en la política se produjo en ocasión del caso Herzen, narrado por la poco sospechosa pluma del revolucionario hebrero Rappoport[132]: "El activista bolchevique Alexander Herzen se vió forzado a abandonar Rusia, perseguido por la policía zarista, trasladándose a Londres, donde empezó a publicar el panfleto revolucionario "The Bell". Pero antes de marchar, el rico bolchevique convirtió sus propiedades en

---

[132] Angelo S. Rappoport: *"Pioneers of the Russian Revolution"*.

obligaciones del Estado. El Gobierno Imperial identificó los números de las obligaciones de Herzen y, cuando fueron presentadas para su pago, después de llegar Herzen a Londres, el Zar, en la esperanza de liquidar a su enemigo, dió órdenes al Banco de Estado de San Petersburgo de no pagar. El Banco obedeció, pero el Zar se encontró con un enemigo que no esperaba, el primogénito de los Rothschild, quien le hizo saber que, como las obligaciones de Herzen eran tan válidas como las de cualquier otro ruso, estaba obligado a decidir sobre la insolvencia del Gobierno Imperial. Si las obligaciones no eran pagadas en el acto, él (Rothschild) declararía al Zar en bancarrota, sobre todo la de su moneda en las bolsas europeas. Nicolás II, anonadado, se metió su orgullo en. el bolsillo, y pagó: Los mismos judíos dieron aparatosa publicidad a este hecho, que representó un fortísimo golpe moral para el Zarismo.

Hoy en día, los Rothschild siguen en primera línea del frente de la Alta Finanza, tras los Warburg, los Rockefeller y los Lehmann que, en razón de su ubicación geográfica (América) han logrado sobresalir del pelotón delantero de las dinastías financieras. Pero la importancia de los Rothschild reside en el hecho de su diabólicamente inteligente política de alianzas matrimoniales, que les ha permitido tener un pié en todas las familias del Sistema. Y, cuando no aparecen los Rothschild, aparecen sus fideicomisarios. Así, por ejemplo, la familia Aschberg controla, desde 1917, el Banco de Estado Soviético. Los Aschberg, del "Nya Banken", de Estocolmo, pasan por ser los agentes de la familia Rothschild en el norte de

Europa[133]. Un ejemplo más: en Francia, tras la llamada "Liberación", el General Charles De Gaulle surgió como primera figura política de la IV República Francesa. De Gaulle había sido promocionado, desde su cargo de general a título provisional, por Spears, un agente de los Rothschild de Londres y toda su vida siguió las directrices políticas de los banqueros de la Rue Laffite. Pero un buen día -mal día, para él- tuvo la ocurrencia de atacar a "ese pueblo agresivo, orgulloso y dominador" refiriéndose al Estado de Israel. Inmediatamente, la venal prensa francesa, evidentemente "regada" con las subvenciones de Rothschild y Lazard, se volvía contra él, y era derrotado en las elecciones. Pero en su lugar aparecía Pompidou, que, antes de dedicarse a la Política, había sido Director General de "Rothschild Frères" de París...

---

[133] J. Bochaba: *"La Finanza y el Poder"*, Omnia Veritas Ltd.

AMÉRICA, LA NUEVA TIERRA PROMETIDA

Las inmensas posibilidades que ofrecía el Nuevo Continente, fueron causa de que hacia él se dirigiera el interés de la Finanza.[134] La Guerra de la Independencia Norteamericana fue, si no fomentada, sí al menos alentada por la Fuerza del Dinero que intuía, certeramente, que le sería mucho más fácil controlar a una Colonia[135] que a un miembro de primerísima fila de la Cultura Occidental, cual Inglaterra. Por eso, tal Guerra representó, cronológicamente, la primera excepción a la regla de la tradicional alianza entre el Imperialismo Británico y la Finanza Internacional; regla que se mantendría en plena vigencia durante un siglo, para ir cayendo paulatinamente en desuso, hasta el punto de que -se aperciban de ello, o no, los círculos gobernantes ingleses- en la actualidad funciona en un sentido totalmente contrario al original.

Jorge III debió mendigar literalmente el dinero necesario para sostener la guerra contra los insurrectos de las trece colonias americanas, dinero que le fue repetidamente escatimado por una Cámara de los Comunes en que predominaban los diputados que

---

[134] Culturalmente América es una Colonia de Europa, Madre de la Civilización Occidental, según demuestran Spengler, Treitchke y Yockey, entre otros destacados filósofos. Una Colonia no dispone de suficientes anticuerpos para hacer frente a enfermedades morales y físicas, como la Usura y su principio impulsor, su "alma", el Materialismo.

[135] Louis Madelin: *"The Revolucionaries"*.

eran, a su vez, agentes o testaferros de los poderes del Dinero La Masonería, siempre al lado de la Finanza, se puso, también, esta vez, incondicionalmente, al lado de los americanos [136]. Como es natural, una vez reconocida la independencia de los Estados Unidos, Shylock reclamó a su "protegido" el pago de su libra de carne. De nada sirvieron las advertencias de Benjamín Franklin [137] ni las precauciones legalistas de los Padres Fundadores, pues en 1791, bajo los auspicios de los Rothschild de Londres era fundado el primer Banco de los Estados Unidos.

Este Banco debía funcionar con la misma mecánica operatoria que el Banco de Inglaterra. A su implantación se opusieron figuras del relieve de Edmund Randolph, Fiscal General de los Estados Unidos, y Thomas Jefferson, Secretario de Estado. Pero, en cambio, la apoyó fervorosamente Alexander Hamilton, uno de los Padres Fundadodres y famoso estadista, quien consiguió la admisión del Banco Hamilton era hijo de Rachel Faucett Levine, probablemente judía, y casada con un judío danés. Como los judíos no tenían entonces derecho a obtener la nacionalidad americana -aún cuando pudiera establecerse libremente en América -, su madre lo inscribió en el Registro Civil como Alexander Hamilton, pretendiendo que un marino escocés de tal nombre era el verdadero padre de su hijo. Hamilton fue, pues, el primer judío que obtuvo la nacionalidad

---

[136] Arnold S. Leese: "*Gentile Folly*".

[137] "Si no echamos a los judíos de este país, antes de dos siglos nuestros descendientes trabajarán para ellos". Franklin pecó de optimismo; no fueron necesarios dos siglos; bastó con, apenas, 125 años.

americana[138].

Al cabo de unos cuantos años de funcionar este Banco, Thomas Jefferson dijo: "Creo que las instituciones bancarias son más peligrosas para nuestras libertades que los ejércitos enemigos. Ya han constituído una aristocracia bancaria que desafía al Gobierno. El poder de emitir moneda debiera ser arrebatado a los bancos y restituído al Gobierno y al Pueblo al que éste sirve". Pero el Banco "de los Estados Unidos" continuaba viento en popa, bajo el patronato ostensible de americanos indiscutiblemente anglo-sajones y sometido a los buenos "auspicios" de los banqueros israelitas Belmont, agentes de los Rothschild londinenses en el Nuevo Mundo[139]. En efecto, en 1783, los Estados Unidos de América decidieron permitir que los judíos tuvieran igualdad de derechos cívicos con relación a la población anglo-sajona-celta que formaba el núcleo de la población del país.

La implantación de los judíos en Norteamérica es uno de los episodios que mejor ilustran la tenacidad y la capacidad de adaptación a medios hostiles que constituyen una de las características esenciales de ese pueblo asombroso. Los primeros judíos llegaron a América pese a la prohibición del Gobernador de Nueva Amsterdam, Peter Stuyvesant. Como es sabido, el territorio sobre el que se iba a edificar la actual Nueva York fue inicialmente colonizado por los holandeses, que concedieron la explotación de

---

[138] R.E. Search: *"Lincoln Money Martired"*, pág. 38.
[139] Henry Ford: *"El Judío Internacional"*.

aquellas tierras a la "Compañía Neerlandesa de las Indias Orientales". Como varios de los dirigentes de tan poderosa empresa eran precisamente judíos, la prohibición del Gobernador quedó soslayada de mil maneras diferentes hasta convertirse en letra muerta. Stuyvesant debió aceptar el hecho consumado de la presencia de aquélla nueva comunidad, que se dedicaba al comercio con los indios, a los que incluso vendía armas -pese a la severa prohibición existente-, pero que, sobre todo, se ocupaba en prestar dinero a los colonos holandeses. No obstante, deseoso de controlar al máximo las actividades de los recien llegados, el Gobernador les obligó a vivir separados de los colonos y de los indios, confinando sus residencias a la Isla de Mannhattan. Aún más, para asegurarse de que la separación era efectiva, Stuyvesant hizo construir una pared ante las casas de los judíos; la calle así formada se llamó "Calle de la Pared", o, en inglés, WALL STREET, y así continúa llamándose en la actualidad.

Al convertirse Nueva Amsterdam en Nueva York, es decir, cuando los holandeses debieron abandonar el terreno en beneficio de los ingleses, los judíos, aún continuando marginados, vieron mejorar su situación. Durante la Guerra de la Independencia, como quiera que los ingleses echaban en cara a los judíos que éstos sostenían a los rebeldes americanos, aquéllos huyeron en masa a Filadelfia, pero tan pronto como terminó la guerra regresaron casi todos a Nueva York, intuyendo con su maravilloso instinto que esa ciudad iba a convertirse en el centro comercial y financiero del mundo. Hoy en día, Nueva York es la primera ciudad judía del

Mundo.

Durante la Guerra de Secesión los judíos se pusieron unánimemente al lado de los Estados del Norte, pero su opción política no les hizo olvidar el sentido de los negocios; así, por ejemplo, cuando Lincoln y su Secretario del Tesoro fueron a visitar a los prestamistas de dinero, afincados en su cada vez más floreciente "Calle de la Pared", solicitando su ayuda financiera para llevar a cabo la guerra contra los estados secesionistas del Sur, obtuvieron como respuesta: "La guerra es algo problemático y azaroso, pero podemos prestaros dinero, con garantías sobre terrenos o cosechas, con un 36 por ciento de interés"[140]. Y como quiera que Lincoln afeara su conducta, debió escuchar esta cínica respuesta: "Si el Gobierno no quiere comprar el dinero a ese precio, nosotros podemos vendérselo a la Confederación del Sur"[141]. Lincoln rehusó plegarse a las exigencias de los señores del Dinero, y se entrevistó con un amigo suyo, abogado de Chicago, el Coronel Dick Taylor, que pasaba por ser experto en asuntos económicos. Este le dijo a Lincoln que su problema era un falso problema, y que no tenía por qué preocuparse si los financieros no querían prestarle dinero. Todo lo que Lincoln tenía que hacer era conseguir que el Congreso votara una ley autorizando la emisión de billetes de banco de los Estados Unidos, los cuales tendrían el mismo poder de instrumento de cambio que la moneda emitida por los banqueros de la institución

---

[140] Enciclopedia Appleton, 1861, pág. 296. Citado por Alexander Del Mar, en "*Science of Money*".
[141] R. E. Search: Ibid. Id. Op. Cit. pág. 44.

privada llamada "Banco de los Estados Unidos" Parece ser que Lincoln preguntó, dubitativo, a su amigo: "¿Tú crees que la gente aceptará esos billetes?" a lo que Taylor contestó: "No les quedará más remedio, si tú haces que sean moneda legal ténder. Gozarán de la sanción legal del Gobierno y serán tan buenos y tan aceptables como cualquier otra moneda"[142]. Así aparecieron en circulación los llamados "greenbacks", los billetes verdes de Lincoln, que, al nacer libres de la tara de la Deuda, inherente al dinero bancario, debían proporcionar a América una época de gran prosperidad, a pesar de la Guerra Civil.

---

[142] Correspondencia entre Abraham Lincoln y el Coronel Taylor, 1891. Citado por Wycliffe B. Vennard, en *"Conquest or Consent"*.

EL ASESINATO DE LINCOLN

Aún cuando algunos financieros europeos apoyaban a la Confederación del Sur, entre ellos los Rothschild de París y Londres, otros, como los Lazard y los Hambros, financiaban la venta de armamento desde ciertos estados europeos a los "unionistas" del Norte. Pero lo que está fuera de toda duda es que la Finanza Internacional, como tal, deseaba el triunfo de los Nordistas. La actitud de los magnates de Wall Street hacia Lincoln exigiendo un 36 por ciento de interés, o el apoyo de dos de las ramas de Rothschild a los Sudistas no se oponía -no podía oponerse, aunque ellos lo hubieran deseado- a los designios de la Alta Finanza, pues si los Rothschild ayudaban directamente a los del Sur, igualmente, o más, ayudaban indirectamente a los del Norte. Pero, de hecho, lo que la Alta Finanza no podía permitir era el predominio político, o la independencia, de los Estados del Sur, cuya economía se basaba en la Agricultura -algodón, caña de azúcar, cereales- y podía prescindir, para subsistir, del Dinero-Deuda de los financieros. Políticamente, además, la ideología Sudista se hallaba en las antípodas del nebuloso liberalismo del Sistema. La ayuda de algunos financieros al Sur -ayuda, en todo caso, templada, condicional y usuraria- no fue más que una sabia y prudente medida adoptada por el Sistema para cubrirse en la eventualidad de una victoria Sudista. Jugar con dos barajas es un ardid frecuentemente usado por los tahures del Sistema.

Pero si, por una parte la Finanza apoyaba a Lincoln, por otra le atacaba. Le ayudaba con envíos masivos de material de guerra, pero le atacaba insidiosamente organizando contra él campañas políticas de descrédito. Estas campañas llegaron a su cénit cuando Lincoln decidió clausurar el llamado "Banco de los Estados Unidos".

El diario londinenses "The Times", entonces portavoz de la Finanza, publicó, con el título "Los Greenbacks de Lincoln", el siguiente editorial: "Si esta malvada política financiera, consistente en la creación de dinero por el Estado, que se está llevando a cabo en la República Norteamericana, continúa en vigor al fin podrá emitir su propio dinero sin costarle nada. Tendrá todo el dinero necesario para llevar a cabo su comercio. Pagará todas sus deudas y nunca más las contraerá. Norteamérica se convertirá en el país más próspero del Mundo; más aún, su prosperidad no tendrá parangón con nada visto hasta hoy. Este gobierno (de Lincoln) debe ser destruído, o nos destruirá a nosotros"[143]. Como se ve, la política de los detentores del Sistema no puede ser planteada con mayor crudeza. Ese cinismo no debe sorprender, por cuanto a los "Dioses" de la Finanza les consta que la ignorancia del gran público e incluso de gran parte de la élite sobre asuntos financieros es invenciblemente supina.

Diez días después de que el Congreso votara la ley que autorizaba a poner en circulación los "greenbacks", se reunían en Washington dieciocho banqueros de Nueva York, Boston y Filadelfia

---

[143] Citado por C.K. Howe en "*Who roles América?*" pág. 77.

y, tras dos días de estudios y consultas, redactaban una circular que era enviada a todos los miembros de la "fraternidad bancaria" americana. Este documento, conocido con el nombre de "Circular Hazard", por ser éste el nombre de uno de los firmantes, decía, entre otras cosas:

"La esclavitud será probablemente abolida tras ésta guerra; nos referimos a la esclavitud personal. Tanto nosotros como nuestros amigos europeos estamos a favor de ello, ya que la esclavitud representa la propiedad del trabajo, pero también representa ocuparse de los trabajadores, mientras que el plan de nuestros colegas de Europa, dirigidos desde Inglaterra; consiste en que el Capital controle el trabajo mediante el control de los salarios".

"La gran deuda que los capitalistas estamos consiguiendo que resulte de esta Guerra Civil, debe ser utilizada para controlar el valor del dinero. Para conseguirlo, los bonos del Gobierno deben ser empleados como base, o soporte, del dinero. No podemos, de momento, impedir la libre circulación de los "greenbacks", pero podemos controlar los Bonos del Gobierno y, a través de ellos, las emisiones de billete"[144].

Este documento sensacional, pero especialmente los párrafos transcritos, debiera ser grabado en piedra, a la entrada de todos los establecimientos bancarios del mundo. Merece ser leído diez veces

---

[144] Documento citado por R.E. Search en *"Lincoln Money Martired"* págs. 47-48 y por Ferdinand Lundberg en "America's Sixty Families", pág. 60.

seguidas, porque cada frase, cada palabra, rebosa profundísimo significado. Admirémonos, por ejemplo, del humanitario espíritu de los banqueros, que se alegran de la abolición de la esclavitud, no porque sea inmoral, sino por que los propietarios de esclavos, debían, según la ley vigente, ocuparse también de ellos, y de sus familias, durante toda la vida[145] mientras que con el nuevo sistema, propugnado por "nuestros colegas de Europa" (los Rothschild) el Capital controlará "el trabajo" a través del control de los salarios. Observemos cómo los signatarios de la Circular Hazard reconocen que ellos mismos están consiguiendo que de la Guerra Civil entre americanos resulta una gran Deuda Pública, y que tal Deuda será utilizada para controlar el valor del Dinero. Para lograrlo, como "de momento" no pueden impedir la libre circulación del dinero del Gobierno (los greenbacks), utilizarán los Bonos como base del dinero, y, a través de ello, controlarán así las emisiones de billetes.

Pronto correría el dinero entre los "padre de la Patria", hasta el

---

[145] No era sólo la Ley quien obligaba a los propietarios de esclavos a ocuparse de éstos y de sus familias, sino el Sentido Común. En aquélla época, los traficantes de esclavos debían comprarlos a los jefes de tribus del Golfo de Guinea; debían fletar un barco y hacer la travesía del Atlántico esquivando a piratas y corsarios. Un cargamento humano además, quedaba diezmado, en promedio, en un veinte por ciento en el transcurso del viaje, a causa de las enfermedades y las condiciones del mismo. En resumen, un esclavo, debía, forzosamente, costar bastante dinero, máxime si se vendía con la condición de adquirir también a su familia. Y nadie trata mal a lo que le ha costado caro, a menos, claro es, de tratarse de un desequilibrado o un sádico. En cambio con la emancipación, los esclavos se convirtieron en obreros del Sistema Capitalista, es decir, en ciudadanos libres a los que se puede echar a la calle cuando convenga a la empresa. No defendemos la esclavitud, pero sí la Verdad.

punto que un Congreso venal, dos meses después de la reunión de los dieciocho banqueros autores de la Circular Hazard votaba una "Exception Clause Act" (Ley de la Cláusula de Excepción) que estatuía que la siguiente emisión de "greenbacks" quedaba autorizada y, como siempre, los tales billetes serían "buenos para pagar toda clase de deudas, tanto públicas como privadas, exceptuando los derechos de aduanas sobre las importaciones y los intereses sobre las deudas del Gobierno". Como puede comprenderse fácilmente, esta cláusula obligaba al Gobierno a admitir que se rehusara su propio dinero cuando debieron pagarse los aranceles aduaneros, precisamente en una situación en que, a causa de la Guerra, debían importarse armamentos y víveres, constantemente, de Europa. Además, la cláusula daba a los banqueros la soñada excusa de rechazar el dinero del Gobierno, asegurando que sus clientes no la aceptarían, por no ser "dinero sólido". Así viose obligado Lincoln a pasar por las horcas caudinas bancarias, afirmando que él no podía "luchar en dos guerras al mismo tiempo, contra los confederados en el frente y contra los banqueros en la retaguardia, sobre todo si se veía que, de los dos, los confederados eran, con mucho, los más honorables"[146]. Y, pagando el 36 por ciento de interés, obtuvo entonces todo el "dinero" que quiso. Simultaneamente, los créditos del Sistema Financiero a la Confederación del Sur empezaban a contraerse[147].

R.E. Search, Lundberg, Del Mar, repetidamente citados y Vicent

---

[146] R.E. Search: Op. Cit. Ibid. Id. pág. 49.
[147] Alexander Del Mar: Op. Cit. Ibid. Id. pág. p. 86.

C. Vickers[148], reproducen "in extenso" una carta escrita por la firma bancaria londinenses "Rohtschild Brothers" a los banqueros de Wall Street, Moses Ikleshiemer, Randolph Morton y Jacob Vandergould, dándoles las instrucciones necesarias para la creación de un nuevo "Banco Central" que no sólo substituyera, sino que mejorara al creado bajo los auspicios de Alexander Hamilton y suprimido por Abraham Lincoln. En la carta se recomienda que no se reincida en el "error" precedente; es decir, que no basta que el "Banco Central" sea reconocido por el Gobierno, sino que además es preciso que éste lo legalice, lo imponga por ley del Congreso. También se recomienda la desaparición de los "greenbacks", el dinero emitido por el Gobierno. Y, en efecto, un Congreso, mitad ignorante en materia financiera, mitad "regado" con el dinero del Sistema, votaba poco después, una "Contraction Act" (Ley de Contracción), por la que se autorizaba al Secretario del Tesoro a emitir Bonos al 5 por ciento, para así, poder retirar, en veinte años, toda la moneda de los Estados Unidos, que debía ser quemada. De tal modo sería destruida la moneda nacional del país, y substituida por la moneda-Deuda, de acuerdo con los designios del Sistema. Pero a éste no le bastaba con haber neutralizado la obra de su oponente, lincoln, sino que debía hacer, en su cabeza, un escarmiento.

El 14 de abril de 1865, mientras asistía a una representación teatral de Washington, el Presidente Lincoln era asesinado a tiros por un cierto John Wilkes Booth. Poco después, se encontraría, en

---

[148] Vicent C. Vickers: *"Economic Tribulation"*, pág. 142.

un pajar, el cuerpo sin vida de Booth. Naturalmente, el crimen fue cargado en cuenta a los sudistas, derrotados en la contienda civil, pues tras vaciar el cargador de su revólver sobre el cuerpo de Lincoln, Booth gritó: "¡Viva el Sur!". No obstante, lo cierto era que Lincoln era partidario de tratar a los vencidos de forma caballerosa y su muerte fue, para los confederados, un desastre casi tan grande como su derrota militar. Lo también cierto es que nunca Booth luchó en los ejércitos sudistas; vivía habitualmente en el Canadá, donde fue abordado por un tal Rothberg, agente de los Rothschild en Ottawa, que le dió dinero y facilitó su instalación en los Estados Unidos. Era Booth un carácter inestable y desequilibrado, un actor de segunda línea cargado de deudas. De pronto, se le ve vivir en la opulencia, asesina al Presidente, acude al escondrijo donde se le ha asegurado la impunidad y el regreso al Canadá, y allí es ejecutado y sus labios son sellados para siempre. Rothberg, el cerebro del plan, regresa a Ottawa: misión cumplida. ¿Quién era Booth? Se sabe que su familia era metodista aunque los baptistas lo enterraron en un cementerio reservado a franc-masones. Pero "entre sus antepasados habían judíos. los rabinos de Washington estaban convencidos de que era un judío, precisando que solía unirse a ellos en los servicios religiosos de la Sinagoga, hablando con fluidez la lengua hebraica"[149].

---

[149] Lloyd Lewis: "*Myths ofter Lincoln*", pág. 62.

EL "FEDERAL RESERVE"

El 22 de Noviembre de 1910, un grupo de financieros se reunían en la Isla de Jakyl, en el Estado de New Jersey. Entre ellos se encontraban el Senador Nelson Aldrich, del trust del caucho y el tabaco: Abraham Piatt Andrew, economista y ayudante del Secretario del Tesoro de los Estados Unidos; Frank Vanderlip, Presidente del National City Bank de Nueva York; Henry P. Davison, prominente empleado de la Banca "John Pierpont Morgan"; Charles D. Norton, Presidente del "First National City Bank", del trust Morgan; Benajmín Strong, lugarteniente de Morgan; Paul Moritz Warburg, asociado de la cada vez más pujante banca neoyorkina "Kuhn, Loeb and Co.". Estos poderosos caballeros redactaron el proyecto de un "Banco de la Reserva Federal", cuyo empaque oficial cubriría, a la vista del público, su realidad privada[150].

El 21 de diciembre de 1913, cuando la mayoría de los miembros del Congreso estaban pasando las vacaciones de Navidad en sus hogares, se hizo votar, de manera poco menos que subrepticia, la ley llamada "Federal Reserve Act", que no era otra cosa que el borrador redactado por los nueve personajes antes citados. Grosso modo, esta ley autorizaba el establecimiento de una Corporación de la Reserva Federal, entidad privada, con fondos iniciales privados, y

---

[150] Eustace Mullins: *"A Study of the Federal Reserve"*, Omnia Veritas Ltd, www.omnia-veritas.com

dirigida por un Consejo de Directores, llamado "Federal Reserve Board" (Oficina de la Reserva Federal). Esta ley le arrebataba al Congreso el derecho a la creación y al control del dinero, y se le concedía al "Federal Reserve Corporatio". El pretexto que se dió para la aprobación de esta insólita ley fue "separar la Política del Dinero", pero la realidad fue que, en una gran "Democracia" que se suele presentar como el prototipo ideal de esa forma de Gobierno, el poder de crear y controlar el dinero les fue arrebatado a los "representantes" del Pueblo para concedérselo a una empresa privada. Y no creemos sea incurrir en pecado de juicio temerario el pensar que una empresa privada tenderá, por definición, a buscar su propio provecho, coincida éste o no con el interés general de la nación[151]. Desde un punto de vista jurídico, además, el acuerdo tomado era ilegal, toda vez que, cuando se votó, en el Congreso, no había el necesario "quorum", y la mayoría de diputados presentes habían sido sobornados[152].

Pero, ¿cómo actúa el "Federal Reserve Board"? ¿Cuál es su "modus operandi"? El Gobierno Federal, habiendo gastado más dinero del que obtiene de sus conciudadanos a través de los impuestos, necesita, supongamos, mil millones de dólares. El Gobierno se dirige al "Federal Reserve" y le solicita los mil millones. El "Federal Reserve" da su acuerdo la préstamo con intereses. Entonces el Congreso autoriza al Departamento del Tesoro a imprimir mil millones de dólares en bonos de los Estados Unidos,

---

[151] J. Bochaca: "*La Finanza y el Poder*", Omnia Veritas Ltd.
[152] Sheldon Emry: "*Billions for the Bankers: Debts for the People*".

que son entonces entregados a los banqueros de la Federal Reserve. Luego, el Federal Reserve paga los gastos de emisión de los mil millones, tal vez unos quinientos dólares en tinta y papel, y realiza el cambio. Y el Gobierno usa los mil millones para hacer frente a sus obligaciones. ¿Cuáles son las consecuencias de esta fantástica transacción? Sencillamente, que el Gobierno de los Estados Unidos ha endeudado al Pueblo ante el Federal Reserve Board, por mil millones de dólares, más sus intereses acumulados, hasta que se paguen. Como transacciones como ésta, o parecidas a ésta, se han ido desarrollando desde 1913 hasta la actualidad, nos encontramos con que, ahora, al cabo de 63 años, el Pueblo "soberano" de los Estados Unidos está endeudado con "su" Federal Reserve en más de 400 billones de dólares, los cuales devengan unos intereses que se aproximan a los dos billones de dólares mensuales[153]. Como decimos en otro lugar[154] ciento noventa y cinco millones de americanos están endeudados, irremisiblemente, con otros ocho mil, más o menos americanos. y decimos "irremisiblemente" por que no es posible pagar siquiera los intereses de la Deuda, y el importe total de ésta es superior incluso al valor real de todas las riquezas del país.

Hemos dicho que los beneficiarios del Federal Reserve son unas ocho mil personas. Evidentemente, incluímos en esa cifra a los altos funcionarios bancarios a lo largo y ancho de los Estados Unidos. En última instancia, empero, los verdaderos "dioses" de la Finanza

---

[153] Sheldon Emry: Op. Cit. y James C. Oliver: "*A Treatise on Money*".
[154] J. Bochaca: Op. Cit. pág. 17.

americana, que trabaja de consuno con la Finanza Internacional, el "Establishment", como se denomina en América, o el Sistema, nombre que se le da en Europa, son, a lo sumo, un par de docenas de personas, que más adelante nombraremos.

De lo dicho se desprende que el poder, no ya financiero, sino político, de estos hombres, es inmenso. Como Dinero es Poder, y más en una época tan materialista como la actual, el Federal Reserve Board puede decidir la política a seguir, sin que los torneos publicitarios, llamados elecciones, tengan trascendencia alguna. Ambos candidatos presidenciales han debido recurrir a los señores del Dinero para presentarse ante "el Pueblo". Y nadie da nada a cambio de nada, y menos un financiero. Que, además, exige garantías. Pero. en todo caso, y cada vez más, las decisiones, en América, modelos de democracias, las toman, en última instancia, hombres que no han sido, jamás, elegidos por el Pueblo. ¿Quién, por ejemplo, eligió a Kissinger? ¿Quien a Rockefeller? ¿Quién a Bernard Mannes Baruch, el llamado "procónsul de Judá en América" y mentor de Wilson, Hoover, Roosevelt, Truman y Eisenhower?[155].

---

[155] Ejemplo recientísimo lo tenemos en el apodado "Caso Watergate". Pretextando que el Presidente Nixon había mentido al afirmar que desconocía que sus secuaces espiaban a los electores del Partido Demócrata, se desató una bombástica campaña de descrédito que acabó con la forzada dimisión del Presidente. Los ejecutores de la campaña fueron dos periodistas: uno, judío, Bernstein. El otro, anglo-sajón, Woodward, aunque empleado en el pro-sionista *New York Times*, de un hebreo ruso, Sulzberger, que se hace llamar Harrison. ¿Cuáles fueron los motivos reales de la ejecución política de Nixon? ¿No haber apoyado como se esperaba a Israel en la última guerra con Egipto? Porque si debió dimitir por hacer sido "pescado" en unas mentiras, a todos sus predecesores, sobre todo a

Roosevelt, debieron haberlos fusilado, y en vez de ello fueron elegidos y reelegidos. Pero el "milagro" es que de todo este asunto, el único que ha salido "limpio" es Kissinger. ¡Kissinger! El hombre que todo lo sabe, no sabía nada de Watergate. ¡Oh, manes de la idiotez democrática!.

MEDIDO SIGLO DE ALTA POLITICA FINANCIERA

Desde 1917 hasta la actualidad, en el decurso de los últimos cincuenta años, la intervención del Sistema en la Política Internacional ha sido tan descarada que ha sido preciso un verdadero milagro de hipnotización colectiva a escala mundial para lograr mantenerla escondida a los ojos de la llamada Opinión Pública. Ni siquiera un Gustave Le Bon, que no se hacía, precisamente, demasiadas ilusiones acerca del buen sentido del hombre disuelto en la Masa, hubiera podido creer lo que en la actualidad vemos: claro es que Le Bon no podía tampoco imaginar el elefantiásico crecimiento de los "mass media" (periodismo, radio, cine, televisión) y su utilización racional con fines políticos. Por que el caso es que la llamada opinión pública no sabe nada del preponderante -es más, determinante- papel jugado por el Sistema en estos últimos cincuenta años.

Si, por una parte, el control de la Finanza sobre la Economía se ha ido haciendo mayor hasta llegar a prostituirla por completo, su influencia sobre la Alta Política ha sido también cada vez mayor, hasta llegar a una verdadera esclavitud en el caso de los Estados Unidos de América, país sometido a la más abyecta dominación por los miembros del Sistema. Dos guerras mundiales absurdas, en cuya provocación y desenlace tanto tuvo que ver el Sistema, han convertido a los Estados Unidos en el país más poderoso del

Planeta. Pero su poderío sólo se utiliza contra los intereses de Europa y en beneficio del Capitalismo de Estado, o Esclavismo, llamado Comunismo, implantado en Rusia por el propio Sistema.

No es éste el lugar para extendernos sobre las motivaciones, causas reales y ocultas y desenlace de la Primera Guerra Mundial. Baste, para descorrer el velo de aquélla horrible tragedia, con reproducir las palabras pronunciadas por Alfred Moritz -que posteriormente cambiaría su nombre por Mond al instalarse en Inglaterra, y recibiría el título de Lord Melchett- ante el Congreso Sionista, reunido en Nueva York, el 14 de Junio de 1928:

> "Si os hubiese dicho en 1913, que el Archiduque austríaco sería asesinado y que, junto a todo lo que se derivaría de tal crimen, surgiría la oportunidad, la posibilidad y la ocasión de crear un hogar nacional para nosotros en Palestina... me hubieseis tomado por un ocioso soñador. Mas... ¿Se os ha ocurrido pensar cuán extraordinario es que de toda aquélla confusión y de toda aquélla sangre haya nacido nuestra oportunidad? ¿De veras creéis que sólo es una casualidad todo eso que nos ha llevado otra vez a Israel?.."[156].

El hecho de que el autor material del crimen un nihilista llamado Gavrilo Princip, así como cuatro de los seis cómplices implicados en el magnicidio fueran correligionarios del noble Lord, Presidente del mastodóntico trust "Imperial Chemical Industries" es revelador, aunque no decisivamente probatorio. Lo decisivamente probatorio

---

[156] Nesta H. Webster: "*Secret Societies and Subversive Movements*". Citado por J. Bochaca en "*La Historia de los Vencidos*", Omnia Veritas Ltd.

fue que el resultado de aquélla estúpida hecatombe que fue la Primera Guerra Mundial fue el reconocimiento legal de un "Hogar Nacional Judío" en Palestina, y la instauración del Capitalismo Estatal, o Comunismo, en Rusia.

Mucho se ha escrito de la participación del Gran Capital judío Internacional en la preparación, realización y consolidación de la Revolución Soviética en Rusia. No pertenece al sujeto de este estudio repetir aquí testimonios en apoyo de esta tesis. En otro lugar[157] citamos treinta y cinco de tales testimonios, quince de ellos judíos, y los otros veinte procedentes de entidades y personajes a los que ni la más calenturienta imaginación osaría tildar de anticapitalistas o de antisemitas, según los cuales la Revolución "Rusa" fue en realidad obra del Sistema. Mencionaremos únicamente aquí, "pour mémoire", un rapport del Servicio Secreto Americano, transmitido por el Estado Mayor del Ejército Francés[158], en el que, a parte de mencionarse que entre los treinta y cuatro principales personajes del Primer Soviet instaurado en la URSS, treinta y uno eran judíos, se citan los nombres de los banqueros que financiaron la Revolución en la futura URSS: Jacob Schiff, Max Breitung, Felix Warburg, Otto H. Kahn, Mortimer Schiff, Jerome H. Hanauer y las firmas bancarias Kuhn, Loeb and Co., del Federal

---

[157] J. Bochaca: "*La Historia de los Vencidos*", cap. II. Omnia Veritas Ltd.
[158] Este documento aparece archivado con la referencia 7-618-6 np 912. S.R. II. Transmitido por el Estado Mayor del Ejército. Deuxième Bureau. También está en la Biblioteca del Congreso de los Estados Unidos, y lo han reproducido el "*The Times*" londinense (9-2-1918) y el neoyorkino (1-5-1922 y 31-12-1923).

Reserve Board, Sindicato Renano-Westfaliano de Banca, Lazard Frères, Gunzbourg, Speyer y Nya Banken, corresponsal de los Rothschild en el Norte de Europa. Todas estas firmas bancarias son judías y como tal se mencionan en ese documento oficial.

* * *

Tras la Primera Guerra Mundial siguieron unos años de febril reconstrucción, con su -en el Sistema Capitalista- inevitable corolario, la inflación crediticia, la cual, a su vez, traería como consecuencia una deflación monetaria. Resultado de todo ello fue la crisis "económica" de 1929, iniciada en el "Viernes Negro" de la Bolsa de Nueva York, y que se extendería, como mínimo, a lo largo de cinco años, en todo el Mundo.

En Alemania, tras la forzada abdicación del Kaiser, imperaba la titulada República de Weimar. Imposible imaginar un régimen más asépticamente democrático que aquél; imposible que vuelva a existir -a parte la actual Norteamérica democrática- un régimen más abyectamente sumiso a las directrices del Sistema: predominio absoluto de la Alta Finanza; inflación galopante; paro obrero hasta alcanzar la cifra record de seis millones de obreros privados de empleo; proliferación de los partidos; degeneración artística y social; comunidad judía representando menos del 0'9 de la población, pero controlando la Banca, los puestos clave del Gobierno y la Administración y acaparando ella sóla más de un tercio de la renta nacional. En esas circunstancias el joven Partido Nacional Socialista

Obrero Alemán, conducido por Adolf Hitler, se presentó a las elecciones, con un programa definido: liquidación de las secuelas del infamante Diktat de Versalles; supresión de los partidos marxistas; lucha contra la degeneración en todas sus formas; exaltación de la Raza; afirmación del principio de las nacionalidades y consiguiente formación de la Gran Alemania, y liquidación del paro obrero, para lo cual consideraba imprescindible el abandono del sistema capitalista y de su herramienta el patrón Oro, substituyéndolo por el Patrón- Trabajo. Las teorías económicas de Hitler representaban el retorno al Orden Natural de la Economía y, a la vez, el aplastamiento del Sistema en Alemania. El Führer presentaba, en su programa, las teorías del economista Gottfried Feder, cuyas obras capitales "Kampf gegen die Hochfinanz" y "Der Deutsche Staat auf nationaler und sozialer Grundlage" han sido prácticamente proscritas de las bibliotecas públicas en esta época de libertad democrática.

Tras su muy democrática victoria electoral, Hitler, empero, aplicó con mucha circunspección sus principios económicos. Su instinto político le indicaba que una aplicación radical de los principios de Feder provocaría una reacción brutal del Sistema y de los gobiernos de los países a él infeudados. En consecuencia, alejó a Feder de los cargos dirigentes, y en su lugar llamó a Schacht, imagen perfecta del "pulcro" capitalista, monóculo incluido, y decidió proceder por etapas.

Para empezar, se limitó la facultad bancaria de conceder o limitar los créditos a su albedrío, y se pusieron límites, muy bajos, a los tipos interés. La emisión de moneda por el Reichsbank se hizo basándose en la producción, y no en las reservas de oro, que no existían. La Economía Clásica, en tal circunstancia, hubiera exigido un empréstito de oro a cualquier banco o gobierno extranjero; Hitler no procedió así, lo que provocó la divertida curiosidad de los "economistas" de Alemania y de fuera de Alemania. "El Oro de Alemania es la capacidad de trabajo de su Pueblo", fue una frase hitleriana, calificada de demagógica por los economistas, aunque causara la natural aprensión en los círculos del Sistema, que medran gracias a tal creencia.

Se declaró como medida urgente la constitución corporativa de la agricultura alemana, porque se consideraba que la reconstitución nacional tenía como condición imprescindible la existencia de una fuerte clase de labradores[159]. En pocos meses se absorbió la masa de los seis millones de parados, e incluso debió importarse mano de obra de las democráticas Francia y Bélgica. En seis años de Nacional-Socialismo Alemania pasó del pelotón de cola a la delantera de los países industrializados del mundo... todo ello sin Oro, sin colonias... y sin la mano de obra barata proporcionada por éstas últimas.

Entretanto, en Italia, el régimen fascista de Benito Mussolini, aún cuando iniciara sus actividades gubernamentales diez años antes, en 1923, no lograba éxitos tan asombrosos, en el campo económico,

---

[159] Vicente Gay: "La Revolución Nacional-Socialista", pág. 269.

aunque los obtuviera también en notables proporciones. El Fascismo hizo más hincapié que el Nacional-Socialismo en las doctrinas corporativistas -tal como hiciera igualmente, el Doctor Salazar en Portugal- pero no atentó contra el Patrón Oro. Los jerarcas fascistas reconocían que dicho Patrón era irracional y anticuado y deseaban substituirlo por el Patrón... Plata, amparándose en la mayor abundancia de ese metal y en ser, por ende, más difícilmente acaparable en manos de unos pocos. Bastó, no obstante, que el Fascismo ejerciera un rígido control en la política crediticia de los bancos, nacionalizara el Banco de Italia, prohibiera los partidos marxistas, disolviera las sociedades secretas, mandando exilado a las Islas Lípari al Gran Maestre de la Masonería Italiana y sancionara severamente toda clase de delitos, incluyendo los de tipo económico, para que Italia conociera una época de prosperidad sin precedentes hasta entonces... y desde entonces.

Pero el peligro no era Italia, sino Alemania; y no sólo por la mayor entidad y peso específico de ésta, en todos los aspectos, sino por sus doctrinas económicas y financieras, que si se revelaban peligrosas, se adivinaban mortales... cuando pudieran irse aplicando en la pureza deseada. Por tal motivo, el Sistema desencadenó, nada más instalarse Hitler en el Poder, una auténtica guerra económica y diplomática contra Alemania. No se podía consentir que su ejemplo cundiese entre sus vecinos. En Bélgica, Noruega, Hungría, Rumanía, Yugoeslavia, Bulgaria, iban apareciendo movimientos que se manifestaban anticapitalistas, anticomunistas y antisemitas y proclamaban su deseo de liberar a sus patrias de la deletérea influencia del Sistema. Esta fue la causa, la única causa de la Segunda Guerra Mundial. Había que abatir urgentemente a Alemania porque el afianzamiento del régimen hitleriano representaba la destrucción, para siempre, del Patrón Oro, la gran herramienta de dominio del Sistema[160].

Puede establecerse un curioso paralelo entre Napoléon y Hitler. Ambos tropezaron con el Sistema, aunque el Gran Corso tuvo la suerte de que, en su época, aún no había llegado a constituir una fuerza tan tremenda como consiguiera en nuestro Siglo. Ambos, también, buscaron por encima de todo, ya pesar de todo, la alianza con Inglaterra, pero fueron vencidos diplomáticamente por el Sistema, que logró enrolar a la poderosa Albión a su servicio. Si Napoleón propuso a Inglaterra, en la Paz de Amiens, limitar su poderío naval a un tercio del británico, Hitler, en el Tratado Naval Anglo-Germano, hizo exactamente lo mismo. Hitler, como Napoleón, hizo tal gesto sin contrapartida inglesa alguna, y en prueba de buena voluntad y de sus intenciones pacíficas. Y si Napoleón pudo obtener la ansiada paz con Inglaterra, sólo con haber aceptado el retorno al Patrón-Oro y el libre funcionamiento del Banco de Francia como entidad privada, a Hitler se le ofreció, en plena guerra, el cese de hostilidades sobre la base de una paz-empate, con dos únicas

---

[160] A algunos puede parecer esta una afirmación poco madura, demasiado contrapuesta a lo que se nos ha dicho que fueron las causas de la Segunda Guerra Mundial, sin embargo no pudiendo ocuparme aquí con detenimiento de este aspecto, remito al lector a mi libro *"La Historia de los Vencidos"* donde encontrará la documentación oportuna para formarse su propio juicio al respecto.

condiciones. ¿Cuáles fueron esas condiciones?. El Gobierno Inglés exigía que el Reich renunciara a su autarquía económica y adoptará el Patrón-Oro, volviendo al sistema librecambista. Además, Alemania debía autorizar la reapertura de las logias masónicas, clausuradas por Hitler. En cambio, los Aliados reconocían la reanexión de Dantzig al Reich. La negativa hitleriana a aceptar aquéllos condicionantes malogró la paz[161].

No queremos extendernos sobre los logros, las fantásticas realizaciones del Nacional-Socialismo. Otros lo han hecho ya en numerosas obras; también el autor, en el citado libro "La Historia de los Vencidos". Baste con decir aquí que el Nacional-Socialismo de Hitler fue la, hasta ahora, última tentativa de liberar a un país de las cadenas del Oro. Y que la guerra le fue declarada por oponerse ideológica y prácticamente al Sistema, y por pretender crecer territorialmente a costa del Esclavismo Comunista, o Capitalismo de Estado, criatura de aquél.

Tras la "Victoria" de las Democracias -en realidad, victoria del Sistema y derrota general- se pondrían en marcha los mecanismos

---

[161] El Coronel J. Creagh-Scott, del Intelligence Service, que tomó personalmente parte en las negociaciones de paz con plenipotenciarios alemanes, mencionó estos hechos en el boletín, muy autorizado de la "National Industrial Development Association of Eire", y posteriormente, en una Conferencia pronunciada en el Ayuntamiento de Chelsea. La revista francesa "Défense de l'Occident", de mayo de 1953, pág. 31, recuerda estos hechos y afirma que fue bajo presión expresa del banquero judío Sir Montagu Norman, antiguo Gobernador del Banco de Inglaterra, que Churchill propuso a Roosevelt la obligatoriedad del Patrón-Oro, insertándola en la Carta del Atlántico.

destinados a la creación de un Super-Gobierno Mundial, la Organización de las Naciones Unidas y sus múltiples dependencias. Tal como hemos mencionado en el epígrafe "El caldo de Cultivo", el mundialismo es uno de los componentes del sistema, cuyo fin último no es la Industria, ni es el Comercio, ni es la Finanza, ni es el ganar dinero... ni el Capitalismo, ni el Comunismo, ni el Sionismo, sino, simplemente, el Gobierno del Mundo sobre un rebaño humano idiotizado, masificado, democratizado...

¿QUIÉNES SON...?

> "Y dijo el Señor: Haré que los Gentiles se sometan a Mi Pueblo, y traerán a sus hijos en sus brazos y a sus hijas sobre sus hombros. Los Reyes, ¡Oh Israel! serán tus padres nutricios y las reinas serán las madres que te amamantarán: todos se postrarán ante tí con el rostro hacia el suelo, y lamerán el polvo de tus piés..."

> "... y la Nación y el Reino que no se sometan a tí perecerán; en verdad, esos naciones serán completamente destruídas... y tú, Israel, chuparás la leche de los Gentiles y los pechos de los Reyes..."
>
> (Isaías, XLIX, 22, 23 -LX, I0, 12, 16)

Hasta ahora hemos hablado del Sistema, o del "Establishment", de algunas de sus maneras de operar y de sus finalidades. Vamos a dar, ahora, una lista de personas, físicas y jurídicas, que lo componen.

Por encima de los hombres con auténtico poder, que manejan a los Presidentes, y les sobreviven políticamente, como el Secretario de Estado de los Estados Unidos, Kissinger, y el Presidente del Banco de Estado de la Unión Soviética, Viktor Aschberg, así como otros personajes de menor cuantía, funciona una especie de Super-Gobierno Mundial, paralelo al Gobierno Mundial Oficial, la nefasta Organización de las Naciones Unidas, y que, en razón del lugar de su constitución, Bilberberg, en Holanda, recibe el nombre de "Grupo Bilderberg".

Esta asociación de hombres poderosísimos influye, de manera apenas velada, en los Gobiernos de todo el Mundo. Su finalidad, apoyar a la O.N.U., para la realización de un Super-Estado Mundial. Este Super-Estado, además, será super-capitalista, es decir, comunista, pues no hay iniciativa de los "Bilderbergers" que no se dirija, directa o indirectamente, a beneficiar al llamado Bloque Comunista.

He aquí los nombres de los más destacados miembros de este poderosísimo Grupo Bilderberg:

-Príncipe Bernardo de Holanda.

-Eugene Black, Presidente del Banco Internacional[162].

-Robert Mc Namara, actual Presidente del B.I. y antiguo empleado del clan Rockefeller.

-Paul G. Hoffman, Embajador USA en la ONU. Alto empleado de la Banca Goldman, Sachs and Co.; ex-Administrador del Plan Marshall y Presidente de "Studebacker".

-Per Jacobson, Presidente del Fondo Monetario Internacional[163].

-Henry Kissinger, Secretario de Estado de los Estados Unidos.

---

[162] El Banco Internacional es una especie de Banco Central de los bancos centrales, a escala mundial.

[163] El Fondo Monetario Internacional financia a los países recién descolonizados y a los comunistas.

Antiguo empleado, desde los 23 años, de la familia Rockefeller.

-Imbriani Longo, Director del Banco de Italia.

-Gabriel Hauge, "consejero" económico de los Presidentes Eisenhower, Kennedy, Nixon y Ford.

-Michael Heilperin, "consejero" económico-financiero del Presidente Johnson. Alto empleado de la firma bancaria Dillon and Co. de los financieros Dillon (Lapowski).

-Walter J. Levy. De la "Standard Oil of New Jersey", de Rockefeller.

-Sydney Weinberg. Banquero. Miembro del "Círculo interior" del máximo poder del Sistema.

-Lewis L. Strauss, Presidente de la Comisión de Energía Atómica de los Estados Unidos. Miembro de la entidad "Consejo de Relaciones Exteriores", de la familia Rockefeller.

-Chas. E. Salzman, director del banco "Kuhn, Loeb and Co.".

-Eric M. Warburg. Banquero.

-Alexander Sachs. Banquero.

-Gerard Swope. Banquero.

-Isadore Lupin, economista, miembro del Consejo Privado de

Nixon.

-Herbert Bayard Swope, banquero.

-David Rockefeller, banquero.

-Nelson Aldrich Rockefeller, banquero.

-Dean Rusk, ex-Secretario de Estado de los Estados Unidos.

-Paul Van Zeeland, ex Primer Ministro de Bélgica. Antiguo empleado de la "Banque Lambert", fideicomisaria de Rothschild en Bruselas.

-Thomas S. Lamont, banquero.

-William S. Paley (Palinski) y

-David Sarnoff, los dos principales dirigentes de la Televisión americana.

-Arthur Harrison Hays (Sulzberger), director del diario "New York Times"

-General Lyman L. Lemnitzer, del Estado Mayor de los Estados Unidos.

-Harry Guggenheim, banquero.

-Harold K. Ginsberg, empleado del "C.F.R." de la familia

Rockefeller.

-Hermann Baruch, hermano del antiguo "mentor de presidentes", Bernard Mannes Baruch. Banquero.

-Henry Morgenthay, Jr. del "Modern Industrial Bank".

Evidentemente, esta lista es incompleta. Pero los principales están en ella. Hemos aludido, más arriba, a un círculo interior del Sistema. En efecto, la Finanza funciona al estilo masónico. Se procede por grados. En última instancia, hay, sin duda, un "último círculo" del que tal vez nadie sabe nada, o tal vez sí, por que la perfección del "modus operandi" del Sistema ha hecho, prácticamente, innecesario el secreto. En todo caso, he aquí, a continuación, los integrantes del -que nosotros sepamos- último círculo.

-El Federal Reserve Board, compuesto de los cinco bancos de emisión de moneda de los Estados Unidos. Controlan este grupo las familias Warburg, Kuhn, Loeb y Kahn.

-La Banca Lehman Bros. El mayor establecimiento bancario del Mundo, detrás de Kuhn, Loeb and Co. de la Federal Reserve.

-El Imperio Rockefeller, que comprende el trust petrolero "Standard Oil of New Jersey", el "Chase National Bank" y las minas chilenas de cobre "Anaconda Copper Co.". Es factor predominante en el National City Bank y está relacionado, gracias a una sabia política de alianzas matrimoniales, con los Dodge (automóviles), los Stillman (aceros), los Aldrich (alta banca) etc.[164]

-El Imperio Rothschild, de Londres, París, Viena y Frankfurt. Maestros de los Rockefeller en su política de alianzas matrimoniales. El Nya Banken, de Estocolmo, pasa por ser su agente en el Norte de Europa. Los Aschberg, agentes de Rothschild, son presidentes, de padres a hijos, del Banco de Estado Soviético desde su fundación, en 1917. La familia controla la producción de níquel en Nueva Caledonia. También posee las minas de mercurio de Almadén (España).

-La Banca Lazard, de importancia, actualmente, pareja a la de Rothschild. Muy influyente en la Comunidad Económica Europea y el ex-Imperio Británico.

-El Imperio de la "United Fruit", de Samuel Zemurray, omnipotente en Centro-América y el Caribe.

-La familia Melchett, que controla el trust químico británico I.C.I., así como la producción de níquel del Canadá.

-La Banca Goldman, Sachs and Co. La más fuerte de las bancas americanas, tras "Kuhn, Loeb" y "Lehman".

---

[164] La muy judaizada Casa Rockefel1er, con 50.000 agencias bancarias en todo el mundo, descendientes, directa o indirectamente del "Chase National Bank", se dice que gana dos millones de dólares por minuto. (Según Dr. Oren Fenton Potito in *National Christian News*, núm. 7, 1975.

-El trust Oppenheimer, financiero sudafricano. Posee minas de oro y controla la producción sudafricana de diamantes. Propiedad suya son las "hispánicas" Minas de Río-Tinto.

-El trust Guggenheim, banqueros, que controla, con los Speyer, el zinc de Bolivia, y, con los Morgan, el cobre y el nitrato de potasio de Chile.

-Los Speyer, banqueros. Controlan, con los Rockefeller, el petróleo de México.

-La familia Seligman, que, con los Goldchsmidt, explotan las minas de cobre del Perú.

-El consorcio "Ford Motor Cy", primate de la industria automovilística mundial. Los herederos, hijos y nietos, del fundador de este imperio industrial, se han unido, mediante lazos familiares y de intereses, a otros "clanes" del Sistema. (¡Si el viejo "antisemita" Henry Ford levantara la cabeza!).

-La Banca "Dillon-Read", cuyo Presidente es Douglas Dillon (Samuel Lapowski).

-Stanley H. Ruttenberg, el "buda" sindicalista de las A.F.L.-C.I.O., los más poderosos sindicatos americanos.

-Charles B. Shuman, Presidente de la American Farm Bureau Federation, verdadero dictador de la Agricultura Americana.

-Donald K. David, Presidente del "Comité para el Desarrollo Económico", omnipotente Fundación, exenta del pago de impuestos, patrocinada por la "Ford Motor Cy".

-La Banca Hambros, de Londres, la mayor firma bancaria "inglesa" tras N.M. Rothschild y Lazard Bros. Asociada en nuestro Continente con el grupo bancario de Schneider, "francés", que a su vez controla el trust Le Creusot, de armamentos y del acero.

-La Banca S. Japhet and Co. creada en Alemania en 1880, y transferida a Londres en 1896, que posee ingentes intereses en el Mundo Arabe. Por el matrimonio de una hija de Samuel Japhet con Lord Mountbatten of Burma, esta familia está emparentada con la Casa Real Británica.

-Israel Moses Sieff, del "Political and Economical Planning", vivero de socialistas, y de los mastodónticos almacenes "Marks and Spencer".

-Sydney Bernstein, dirigente de la Televisión Británica (I.T.A.).

-Salomon Zuckerman, multimillonario "sudafricano", consejero privado de los Premiers Wilson y Callaghan.

-El clan Vanderbitl-Whitney, de banqueros americanos, predominantes en los sectores mundiales del cobre y el acero.

-La banca Gunzbourg, el primer establecimiento bancario del Japón.

-La familia Dreyfus, "francesa". Son llamados "los reyes del trigo".

- Paul Getty, la primera fortuna de Inglaterra.

-El trust "Vickers and Maxim", creación de un aventurero de Odessa, Sir Basil Zaharoff, el mayor trust de armamentos del mundo.

-La banca Morgan, que ocupa el quinto lugar entre los bancos americanos y el noveno en todo el mundo.

-El Trust anglo-holandes "Unilever" creación de los hermanos Lever, y de Simón Van den Bergh, que ocupa el primer lugar en el mercado mundial de la margarina, el aceite y el jabón.

-El trust holandés Philips, el primero de la electrónica europea, enteramente ligado a la Rotterdamsche Bank y al trust "Unilever", así como al trust petrolero "Royal Dutch" creación de Henry Detterding y a la "Hell Petroleum" de Marcus Samuel.

-La familia Lambert, de banqueros judíos belgas, estrechamente ligados a los Rothschild.

Exceptuando a los Morgan, a los Rockefeller y a los Ford, las demás superpotencias nombradas son exclusivamente judías. En cuanto a Rockefeller, es parcialmente judía desde la alianza, matrimonial y financiera, del padre del actual Nelson Rockefeller, con una hija de los banqueros israelitas Aldrich.

La anterior lista del que podríamos llamar Super Gobierno

Mundial, debiera, probablemente, completarse con los nombres de Sidney Weinberg, Eugene Blanck, financieros ya nombrados, y los desconocidos dirigentes de la "Anti-Deffamation League" (Liga Anti-Difamatoria), especie de masonería judía de tremendo poder oculto.

Estas dinastías del Dinero, como ya hemos dicho, se halla, además, interrelacionadas por lazos familiares o de intereses y, a menudo, ambas cosas a la vez. En resume, representan unas trescientas personas, como máximo, que eligen, por cooptación, alrededor suyo, a sus sucesores.

Estos son los "Dioses" del Sistema. Su existencia ya fue descubierta por Rathenau, él mismo perteneciente al sistema con su célebre frase: "Trescientos hombres, que se conocen entre sí, gobiernan los destinos del Contienente Europeo y escogen a sus sucesores entre los que les rodean". (Wiener Freie Presse, 24-XII-1912). El hecho de que, en abrumadora proporción, los miembros de esta especie de Gobierno Mundial pertenezcan a un grupo étnico determinado no implica, naturalmente, una acusación indiscriminada contra todos los componentes de tal grupo. Pero tampoco cabe la menor duda de que en el caso de que muchos, o una mayoría de ellos, conozcan las actividades de esa minoría de "Dioses" y sus adláteres del Sistema y no las denuncien, o se opongan a ellas, se convierten en cómplices del mismo.

¿Cuál es la finalidad, la última finalidad, de estos Dioses del Sistema? La Historia, y los acontecimientos diarios nos lo confirman.

La implantación del Comunismo a escala mundial. Ellos ayudaron en sus comienzos a Marx, Engels, Boerne, Lafargue y demás conspícuos apóstoles comunistas. Ellos financiaron la Revolución Soviética en Rusia. Ellos apoyaron a los movimientos comunistas en los demás países, y continúan apoyándolos. Ellos posibilitaron la bolchevización de China, al forzar a América a retirar la ayuda a Ciang-Kai-Chek, mientras Mao-Tsé-Tung la recibía de Rusia a manos llenas[165]. Ellos financian, cada vez que es preciso, a los estados comunistas cuando el anti-natural sistema marxista se encuentra a las puertas de la bancarrota económica. La "troztzkysta" Yugoeslavia sólo subsiste gracias a los subsidios norteamericanos. RUSIA NO PASA HAMBRE MERCED A LA AYUDA NORTEAMERICANA. El precio del trigo y otros cereales americanos subió en flecha, a mediados de 1973, por que el Gobierno de Nixon permitió que los especuladores en cereales los vendieran, a bajísimo precio, y a plazos, a la Unión Soviética y a la China Roja. El Gobierno Americano pagó la diferencia entre los precios políticos y los precios reales. Es decir, que el sufrido contribuyente americano pagó para que sus enemigos potenciales no se murieran de hambre. Esta inverosímil transacción fue "arreglada" por Kissinger en ocasión de sus viajes a Pekin y Moscú[166]. También fue Kissinger quien

---

[165] La Organización "Amerasia", de Rockefeller, hizo dar un viraje de ciento ochenta grados, con sus falsos informes sobre la situación en China, a la Administración Americana. Owen Lattimore, más tarde acusado de actividades comunistas, y el General Marshall, uno de los organizadores del fiasco de Pearl Harbour, fueron los responsables máximos (visibles) de la entrega de China al Comunismo.

[166] El judío Michel Fribourg, apodado "el Emperador de los Cereales" y el hombre más rico de América fue el único "americano" beneficiado en ese increíble "negocio".

posibilitó la venta -prácticamente un regalo financiero por los contribuyentes a través de la Administración Americana- de fertilizantes a la URSS[167].

La ayuda del Sistema a la URSS empieza, como hemos visto, con la implantación del Estado Soviético en Rusia, y sigue con el Pacto Rockefeller-Stalin, que permite a los comunistas explotar sus riquezas petrolíferas e incluso comercializarlas en el Mundo Libre. Otro financiero, Averell Harriman, que alcanzó gran influencia política con Rooservelt, desarrolló la red de ferrocarriles en Rusia. El financiero "alemán" Rathenau, pactó con Stalin la ayuda técnica del Reich a la URSS, sin contrapartida alguna, para la puesta en marcha de la industria química soviética.

El Sistema, en suma, siempre ha apoyado al Comunismo. Si el Telón de Acero fuera una realidad en ambos sentidos, y el Bloque Comunista quedara aislado, no se sostendría ni siquiera un par de años. Sólo el apoyo y los créditos procedentes de Occidente lo mantienen en pié. El Capitalismo es un sistema criminal, pero al permitir -con trabas cada vez mayores- la existencia de la empresa, libre y productiva, se queda a medio camino de sus designios, que no son otros que la esclavización de la Humanidad con el arma más terrible: el Dinero. Por eso es fatalmente necesario el Comunismo, como afirmara, con tremenda e irrefutable lógica, dentro del Sistema,

---

[167] También en este "negocio" resultó ser un judío el gran beneficiario, Armand Hammer (Según "*The Thunderbolt*", agosto de 1973).

el nada "proletario" Karl Marx.

El Sistema, cuya misión trasciende al Capitalismo, busca la unificación del Mundo mediante la mongolización de pueblos, razas y naciones[168]. Por ello sus artífices son "antiracistas", aunque sólo cuando se trata de la Raza Blanca, portadora de la Civilización y la Cultura. Abogan por el mestizaje de blancos y negros, por ejemplo, pero en el artificial Estado de Israel, han implantado unas leyes raciales, en su favor, mucho más drásticas que las "Rassenschutz Gessetz" hitlerianas. Por que éste es el último objetivo... Esta es la solución del Enigma del Capitalismo, pactando siempre con sus supuestos adversarios... En última instancia, interpretando bíblicas profecías, no hay nada más que el Pueblo Elegido, gobernando sobre un rebaño humano, mestizado y mongoloide, esquilado y balando de modo uniforme.

---

[168] Sólo en la Nueva Africa tribal, con sus hechiceros titulados Presidentes de República, hay, hogaño, 350 grandes compañías multinacionales americanas, y unas 200 europeas. Parece raro que el Gran Capital quiera invertir en risibles "paises" africanos. No obstante lo hace ¿Por qué? Porque no puede perder. Existe, en Nueva York la O.P.I.C. (Overseas Private Investment Corporation), que asegura a las inversiones capitalistas contra la expropiación de los mentados hechiceros. Esta organización está, a su vez, garantizada por el Gobierno de los Estados Unidos, por iniciativa de Kissinger. De manera que el pueblo americano garantice a las multinacionales contra la expropiación de los jefes de tribu y financia, a la vez el desarrollo económico de dichas tribus con tecnología occidental ("*South African Observer*", Agosto 1976).

LA SOLUCIÓN

Tras exponer, en el conjunto de epígrafes agrupados bajo el título de "La Miseria en la Abundancia", las razones que aclaran la aparente paradoja de la actual situación económica de Occidente, con sus stocks desbordantes que no se pueden consumir por falta de dinero, y explayar luego, lo más someramente posible, la acción e identidad de los actores de este drama, vamos, ahora, a proponer la solución. Es decir, que, después de responder a las preguntas "¿Qué sucede?", "¿Por qué sucede?", "¿Quién lo hace?" y "¿Por qué lo hace?" consideramos obligado, ahora, dar la solución al problema planteado por esta pesadilla mundial. No una solución. LA SOLUCION.

Es probable -estamos por asegurarlo- que la mayor dificultad para la comprensión de la Economía radique en su apabullante sencillez. En una época absurda como la actual, ciclo terminal del tránsito de la Cultura a la Civilización, época de transmutación de todos los valores, en que las palabras van perdiendo su antiguo significado, la Economía no podía escapar a la regla general del Organismo a que pertenece[169]. Occidente, aquejado de un tremendo Parasistismo

---

[169] Ejemplo revelador de la inversión económica actual lo tenemos en el hecho de que nadie parece haberse sorprendido ante los recientes programas económicos de los gobiernos de dos viejos países europeos, Inglaterra y España. Por una parte, afirman que hay que luchar contra el paro y por la otra que hay que ahorrar, y para hacer que la gente ahorre aumentan los impuestos. Pero luchar contra el paro significa aumentar la producción.

Cultural[170] sufre, en su cerebro, la enfermedad del Liberalismo, y de allí irradian todos los demás males que los otros órganos padecen: la Democracia, en el Sistema Nervioso: el Ateísmo, más o menos disfrazado, en el Sistema Cardiovascular, y el Capitalismo, en el Sistema Digestivo. Si el Cerebro, los Nervios y el Corazón -aunque gravemente afectados- aún resisten, el Estómago, la parte más débil y la que recibe -por interés del Enemigo y por intuir éste que es el tipo de ataque que mejor cuadra a su idiosincracia- los más viciosos embates del Gran Parásito, se halla a punto de entrar en el colapso. Colapso que provocaría la muerte del Organismo.

Odiamos el optimismo cobarde tanto, por lo menos, como el pesimismo irresponsable, pero no podemos substraernos al imperativo categórico moral de nuestro Realismo que nos hace proclamar, sin ambages que, de no adoptarse pronto, de no adoptarse ya las medidas de LA SOLUCION, Occidente se irá al garete antes de cumplir su destino histórico, acompañando en el panteón de la Historia a las Grandes Culturas que le precedieron, una vez consumados sus ciclos vitales.

La Solución, en realidad, se deduce, irrebatiblemente, de todo lo expuesto hasta ahora, es decir, que si los males de la Economía Occidental proceden:

    a)   del control privado del Dinero.

De manera que hay que aumentar la producción y disminuir el consumo. Los autores de este programa no han sido internados en ningún manicomio.

[170] Francis Parker Yockey: "*Imperium*", Omnia Veritas Ltd.

b) de la facultad de emitirlo entidades privadas.

c) de estar basado en una mercancía de valor intrínseco prácticamente nulo, como es el Oro, y

d) de la supersticiosa creencia de que la Máquina debe proporcionar trabajo al hombre

la Solución consistirá en la aplicación simultánea de los principios contrarios a los males enunciados, o sea:

a) el control público (estatal) del Dinero.

b) la emisión estatal del Dinero.

c) Fundamentación del Dinero en el Patrón-Trabajo, que podemos llamar también Patrón-Riqueza.

d) Admisión del principio de que la Máquina debe quitar trabajo al hombre, realizándolo de la mejor, más rápida y más barata manera posible.

* * *

Consideramos útil remitir al lector al epígrafe "Ambito", al comienzo de la presente obra, y recordarle que nos estamos refiriendo a Occidente, y, más concretamente, al menos de momento, a Europa, núcleo del mismo. Comprendemos que políticamente, por ahora, sólo podemos referirnos a la Europa "residual", al Oeste del Telón de Acero, con sus 320 millones de habitantes, herederos de una Cultura milenaria y portadores de la Civilización a todos los rincones del Planeta; Europa parcial cuyo primer objetivo político deberá ser, necesariamente, la adopción de todas las medidas tendentes a la recuperación de la docena de países del Este de nuestro Continente, con sus 150 millones de sujetos dependientes del Capitalismo de Estado Soviético, implantado en Rusia merced a la ayuda prestada por el Capitalismo Privado afincado en Occidente. En otras palabras, la Solución sólo podrá aplicarla un Estado Europeo que se apoye en las estructuras del actual Mercado Común -que, con todas sus formidables taras tiene, al menos, el mérito de existir- que vaya ampliando paulatinamente su campo de acción, actualizando hasta sus últimas consecuencias los principios políticos positivos del Tratado de Roma[171] hasta convertir en realidad el sueño de hombres tan lejanos y dispares, en el Espacio y en el Tiempo, tan diferentes entre sí y de tan diverso valor y catalogación, como Carlomagno, los Hohenstauffen del Sacro-Imperio Romano-Germánico, Carlos de España y Alemania, Luis XIV, Napoleón, Hitler y Adenauer: la Nación-Europa.

Podrá objetarse, por los eternos miopes, que esto es una Utopía (y todo es, en verdad, una Utopía hasta que se lleva a la práctica), que la Nación-Europa no se vislumbra en el horizonte político, y que las medidas -tanto políticas, en un plano total, como económicas en el plano del Sistema Digestivo de una Comunidad- que interesan ahora deben referirse a las viejas mini-naciones aún existentes, aún vegetantes, en el Oeste Europeo, residuos de antiguas uniones

---

[171] ...Y olvidándose, naturalmente, de los negativos, tales como la ridícula exigencia de que la Comunidad debe practicar el Sistema de la Democracia Inorgánica con Sufragio Universal y pluralidad de "partidos".

dinásticas o de "accidentes diplomáticos", y en cuya existencia activa gustan de creer los nostálgicos del hiper-nacionalismo del Abuelo. A estos voluntariosos creyentes en el nacionalatomismo deberemos, simple y rápidamente, recordarles dos cosas, a saber:

a) que la condición sine qua non de la existencia de una nación es la soberanía, es decir, la independencia. y ésta no es, políticamente hablando, la mera emanación de un acto de la voluntad, sino que es consecuencia de la voluntad colectiva amparada por la Fuerza. No basta con querer ser independiente; es preciso poder. y hoy en día, les guste o no a los espíritus decimonónicos, sólo puede ser independiente, luego sólo puede ser una nación libre, una comunidad política con una población que sobrepase, como mínimo, los doscientos millones de habitantes, provistos de una elevada tecnología, propia o importada. De hecho, hoy, en el mundo, sólo hay tres verdaderas naciones: la URSS, los USA y China[172]. Y puede serlo, debe serlo, Europa. Los demás, el llamado Tercer Mundo, o también "países subdesarrollados" (cuando se quiere ser amable) "sub capaces" (cuando no se quiere serlo), o "mendigos chantajistas" (cuando se quiere decir la pura verdad), son meros comparsas, con un poder exclusivamente centrípeto, que ejercen sobre sus súbditos, pero sin poder centrífugo, ya que

---

[172] El Capitalismo, herramienta del Sionismo, no es, con todo su omnímodo poder, una nación. Aspira al Poder Mundial, lanzando a los pueblos unos contra otros, pero le falta, para ser una verdadera nación, que su Alma (la Finanza) sea complementada con un Cuerpo (un territorio, y una población numéricamente importante). Israel no es una nación, sino una base sionista en la encrucijada de tres continentes, Junto al Canal de Suez y los pipelines petrolíferos.

dependen, oficialmente o no, de una de las tres naciones mencionadas. De manera que cualquier vieja "nación" europea que sintiera veleidades de independencia económica sería automáticamente aplastada[173] por la potencia en cuya zona de influencia se encontrara aquélla.

b) que la alternativa a la creación de la Nación-Europa es la desaparición, a brevísimo plazo, de nuestro Continente residual como entidad política. Y no sólo como entidad política sino, incluso, como entidad racial. Europa está amenazada de desaparición; los europeos se hallan en peligro de una desaparición física. Si no se hace la Nación-Europa, sobrevendrá la desaparición de Europa, económica, política y físicamente. Esto es inevitable. El problema no estriba en si ésto sucederá, sino cuándo. Y todo hace suponer que será pronto, a menos de imprevisibles cambios políticos extra-europeos, o de un brutal despertar del Pueblo Americano contra el Parásito que mina su existencia. ¿O acaso creen los ilusos liberal-demócratas que los europeos van a detener a los doscientos millones de rusos enregimentando a un billón de subalimentados de color que se encuentran a nuestras puertas, con una barrera de electrodomésticos y coches de turismo? ¿De veras creen que los detendrá la O.N.U.? ¡Pero si la O.N.U. son ellos!... ¿El paraguas americano? ¡Por favor!. Bastó que a la Administración Kennedy le

---

[173] Con cualquier pretexto "democrático", propiciando una revuelta interna, como hicieron los USA, dos años ha, en Grecia, o provocando, con sus presiones propagandístico-financieras, una derrota electoral, como le sucedió a De Gaulle en 1968. O sin pretextos, brutalmente, como Rusia hizo con Hungría, en 1956, o con Checoeslovaquia. en 1970.

desagradaran ciertos aspectos del Mercado Común y al "entourage" de Nixon ciertas medidas económicas de Pompidou y el fantástico poderío económico de la Alemania Federal para que, a parte de tremendas medidas de retorsión económica, como el "Kennedy round" y la devaluación del dólar, se amenazara, con impar cinismo, con la retirada de las tropas yankis que protegen a Europa encuadradas en la O.T.A.N. ¡Curiosa protección ésta! A las infantiles mentalidades que se imaginan que los USA son un solícito y bonachón Santa Claus, siempre dispuesto a organizar Cruzadas en defensa de la Democracia y el Derecho bastará con remitirles a la lectura, no ya de un manual de Historia, sino de los periódicos de nuestra época. Turquía, aliada de los USA y miembro de la O.T.A.N., fue privada del apoyo militar americano, con el que se contaba, en 1962, a cambio de la retirada de los "missiles" soviéticos de la Cuba castrista; inmediatamente Turquía, desarmada ante el coloso vecino, debió hacer tremendas concesiones políticas a la URSS. Para recuperar el favor de los turcos, los USA debieron traicionar miserablemente a su "aliado" griego, poniéndose a favor de la minoría turca (¡ellos!, ¡tan democráticos!), en el caso de Chipre. Lo que es la alianza americana lo saben muy bien en el Viet-Nam del Sur, abandonado al Comunismo a cambio del relajamiento de la presión soviética en el Medio Oriente; también lo saben en el Líbano, abandonado a Siria a condición de que ésta elimine a los palestinos, molestos para Israel, el único aliado incondicional que el Sionismo permite -más aún, impone- a los huéspedes de la Casa Blanca. ¡El paraguas americano! ¡Seamos serios!... Al Sistema que gobierna, por hombres de paja impuestos, en Washington, sólo le interesa

Europa como naipe a jugar en la partida que sostiene con los señores del Kremlin, tendente a la instauración de un Super-Estado Mundial, es decir, a la actualización de sus negativos ideales. El día que a Washington le convenga; cuando al Sistema -que, a parte de sus intereses político-económicos, odia visceralmente a Europa- le convenga, o se vea forzado a pagar un determinado precio a cambio, por ejemplo, de la neutralización de los agitadores comunistas en Centro y Sud-América, Castro incluído, el precio en cuestión será probablemente Europa.. El "paraguas" será retirado - ¡Oh, sí! ¡Claro es! Con cien documentos firmados "garantizando" nuestra libertad... ¡No faltaría más!- y los "boys" del Pentágono se irán a sus casas, atendiendo la petición de cualquier imbécil socialista europeo, de cualquier Brandt, Callaghan o Mitterrand, cuya cabeza será la primera en rodar cuando lleguen sus amigos soviéticos, cual grotesco epílogo a un drama histórico sin precedentes.

Nos excusamos por tan largo inciso, que consideramos imprescindible, por constarnos la miopía que existe ante este problema de la Nación-Europa. Hoy en día no hay países económicamente autárquicos en nuestro continente. Sólo pudo serlo, cuarenta años ha, la Alemania de Hitler, pero las condiciones no eran las mismas que las actuales y, en todo caso -como hemos visto en el conjunto de epígrafes intitulado EL SISTEMA-, se desató contra el Reich una campaña internacional de inaudita violencia, con medidas económicas, psicológicas y políticas que culminaron en la última Guerra Mundial, auténtico suicidio de Europa y de

Occidente[174]. No seamos pesimistas y pensemos que, si Alemania, prácticamente sóla, estuvo a punto de vencer, hoy, flanqueada por todos los pueblos europeas y teniendo buen cuidado de no reincidir en los errores pasados -y especialmente los hipernacionalismos alemán, inglés, francés y otros- debería obtenerse la victoria. Es más, ante una Europa Unida, las veleidades bélicas de las potencias extra-europeas remitirían, sin duda alguna, en virulencia. El Gran Parásito, privado de su arma predilecta -la única que le cabe utilizar-

---

[174] "Los grandes banqueros se alarmaron con los éxitos de la política financiera de la Alemania de Hitler, de la misma manera que varias generaciones atrás sus familias se asustaron de los éxitos de la natural Economía de Lincoln y de Napoleón. Lo que hubiera sido un laudable progreso para Alemania y otros países tomando ejemplo de ella fué, en realidad, la principal causa de la Segunda Guerra Mundial. La lucha entre políticas monetarias rivales era inevitable" (Carnelius Carl Veith, "*Citadel of Chaos*", pág. 286). "Marriner Eccles, del Federal Reserve Board, y Montague Norman, Presidente del Banco de Inglaterra, llegaron a un acuerdo, en 1935, sobre la política a emplear para aplastar, por todos los medios, incluyendo la guerra, si necesario, los experimentos financieros de Hitler" ("*The Word*" de Glasgow, 3-8-1949. Citado por Thomas Porter: "*The Green Magicians*". "Las dos principales causas de la II Guerra Mundial fueron: Primero. El éxito del sistema alemán de trueque. Segundo. La determinación hitleriana de no aceptar préstamos extranjeros. Su declaración de que los negocios de Alemania serían llevados a cabo de la misma manera que los de un honrado comerciante causó verdadero pánico en los círculos financieros" (Francis Neilson: "*The Churchill Legend*", pág. 296). Finalmente, en una entrevista con Roosevelt, once días después de la ruptura de hostilidades en Polonia, Bernard Baruch, el llamado "Procónsul de Judá" en América, le dijo a Roosevelt: "Debemos mantener bajos nuestros precios, aún perdiendo dinero, pues así obtendremos a los clientes de las naciones no beligerantes. Será la única manera de destruir el sistema alemán de trueque" (*New York Times*, 14-9-1939). Pero ya un año antes del comienzo de la Guerra, el mismo Baruch manifestó públicamente, en el curso de un homenaje a George C. Marshall, que "no vamos a permitir que ese fulano, Hitler, se salga con la suya. Su política monetaria es un peligro para todos". (Francis Neilson: "*The Tragedy of Europe*", pág. 302).

es decir, el Capitalismo, sería como un escorpión sin veneno. Europa, la Nación-Europea, es posible. Debe serlo, puesto que es necesaria. Los que lo dicen, es inútil que sigan leyendo, y lamento, por ellos, que hayan llegado hasta aquí. Sin la Nación-Europa, sin una Europa políticamente unida, no hay solución económica que valga. Sólo la ruina colectiva. y también aquí cabe repetir que el problema no estriba en si tal ruina se producirá, sino cuando. Y ello no sólo porque las contradicciones capitalistas y las de su falso contrario, el hiper-burocratismo marxista convierten tal ruina en fatalmente inevitable, sino porque aunque así no fuera, aunque nuestros pobres reaccionarios-conservadores -de derechas o de izquierdas- consiguieran hallar un simulacro de solución a sus problemas económicos, tal solución debería, obligatoriamente, tener el refrendo, la autorización, del Sistema. Y a éste le cuesta muy poco hacer entrar en vereda a los recalcitrantes europeos, cuando alguno de ellos se decide a actuar. Pero no podrían con una Europa Unida, regida por una élite de auténticos estadistas. La fuerza principal del Enemigo radica en nuestra debilidad, derivada del Liberalismo, esquizofrenia del cerebro de una Cultura. Mientras impere el mini-nacionalismo del Abuelo y el liberalismo del "tonto del pueblo", la tarea del Enemigo será muy fácil.

* * *

Volviendo, pues, al sujeto de este estudio, analizaremos las medidas preconizadas para la instauración de una Economía Nacional-Europea, o, si se prefiere, Nacional-Socialista o Nacional-

Revolucionaria; los nombres nos importan muy poco.

Empezaremos por la intervención del Estado en lo referente al control y a la emisión del Dinero. Al hablar de control estatal, queremos dejar bien sentado que no nos referirnos a la nacionalización de la Banca sino, simplemente, repetimos, a su control. O, más concretamente, al control del Dinero. Creemos que ya ha quedado suficientemente claro que si el Dinero es un instrumento de medida y cambio de las riquezas producidas por una comunidad, debe ser emitido, conforme tales riquezas se vayan ofreciendo al mercado. Como ya indicamos en otro lugar, los progresos de la Informática permiten que la emisión de Dinero, es decir, su cuantía, pueda ser calculada con absoluta precisión. Es elemental que cuanto mayor sea la riqueza creada por una comunidad, mayor será la cantidad de dinero necesaria para la distribución de tal riqueza. Pero para saber la cantidad exacta del dinero necesaria para ejercer su función distributiva, es preciso conocer exactamente el importe de la riqueza nacional, es decir, lo que constituye, realmente, la renta nacional.

Lo primero que hay que hacer, pues, es establecer el Balance Nacional. En otras palabras, inventariar el crédito real de la Nación-Europa. Esto puede parecer, a primera vista, irrealizable por su misma magnitud. Pero no es así. En una época como la nuestra, en la que los mini-estados europeos llevan un absurdo super-control de todo lo subalterno, y pueden saber en cualquier momento el número de analfabetos, de sordo-mudos, de albinos, de ambidiestros, de homosexuales, de peatones, de présbitas o de Testigos de Jehová que conviven dentro de sus mini-fronteras, no puede ser ninguna obra ciclópea llevar a cabo un inventario nacional, utilizando las recopilaciones hechas por corporaciones ya existentes tales como el Catastro, el Registro de la Propiedad, la Tesorería del Estado, las Cámaras de Comercio, las entidades tasadoras locales y municipales y también, claro es, por los contables de todas las empresas del país. Es una palabra: Reunamos, utilizando las instituciones ya existentes -no se trata de generar más burocracia, sino de suprimirla dentro de lo posible- el valor del Activo de lo que podríamos llamar "Europa, Sociedad en Comandita", con sus tierras cultivables, sus bosques, sus fábricas, sus talleres, sus edificios, su ganado, sus minas, sus barcos, sus primeras materias,; sus servicios públicos, como sus acueductos y oleoductos; puentes y carreteras; ferrocarriles, pantanos, puertos y fortificaciones; sus primeras materias, sus mercancías manufacturadas. Añadamos a ello el activo humano de que disponemos. En efecto, también la población de un país tiene un valor monetario, pues es de una evidencia aplastante que una fábrica, por perfecta que sea, no tiene valor alguno si no hay hombres que la hagan funcionar, y otros hombres que consuman sus productos. Un hombre -dejando, naturalmente, a parte sus otras dimensiones humanas- es un elemento de riqueza real para el país, como consumidor y como productor a la vez. Antes, podía decirse que un hombre valía, en términos puramente mecánicos, la décima parte de un Caballo de Vapor. Pero, hogaño, gracias a las compañías de Seguros, hemos llegado a una cifra que refleja el valor capital de una determinada población. Así, puede decirse que, según estudios y promedios llevados a cabo por las más importantes compañías aseguradoras, puede calcularse en unos cinco millones de pesetas el valor comercializado de un ciudadano europeo de unos 25 ó 30 años, sano, de una instrucción mediana y un sentido común normal. La cuantía de la cifra, tomada en cuenta toda la población de la Nación-Europa no debe alarmarnos. No tenemos ninguna necesidad, ni ninguna obligación de transformar dicha cifra en dinero, si no queremos. Es, simplemente, una cuestión de Contabilidad, pero de verdadera Contabilidad, pues una Contabilidad debe reflejar hechos y realidades. Sumando ambas cifras, la del valor humano y la del valor material, tendremos una cantidad que medirá, en una unidad monetaria cualquiera, la que queramos -el eurofranco, o el euromarco, por ejemplo- el activo del crédito real, del Capital, de la riqueza real o del Activo -como queramos llamarlo- de la razón social Europa, Sociedad en Comandita.

Pero el Activo no pasa de ser un símbolo; una cifra, ciertamente impresionante, pero una cifra, al fin y al cabo. Cómo debe gastarse o emplearse esa cifra, que representa el Capital de una firma, Europa S. en C., es una cuestión que no depende de los órganos rectores de la Economía Europea. Esta se limita a poner a disposición del Organismo Total del que forma parte, los recursos económicos, garantizando un correcto funcionamiento del Sistema Digestivo. Y nada más. Pero tampoco nada menos.

Naturalmente, se pueden hacer dos cosas. "Monetizar" -es decir, emitir la moneda correspondiente- todo el Activo de nuestra Patria europea, o "monetizar" simplemente una parte de él. Cualquiera que sea el camino adoptado, y ello dependerá ya más de razones políticas que económicas hay algo que resulta evidente por definición: la Nación no estará viviendo "por encima de sus propios medios", como gustan repetir, como loros, y con sin par estupidez, los economistas de nuestra desgraciada época. Es decir, que mientras no se monetizare y distribuyere, es más, mientras no se gastare una riqueza mayor que la representada por la cifra total reflejada por el Activo del Balance Nacional, la Nación no estaría viviendo por encima de sus posibilidades; no estaría estirando más el brazo que la manga. Sería imposible que ello ocurriese porque la simple y honrada Aritmética lo impediría. Y cuando, con la ayuda inestimable de la Informática, se patentizara que las "reservas" o el Activo de la Nación empezara a descender, sería el momento de arbitrar medidas para restablecer el equilibrio, ya que la riqueza que puede producir Europa sin el corsé de la Finanza es tan inmensa que resulta increíble. Tengamos bien presente que, a pesar de las dos últimas y estúpidas guerras fraticidas inter-europeas; de la pérdida de los inmensos imperios coloniales; de la sangría humana y económica que ello ha representado; de la dependencia político-económica al yugo del Sistema y del sabotaje permanente de nuestra Tecnología, perpetrado por la "maffia" sindicalista de todas las obediencias, el progreso económico en Europa ha logrado alcanzar unas cotas notables. Si disponemos de una potencia industrial -que puede igualmente aplicarse a la Agricultura- casi cincuenta veces mayor que la de principios de siglo (como expresa el número de Caballos de Vapor que la Máquina rinde hoy al hombre europeo) es irrefutable que deberíamos vivir cincuenta veces mejor. Yo no sé si muchos se dan cuenta cabal de lo que representa "cincuenta veces mejor", o "cincuenta veces más". Me temo que las hipérboles del lenguaje popular han hecho perder a los más la noción de los números. Pero éstos, fríos y escuetos, nos demuestran que el europeo, el occidental, en cuanto logre liberarse del yugo del Capitalismo[175], alcanzará, de inmediato, un grado de prosperidad económica que los miopes al servicio del Sistema no pueden ni concebir. Recuérdese una vez más lo realizado por Alemania entre 1933 y 1939, poniendo en marcha, por razones políticas, sólo una cuarta parte (o tal vez menos) de las medidas económicas que estaban en la mente de sus gobernantes; téngase en cuenta que aquél formidable salto hacia adelante se dió pese a la enemistad casi general y al boycot del Sistema con sus recursos ingentes, y piénsese que en los treinta y siete años transcurridos desde 1939 hasta hoy, la Ciencia y la Técnica han progresado decisivamente. ¿Qué no conseguiría hoy, no una Alemania sola, sino una Europa Unida?

No queremos dejar este tema del control y la emisión estatal del Dinero sin antes precisar que como es lógico, hay que prescindir del "Dinero Falso" o Dinero-Crédito inventado por el Sistema Bancario. Es decir, que en el momento de establecerse el Balance Nacional, habrá de tenerse en cuenta el Dinero-Crédito existente, cuyo importe

---

[175] Y, naturalmente, de su falso contrario, el Marxismo, o Capitalismo Estatal.

total habrá de deducirse del Dinero a emitir por el Estado, para ir eliminando gradualmente, conforme se vayan cancelando los "préstamos" bancarios. Así se logrará, en breve plazo -la duración del cual ya no atañe al Organo Económico, sino al Total, o Político- una moneda sana, es decir, ESTABLE. Al no tener que absorber el lastre con el cual fue creado, su tara de nacimiento, la Deuda, el motivo primordial [176] de las subidas de los precios y, consecuentemente, de la erosión del valor de todas las monedas, el Dinero pasará a ser, de verdad, el instrumento de medida y, a partir de ahí, el medio de cambio de un valor invariable. Si acaso, la única posibilidad de que el Dinero cambie de valor, y se deprecie radicará, -a parte, claro es, de una inconcebible debacle nacional, un apocalíptico terremoto, una gran sequía, etc.-, en una paulatina decadencia de la capacidad productiva de un pueblo, y en tal caso ya no incumbe al Organo Económico adoptar las medidas pertinentes, sino al Total, o Político. En el sistema Nacional-Revolucionario de la Futura Europa la alteración, a corto, medio e incluso largo plazo, del valor de nuestra Moneda será, por pura lógica aritmética, tan imposible como el cambio del valor del metro -que siempre valdrá cien centímetros- o el kilo -que siempre valdrá mil gramos-. Si acaso se altera en su valor, será con relación a las potencias extra-europeas, o extra-occidentales, las cuales, si progresan, como es de suponer, a un ritmo inferior al nuestro, verán

---

[176] Eventualmente puede subir el precio de algún artículo, como también puede bajar, por variaciones en el gusto, o por haber surgido nuevos artículos ersatz que substituyan a otros, pero las alteraciones -que pueden incluso ser sanas como generadoras de competencia leal- serán mínimas.

sus respectivas monedas depreciadas con relación a la nuestra[177]. Pero, en todo caso, éste será su problema, no el nuestro.

Un efecto inmediato de la supresión de este engendro de la Economía Capitalista cual es el Dinero-Deuda, será una disminución radical de los impuestos. No olvidemos que, en nuestro loco sistema actual, el Estado, al proceder como un particular, debe acudir -igual que cualquier particular-, al Sistema Bancario para que le preste dinero, o le abra créditos. Para reembolsar esos créditos, más su interés, no tiene más salida que acudir invariablemente a sus súbditos. Además, con la paulatina invasión estatal de las esferas privadas, sus demandas de créditos se hacen más y más perentorias. El Marxismo -simpaticamente apodado "Socialismo" por los lacayos del Sistema- se ocupa de sus cada vez más encanijados súbditos desde la vagina materna hasta el féretro, con lo cual se logra un doble objetivo: por una parte, encorseta la iniciativa privada, hace desaparecer el incentivo y, en definitiva, frena el Progreso, y por otra, hace depender a sus súbditos, en todo y por todo, del omnipotente Estado. Pues bien: quien todo lo da, todo lo puede quitar. Este Marxismo se va implantando en la Europa residual; francamente, cuando los socialistas alcanzan el poder electoralmente; subrepticiamente, cuando titulados gobiernos "conservadores" deben cumplir, desde el Poder, las demagógicas promesas electorales. Marx abogaba por el aumento paulatino de los impuestos, tanto sobre los beneficios como sobre las herencias,

---

[177] De todos modos, el honrado sistema del barter (intercambio) saneará el mercado de exportación.

como medio para implantar la Dictadura del Proletariado. Que el programa de Marx lo están cumpliendo todos los gobiernos de Europa Occidental es tan evidente que no vale la pena discutirlo.

Gottfried Feder decía que "el objetivo último de nuestro Estado es el establecimiento de una sociedad sin impuestos"[178] citando como ejemplo el Estado Regional de Baviera -que no era ciertamente de los más ricos de Alemania-, cuya hacienda estatal se construía sin un sólo pfenning de impuesto[179]. Es decir, que lo que Baviera obtenía de la explotación de los bosques y jardines públicos, de los ferrocarriles, de los servicios de Correos, Radiofonía, Teléfonos y Telégrafos, compensaba sus atenciones culturales y educacionales, sus servicios públicos y su administración de la Justicia. Si hace cuarenta años, una región de las menos favorecidas, como Baviera, cubría sus gastos y aún le sobraba dinero para concurrir al pago de la Deuda Nacional, y ello aplicando apenas una cuarta parte de su programa ideológico, necesariamente subordinado a las necesidades políticas del momento, sobrecoge el ánimo pensar lo que podría hacer, en la Futura Europa, una Lombardía, una Alsacia, una Renania, un Kent, una Escocia, una Normandía, una Prusia, una Holanda...

La Economía Nacional-Europea se basa, sólo, en realidades. Reconoce que el Estado -sea cual fuere su color- es un mal negociante. De ahí el fracaso, repetido y clamoroso, de todos los

---

[178] Citado por Juan Beneyto en "*Nacional Socialismo*". Ed. Labor.
[179] Vease "*La Finanza y el Poder*", de J. Bochaca.

mal llamados "socialismos". Si el Estado se dedica a sus funciones que no son negociar, ni comerciar, ni "abrir mercados", sino mantener el orden público, hacer reinar la justicia, ayudar al desarrollo de la riqueza, preservar el entorno ecológico e impedir los abusos de toda índole, el propio Estado y toda la Nación podrán dedicar la plenitud de sus energías a sus funciones propias, que no son otras que la actualización y realización de la Idea Nacional[180] en la vertiente de su Política Exterior, y la irradiación de la Cultura y el Arte en la de su Política Interior.

Ya intuímos que esta perspectiva de disminución paulatina de los impuestos hasta llegar a su ideal supresión hará sonreír, escépticamente, a los más. Nos limitaremos a recordar el caso de Alemania, que, repetimos, aplicando una mínima parte de su programa, entre 1933 y 1939, fue el único país, en toda la Historia del Mundo, que redujo sustancialmente sus impuestos, al tiempo que mejoraba sus servicios públicos y aumentaba vertiginosamente la renta nacional. El motivo principal de los impuestos reside en el endeudamiento estatal ante el Sistema Bancario, nacional o internacional. Por otro lado, es evidente que los manirrotos estados democráticos modernos incurren en gastos excesivos en sus programas "sociales" caros e ineficaces, y que resultarían mejor cubiertos por entidades privadas -homologadas, eso sí, por el Estado- con finalidades tal vez menos "sociales", pero provistas de la eficacia y el rendimiento inherentes a la iniciativa individual de las

---

[180] Francis Parker Yockey: *Imperium*, Omnia Veritas Ltd.

gentes de nuestra Europa.

El Estado no necesita tomar dinero prestado de nadie. Si precisa renovar el armamento de los Ejércitos, los único que debe hacer es pasar los correspondientes pedidos a sus fábricas de material bélico, y pagar con billetes emitidos por la Casa de la Moneda. A los que se escandalicen proclamando que esto es inflación, nos limitaremos a responderles que más inflación es seguir el actual sistema, consistente en pagar dicha deuda acudiendo a un préstamo bancario, que deberá reembolsarse con suculentos intereses añadidos. Por otra parte, calificar de "gasto inflacionario" o lo que es lo mismo "improductivo", una renovación de armamento del Ejército o la instalación de un Museo es tan absurdo como pretender que un individuo despilfarra su dinero cuando se compra unas alteras para hacer gimnasia o adquiere unos cuantos libros.

* * *

Hemos dicho -y creemos haber demostrado- que la emisión estatal y el control público (es decir, igualmente. estatal) del Dinero, son imprescindibles para la gestión de una Economía sana; la Economía de la Futura Europa. El tercer punto consiste en la fundamentación del Dinero en el Patrón-Trabajo, que podemos llamar también Patrón-Riqueza, en substitución del actual sistema del Patrón-Oro. En el curso del presente estudio hemos aludido ya, suficientemente, a este punto, para considerar ocioso insistir en la demostración del hecho de que el Dinero, instrumento de medida y cambio, debe basarse en el sujeto sobre el que actúa, o sea el Trabajo y la Riqueza generada por éste, y no en una mercancía sin valor objetivo alguno, cual es el Oro.

Sólo una época como la actual, en la que impera la subversión de todos los valores, morales y materiales incluso, puede aceptar sin apenas discusión el principio del Patrón-Oro. Cuando se observa que Picasso tiene un renombre mundial y Anglada Camarassa es un ilustre desconocido; que todos hablan de Marx y de Freud mientras ignoran incluso la existencia de Feder y Rosenberg; cuando a un ladrón se le llama cleptómano. a un sodomita, miembro del "gay power"; a un comunista, "socialista", no puede extrañar demasiado que se considere que la riqueza de una nación depende, no de su trabajo, sus recursos y la riqueza producida por sus habitantes, sino de las reservas de oro guardadas en la caja fuerte de su Banco Central. El gran éxito de los botafumeiros del Sistema ha consistido en hacer creer a las gentes sencillas, e incluso a las que se suponen miembros de las élites, que la Economía es una ciencia abstrusa, asequible sólo a los privilegiados cerebros de sus exégetas, patentados y homologados por el propio Sistema. La Economía, ciertamente, puede presentar aspectos no fácilmente comprensibles para el llamado "hombre de la calle", pero lo que sí debiera ser comprensible para éste, si lograra huir del colectivo lavado de cerebro que a escala mundial ha impuesto el Sistema, es que es imposible que la riqueza dependa del Oro. que la miseria sea una consecuencia de la abundancia y que, "por vía de consecuencia", los hombres deben apretarse el cinturón por haber trabajado y producido demasiado.

Y el cuarto y último punto se refiere a la aceptación, sin reservas mentales de ninguna clase, del principio de que la Máquina es una bendición para el hombre, y no una maldición. Y que su objeto consiste, no en darle trabajo al hombre, sino en quitárselo, y en hacerlo mejor, más rápidamente y más barato.

Para que la Máquina cumpla adecuadamente su función de ayudante del Hombre, es preciso que se capte perfectamente la función natural del Dinero, por que si la Máquina aumenta la producción y el rendimiento pero al mismo tiempo las gentes no disponen del dinero necesario para consumir lo producido, entonces, en vez de solucionar un problema, se ha creado otro, de proporciones mayúsculas. Si el Dinero sirve para intercambiar los bienes y servicios producidos y estos han aumentado en volumen, la cantidad de Dinero en circulación debe aumentar proporcionalmente. Muchos piensan -por que a ello les han inducido las brumosas teorías de nuestros inefables economistas- que cuando hay mucho dinero en circulación se reduce el valor del dinero y se produce una inflación incontrolada. Pero no olvidemos que el dinero es un artificio de cambio. Un billete de un dolar, una peseta o un marco, es una prenda de un valor definido. Representa una cantidad de riqueza producida, o de riqueza potencial existente (en el caso de la valoración de la riqueza humana en la Contabilidad Nacional). Mientras represente una cantidad definida de riqueza o trabajo realizado, su valor, obviamente, no podrá nunca cambiar, y tanto la inflación como la deflación serán imposibles.

Hay que mentalizar a todos los sectores de la sociedad en el sentido de que la Economía, en definitiva, se compone de productores y consumidores y que si éstos no disponen de un poder adquisitivo proporcional a la Producción, la Economía nunca funcionará adecuadamente. Debemos aceptar el hecho de que nuestra Economía, o mejor aún, nuestras concepciones económicas, pertenecen a la Edad de Piedra. En efecto: las precarias condiciones en que se desenvolvió el Mundo hasta el invento de Watt obligaron a los hombres a proclamar ciertas leyes sociales destinadas a asegurar la supervivencia de los pueblos; y, de dichas leyes, la más conocida es la que prohibe la ociosidad. Todos deben trabajar. A nadie se le tolera que obtenga nada por nada. El que lo hace, es castigado, llamándosele ladrón. En realidad, la sociedad antigua no podía obrar de otro modo, toda vez que se veía obligada a ello por la escasez de la época anterior a la aparición de la Máquina. A esta ley fundamental debía aureolársela con la autoridad divina. A los judíos, en el Antiguo Testamento se les enseñó que Dios le había dicho a Adán: "Ganarás el pan con el sudor de tu frente". La versión cristiana de esta ley la dió San Pablo, cuando afirmó: "El que no trabaje, que no coma". San Pablo, en su Epístola, tenía razón; Jehová, invectivando a Adán por el asunto de la manzana, también la tenía. Todos los sesudos pensadores defensores de la ley fundamental del trabajo forzoso humano tenían razón, hasta 1765. Fecha en que apareció la Máquina, y dejaron de tener razón. O, por lo menos, dejaron de tenerla de un modo absoluto. O si no, veamos qué sucede a nuestro alrededor.

¿Qué ocurre?. Pues ocurre que esa ley se infringe millones de veces cada día. Se infringe cuando el Estado paga subsidios a los parados; se infringe cuando se los paga a los mutilados de guerra y cuando se los paga a sus viudas y huérfanos; se infringe cuando los accionistas cobran sus dividendos; se infringe cuando los miembros de las cooperativas recobran una parte del dinero que han gastado en una de las tiendas de su sociedad; se infringe cada vez que una persona hereda dinero. Se infringe cuando los jubilados cobran sus pensiones. En ninguno de los casos citados el dinero ha sido ganado por el trabajo del hombre. Si acaso, el trabajo necesario para la producción de mercancías que ha sido causa del paro obrero, y también el que ha hecho posibles los dividendos de los accionistas ha sido hecho, sin ningún género de dudas, pero ha sido hecho por la máquina. Si no hubiera sido hecho, tendríamos derecho a denunciar a los beneficiarios de unas rentas no ganadas y castigarlos por zánganos, dejándolos sin comer, tal como preconizaba San Pablo. Pero el caso es que el trabajo ha sido hecho; y además, de una manera más rápida, más eficaz, más racional y más fácil que antes. Es más: vemos que el número de parados aumenta con el progreso de la Máquina. ¡La ley del trabajo forzoso humano ha sido hecha añicos!... ¡Si, al menos, San Pablo hubiera tenido la precaución de decir: "Si el hombre no trabaja, o la máquina no trabaja por él, el hombre no comerá..."

Porque, en fin, ¿a qué llamamos trabajo? ¿A la alienante tarea de millones de proletarios y funcionarios que están, de cuerpo presente, en talleres y oficinas, durante ocho o más horas, y luego emplean otras dos o tres en regresar a sus hogares suburbiales, con un olvido total -forzoso- de la realización de su propia personalidad? ¿Llamamos trabajo a algo que debe hacerse en función de un castigo impuesto por Jehová al primer hombre? Y, sin embargo, ¿no podríamos, mejor, llamar trabajo al talento creador del hombre, actuando sobre la Naturaleza a través de la Máquina? ¿No creemos que ya ha llegado la hora de substituir el viejo y bíblico "Trabaja para poder vivir" por el infinitamente más digno y acorde con nuestra época de "Trabaja y vive"?

No propugnamos la inactividad del hombre, propiciada por la Máquina. El hombre seguirá trabajando, en primer lugar por que es una criatura dinámica -al menos el homo europeus- y no estática; y en segundo lugar porque hay infinidad de cosas por hacer, tanto en nuestro ámbito territorial como en otras tierras a las que nuestro ingenio creador u el instinto imperial de la Idea pueden llevarnos. En definitiva, la organización del "tiempo libre", ganado por la Máquina para el Hombre, ya no incumbe al Sistema Digestivo del Organismo -la Economía- sino al Cerebro al Estado. Pero lo que debe captarse plenamente es que hay otras clases de trabajo que las impuestas por el miedo a perecer de inanición. Lo que esto significa es que el trabajo humano ya no sería indispensable para alimentarse y el único modo honorable de adquirir mercancías y disfrutar de servicios.

El espectáculo del Hombre, redimiéndose, con su trabajo -que la invención de la Máquina ha supuesto un tremendo trabajo espiritual, mental y físico- del castigo que se le impuso por su pecado, entregándose al goce de una vida segura y utilizando su tiempo ganado al dios Cronos en realizar su propia personalidad (los que la tienen) o en contribuir, según sus medios, al bienestar común, es algo que algunos hombres, que suelen jactarse de ser progresistas, se niegan a aprobar. Para ellos, la felicidad es casi inmoral. No obstante, estos idólatras del Pasado, con el reloj parado en 1765, asisten impotentes al triunfo de la Máquina, libertad ora del Hombre -pese al mal uso que éste haya podido hacer de aquella, en ocasiones- alejando para siempre el espectro de la Pobreza.

* * *

Hemos dicho que la Ley del Trabajo Forzoso Humano, proclamada por Jehová y pormenorizada por San Pablo, se infringe a diario. Y es natural que se infrinja por que, como decía Voltaire: "Si echamos a lo natural, volverá al galope". Tanto los dividendos de los ricos (valores, títulos, etc.) como los "dividendos" de los pobres (subsidio contra el paro; seguros sociales; primas a la natalidad: prestaciones familiares, etc.) son flagrantes transgresiones a esa arcaica "Ley". La idea de que el hombre pueda recibir dinero por un trabajo que él no ha realizado personalmente puede ser tan vituperada como se quiera, pero cada día se extiende más, por doquier, en su vertiente práctica. En ciertos países, (Bélgica, Holanda, Canadá), los obreros a los que la máquina -y otras circunstancias tales como la presente "Crisis"- ha dejado sin trabajo, perciben el ochenta por ciento de su salario real.

Los hechos son tozudos, decía Pascal. Es un hecho que la "Ley" es burlada, precisamente a causa de que ya no sirve. Ha llegado el momento de admitir francamente el hecho de que de la misma manera que una colectividad humana debe pagar, a veces, los errores de sus dirigentes, es lógico y natural, es justo que se beneficie de los logros de los mismos o de los miembros de su élite. Si Europa pagó -y continúa pagando- por la actuación de los hombrecillos que dirigían las democracias occidentales en 1939, ¿Por qué no va a beneficiarse de los inventos de Watt, y de sus sucesores, plenamente?

No pretendemos que la Economía de la Futura Europa sea una lacrimógena pseudo-ciencia, sentimental y filantrópica, que se limitara a pensar qué bonito sería que todo el mundo fuera millonario. Nada de eso. Nuestra Economía es, al mismo tiempo, una filosofía y una ciencia exacta. Estamos con Spengler cuando afirmaba que "toda mezcla de conceptos abstractos como social, con realidades concretas como precio, costo y mercancía se traducen por un empeoramiento de las condiciones de vida de las clases económicamente más débiles"[181]. No creemos que haya que regalar nada a nadie. Nunca se repetirá bastante que la Máquina no es un maná que un paternal Jehová ha hecho caer desde el cielo. La Máquina es nuestra; es una herencia más que legítima. No es

---

[181] Oswald Spengler: *"Años Decisivos"*.

un regalo; es el resultado del esfuerzo, del trabajo, de la investigación, de la abnegada obstinación del Hombre Europeo. Y en tanto en cuanto seamos hombres y no anónimos miembros de la Gran Termitera Marxista-Capitalista; mientras seamos de la misma estirpe que Tales de Mileto y Euclides; Watt y Copérnico; Edisson y Ford seremos copartícipes del bienestar colectivo que pueda proporcionar la Máquina; la Máquina que es nuestra, de todos. ¿No dicen los defensores de la "Ley del Trabajo Forzoso" que no debemos obtener nada por nada? O, en otras palabras, ¿que hay que seguir su trasnochada Ley? Muy bien. Sigámosles en su razonamiento. y digámosles que el hombre no disfrutaría de los beneficios de su Máquina, a cambio de nada, por la simple y buena razón de que durante siglos ha inventado, ha perfeccionado, ha mejorado el rendimiento de la misma, y luego ha consumido los productos que ella producía. ¿Qué pretenden, pues, los ortodoxos? ¿Que el hombre herede sólo la "maldición" de Jehová pero no sus propios inventos?

Luego si el Hombre debe beneficiarse de su Máquina, no sólo debe liberar a ésta de la triste Prostitución que le impone la Finanza, sino también de la que le impone la "Ley del Trabajo Forzoso". Por tal motivo, es evidente por sí mismo, es axiomático que si la Máquina libera al Hombre de una gran parte de su carga laboral y al mismo tiempo aumenta la Producción en proporciones fantásticas, deben adoptarse dos medidas que se complementen la una a la otra:

1.- Reducción de la jornada laboral.

2.- Distribución de un Dividendo Nacional. Examinémoslas.

La reducción de la jornada laboral se deduce claramente, aritméticamente, del progreso permanente de la Máquina, que supera varias veces el aumento de la población y que, sin el actual freno combinado de la Ley del Trabajo Forzoso y de los ciclos financieros del Sistema, aún la superaría de manera incalculablemente mayor. Es más, considerando que nuestra Economía -la Economía de la Futura Europa- está naturalmente supeditada al superior Organismo Político de que forma parte, es probable que el Estado considere necesario una serie de trabajos de interés público, de no inmediata rentabilidad, lo que aminoraría el tiempo de la reducción de la jornada laboral eliminándose así el posible trauma social que no dejaría de ocasional una reducción demasiado brusca. Finalmente, debemos tener también muy en cuenta que, al basarnos exclusivamente en hechos y en realidades y no en entelequias "sociales", como la vigente legislación laboral española que proscribe indiscriminadamente el despido libre, se lograría acabar de una vez con la degradante condición de trabajo actual, especialmente en las grandes urbes, en que tantos proletarios del taller y del bolígrafo matan el tiempo miserablemente, en mística espera de la hora de salida[182], sólo por que la densa estupidez de los tecnócratas de nuestra actual Economía ha

---

[182] Según Maurice Mareuse en "*Le Controle de Gestion dans les Entreprises*" el tiempo real de trabajo, en Francia, en 1938, era, de una fábrica corriente, de cuatro horas. Las cuatro horas restantes se perdían en tiempos muertos. Mareuse consideraba un rendimiento óptimo un trabajo real de seis horas y media.

impuesto el dogma de la jornada de ocho horas. Cuando la realidad es que basta con que trabajen, de verdad, cuatro o cinco. Ya se ha olvidado que a principios de siglo existía la jornada de diez, y hasta de doce horas, y que si hemos reducido la jornada laboral en un treinta y tres por ciento, nuestro poderío tecnológico ha aumentado en un cinco mil por ciento. No queremos con ello sugerir que sólo debería trabajarse unos minutos porque el progreso técnico y económico tiene también sus exigencias, pero creemos que no hace falta ser muy versado en Matemáticas, sino que basta la simple Aritmética para comprender que la reducción de la jornada laboral se deduce ampliamente, irrefutablemente, del progreso técnico.

Naturalmente, esto plantea el problema del Ocio. Un inciso. Debemos desconfiar, a veces, de la Semántica. La palabra "Ocio" tiene, en castellano, connotaciones muy peyorativas. La palabra francesa "Loisirs" como expresión de "tiempo libre" es mucho más gráfica y adecuada. En castellano no tenemos nada mejor que "Ocio", expresión que utilizamos en su acepción puramente técnica, representando el tiempo libre que la Máquina proporciona al Hombre.

Está claro que la Organización del Ocio incumbe tanto a la Economía como a los demás Organos Estatales. Los augures del pesimismo a ultranza suelen objetar que el ocio es generador de la holganza, el vicio y la delincuencia. y no obstante, Henry Ford observó que, al reducirles a sus obreros la jornada, de diez horas a solamente ocho, la mayoría de ellos se dedicaban a sus "hobbies" domésticos, a los deportes, a la jardinería o al excursionismo[183]. En 1923, una dependencia de la Sociedad de Naciones publicó un estudio según el cual el abuso de la bebida decreció en los centros industriales en que la jornada laboral había sido reducida. La nada sospechosa Sociedad de Naciones concluía que el abuso de la bebida y, paralelamente, de la delincuencia, era, frecuentemente consecuencia del trabajo excesivo, puesto que el obrero fatigado del esfuerzo contínuo requerido por largas horas de trabajo -o, aunque sólo fuere, de permanencia- se ve forzado a buscar alivio a esta tensión, frecuentando la taberna. El obrero se alegre de tener la oportunidad de mejorar su casa, de hacer ejercicio al aire libre y de estar con su familia. Cuando se afirma, por los pusilánimes, que a los obreros no se les debe dejar tanto tiempo libre por la razón de que no saben usar de esa libertad, podría contestarse que, por igual motivo, se debiera prohibir a la gente practicar la natación o el atletismo, con objeto de impedir que se ahoguen o sufran una fractura de clavícula.

Hemos dicho, y lo repetimos, que la Organización del Ocio es sujeto, no sólo de la Economía, sino de los demás Organos Estatales. La Economía debe limitarse a cumplir su función de Organo Digestivo de la Cultura. El resto no le incumbe a ella. No obstante, como parte integrante del Organismo Cultural a que pertenece, la Economía se halla interesada en la Organización del Ocio, o tiempo libre que nos deja -y nos dejará cada vez más- la

---

[183] Henry Ford: *"Mi Vida y mi Obra"*.

Máquina. Hay mucho, muchísimo por hacer: Hay que embellecer las fábricas y talleres. Hemos visto en Alemania, en Austria, en Suecia y en el Norte de Francia establecimientos industriales que si no eran, ciertamente, monumentos arquitectónicos, sí eran, por lo menos atractivos, limpios y estaban rodeados de bellos jardines. Hay que limpiar el campo, eliminando así uno de los principales motivos de los incendios forestales. Hay que promocionar el Deporte Amateur. A un más elevado nivel, debe fomentarse el Arte, en sus diversas manifestaciones. Hay un sin fin de cosas por hacer, hasta el punto de que el sentido peyorativo generalmente asimilado a la palabra "Ocio" puede ser descartado desde ahora. Ya hemos dicho que el "Homo Europeus" es un ser dinámico, no estático. Tiene un concepto faústico de la Vida, y la liberación del Trabajo Forzoso, substituyendolo por el Trabajo Util y Formativo dará nuevas alas a su imaginación y a su impulso creador. Lo hemos dicho y lo repetimos: la vieja fórmula del "Trabaja para Vivir" puede -y debe- ser hoy substituída por la de "Trabaja y Vive".

La liberación material del Hombre por la Máquina hace necesaria, como ya hemos dicho, además de la reducción de la jornada laboral, la distribución de un Dividendo Nacional. Somos, todos, accionistas de la poderosa empresa -en su vertiente económica- Europa S. en C. Como accionistas, es lógico que tenemos derecho a cobrar un dividendo, de la misma manera que cuando las cosas van mal, todos debemos contribuir, volens nolens, a la "ampliación de Capital", es decir, a soportar a nuestros actuales mini-Estados, tan quisquillosos como incapaces, a pagar extenuantes impuestos incluyendo el "impuesto de la sangre" que suele cobrarse sin que lo "vote" Parlamento alguno.

El Dividendo Nacional, además, se justifica a sí mismo como necesaria alternativa del injusto sistema actual de los seguros sociales, y, sobre todo, del subsidio contra el Paro. Este subsidio del Paro -paro provocado en parte por el constante perfeccionamiento de la Máquina- es, básicamente, injusto. En primer lugar, no existe a consecuencia de nuestro absurdo sistema económico actual, sino a pesar de él, y para evitar que se derrumbe. Pero, de cualquier modo, es culpable de una doble injusticia: la primera, proceder del bolsillo de los que están trabajando; la segunda, no poder evitar, al que cobra tal subsidio, la humillación de saber de dónde procede. Hay, además, un inconveniente suplementario: no puede evitar la creación de parásitos que no hayan sido echados de su empleo por la Máquina, sino por su propia vagancia. De manera que la actual situación ofrece, en realidad, tres soluciones: la primera consiste en continuar agobiando con impuestos a los que trabajan para poder pagar a los que no trabajan; primando a la laboriosidad en beneficio de la gandulería o de la "desgracia" del progreso de determinada máquina. La segunda consiste en considerar como unos indeseables, como unos malhechores públicos a todos los sabios, inventores, técnicos, ingenieros, científicos; a los Watt, Newcomen, Papin, Lavoisier, Edisson, Faraday, Otto Hahn, que cometieron el crimen de aligerar, con sus portentosas realizaciones, el trabajo de sus contemporáneos. Y la tercera y última, consiste en reconocer, francamente, que aquellos a quienes la Máquina va dejando sin trabajo tienen derecho a recibir dinero para hacer frente a sus necesidades, y, además, a recibirlo de manera que no sea motivo de sonrojo ni humillación para ellos. Como salta a la vista que ni la primera ni la segunda alternativa dan una solución satisfactoria y digna, debemos aceptar la tercera. Esta tercera solución tiene la ventaja de que se ocupa de todos los habitantes del país, trabajadores o no. Tiene en cuenta lo que, para nosotros es un axioma: que la vieja noción de que el trabajo es lo único que da derecho al Dinero, debe ser completada con la idea de que la Vida es, por sí misma, generadora de un derecho primordial al Dinero.

No debemos olvidar jamás que, en Economía, tan importante es el Productor como el Consumidor, a parte de que en la población activa todos somos productores y consumidores a la vez. Si se llevase, como es elementalmente imperativo y necesario, una Contabilidad Nacional[184], se sabría, con exactitud, el Balance Anual. y una vez descontadas las cantidades que para el Presupuesto del siguiente ejercicio se destinaran a inversiones en obras públicas de rentabilidad a largo plazo, armamentos, Instrucción Pública, etc. se sabría el beneficio a repartir entre los accionistas de la razón social Europa S. en C. Naturalmente, nada nos obliga a repartir todo el beneficio entre los accionistas. Lo económicamente justo y suficiente

---

[184] Esa Contabilidad Nacional Europea debería reflejar, naturalmente, las contabilidades regionales. Es preciso saber qué ha hecho cada asociado, porque aunque todos pertenecemos a la misma empresa y debemos cooperar y ayudarnos mutuamente, tampoco es justo ni deseable que unos deban, prácticamente llevar a cuestas continuamente a otros. El reparto del Dividendo Nacional debería hallarse reflejando, al menos el parte, el esfuerzo y la contribución de cada región.

sería repartir un mínimo vital a todos los habitantes. Los estudios del Comandante Douglas [185], circunscritos a Escocia, han demostrado que bastaría repartir un 2 o 3 por ciento de los beneficios nacionales para asegurar un mínimo vital por él calificado de "decente". y lo que en Escocia se califica de tal, en regiones menos favorecidas de Europa, como Sicilia, Irlanda, Castilla o Carelia se apelaría, como mínimo, "bastante bueno".

¿Es esto posible? Aritméticamente, es no sólo posible, sino seguro. ¿Por qué? Por que si, como en el caso de los Estados Unidos, la Deuda Pública es muy superior a todo el valor del país, y la moneda falsa, es decir, la Moneda Crédito, supera dieciocho veces a la moneda legal ténder, y logran pagar salarios falsos -salarios de paro- a su población inactiva, que asciende al 9 por ciento, tenemos que este nueve por ciento representa sólo una onceava parte. De manera que mientras 1/11 sea mayor que 1/18 ello será posible. No olvidemos que los subsidios a los parados se pagan con dinero auténtico, es decir, con moneda legal-ténder. O sea que 1/18 del dinero existente es largamente suficiente para pagar a un onceavo de productores en paro forzoso, Bien cierto es que estos productores en paro no representan al once por ciento de la población total del país, pero no es menos cierto que debe quedar necesariamente mucho papel moneda para hacer frente a los desembolsos diarios de todos los ciudadanos en todo el país. En otras palabras, substituyendo el dinero falso actual por dinero

---

[185] Ch. Douglas: "*Social Credit*".

auténtico, legal, tendríamos una masa fiduciaria dieciocho veces mayor, mientras que una fracción de un dieciochoavo de esa masa -repetimos, una parte de ese dieciochoavo- ya basta para pagar el salario falso de un once por ciento de una población en paro forzoso... Y lo que es posible en los Estados Unidos, lo es igualmente en Europa, y especialmente en España, donde la proliferación de bancos ha llegado a crear una superestructura de créditos sin parangón en otros países hermanos[186].

Hemos dicho que, en nuestra época, la Vida misma confiere ya un derecho al dinero, complementario al Trabajo como derecho único a la obtención del dinero, según el antiguo concepto, válido hasta el invento de Watt. Toda persona, desde el momento de su nacimiento, deberá recibir, como accionista de Europa S. en C. la parte que le corresponda de Dividendo Nacional. Consideramos que es absurdo e injusto que la Sociedad sólo se ocupe de los enfermos, de los tarados, de los ancianos y de los desocupados. ¿Es que las personas sanas, normales, que aún no han llegado a la edad canónica, y que trabajan no merecen que nadie se ocupe de ellas? Digamos que, por lo menos, lo merecen tanto como las demás. Por eso abogamos por la desaparición de toda esa colección de Seguros y Pensiones Sociales, substituyéndolo por el Dividendo Nacional, como un mínimo vital, igual para todos. El simple hecho de implantar

---

[186] En honor a la verdad, hay que proclamar que en la Alta Banca Española no abundan los apellidos judíos, aún cuando también figuren en los lugares de honor. Pero debe tenerse en cuenta que la Finanza es Internacional por definición y que el peso específico de la Banca Española dentro del contexto mundial, es desproporcionadamente pequeño.

el Dividendo Nacional demostraría prácticamente que Europa S. en C. era solvente, mientras que la cuantía del dividendo indicaría el grado de prosperidad de la Nación-Europa. Además, el Dividendo Nacional permitiría que el Estado no perjudicase a quienes debiera recompensar, ni premiase a quienes debiera sancionar. Llevando su Contabilidad Nacional en orden, lograría tener su Economía en orden.

Naturalmente, una cierta dosis de prudencia y sentido común sería de necesaria aplicación, sobre todo en los ejercicios iniciales, de manera que los primeros dividendos a repartir fuesen bajos, lo más bajos posible, cubriendo el mínimo vital sólamente[187].

Somos conscientes de que a los eternos pesimistas, la simple idea de un Dividendo Nacional -incluso sin precisar su alcance o cuantía- les hace pensar irresistiblemente que en el país en que se aceptare tal idea, el trabajo cesaría ipso facto y todos se tumbarían .en una hamaca. A esto podemos responder lo siguiente:

Primero.- Aún cuando éste sucediese, y el Estado lo tolerase, duraría muy poco tiempo, pues el Dividendo Nacional disminuiría o cesaría por completo, tan pronto como el resultado del siguiente Balance Nacional apareciera negativo, es decir, deficitario. Y al no haber beneficios, no habría dividendos.

---

[187] Evidentemente, la apreciación de ese mínimo vital sería una cuestión política, a determinar por el Estado, tras consultar con los organismos pertinentes, como institutos de Estadística, etc.

Segundo.- La propia condición de la naturaleza humana desmiente las previsiones de los eternos pusilánimes. El que esto escribe recuerda que, hace ocho años, percibía en Francia, donde residía entonces, 350 Francos mensuales en concepto de Prestaciones Familiares, por sus tres hijos y esposa en el hogar. Con tal cifra, por aquél entonces, se podía en Francia, vivir; sin alardes, por supuesto, pero cabría un mínimo vital[188]. No obstante, nunca tuve la sensación de ser un holgazán, ni un aprovechado, por recibir esa pensión mensual, y trabajaba mis ocho horas, o más, exactamente igual que si no la recibiera, y ello a pesar de saber que el recibirla cubría, apretadamente, mis necesidades, y constarme que tales apreturas remitirían en agobio si dejara de trabajar y me acogiera al Seguro contra el Paro. Cuando no tengo nada especial que hacer -lo que no es corriente- me preocupo de buscarme una ocupación, porque la actividad es inherente a la especie humana, y especialmente al europeo. En otras palabras. sin ser un sujeto particularmente apasionado por el dinero, ni muchísimo menos, estaba, hace ocho años, tan deseoso de ganar 5.000 Francos mensuales como si nunca hubiera visto esos 350, y tan deseoso continúo de ganarlos en España, en que ya no recibo, en España, esos 350 Francos ni cantidad remotamente parecida, en Pesetas. Pero agradecería entonces, y agradecería hoy esa pensión, porque el saberme a cubierto del riesgo de pasar hambre, los míos y yo, me evita un sin fin de preocupaciones y me permite trabajar mejor.

---

[188] Esas prestaciones familiares eran, ya entonces, muy superiores a tal cifra, por no incluir los numerosos servicios prestados por el Estado, tales como Enseñanza Gratuita, reducciones en los precios de los transportes públicos, etc.

Si acaso, lo único que puede molestar, o mortificar, en el actual sistema de pensiones sociales es el saber que mi pensión tiene que salir de los bolsillos de todos los contribuyentes, incluyéndome a mí mismo.

En pocas palabras, el hombre al que igual le da ganar 350 que 5.000 por "idealista"[189] que se quiera suponer, no existe. No es de este mundo, y para él no se ha escrito este libro. Será tal vez un marciano, o mejor, un lunático, pero dudamos que sea un terrícola y negamos resueltamente que sea un europeo. Pero es que, además, creemos que esto es tratar el asunto observando la perspectiva humana desde la ventanilla del sótano, a ras del suelo, porque es no querer tomar en cuenta algo muy sutil, pero muy real: el impulso creador del Hombre Europeo. Los profetas de la hamaca, con su pesimismo y sus dioptrías a cuestas, olvidan que el Hombre -que tiene, ciertamente, un Cuerpo- tiene, también, un Alma, un impulso creador agónico de ir "más allá", ese soplo divino que unos llaman inspiración, otros ansias de progreso y todos poseen subconscientemente, con un nombre o sin él. Hay tanto que hacer en el Mundo, tanto que hacer en Europa, que el peligro de la hamaca podemos descartarlo, por lo menos en el inmediato milenio. Tenemos auténticas vergüenzas nacionales, como Extremadura con su sequedad y su atraso, en España: la Corrèze, con su abandono y su incomunicación, en el Centro de Francia; las estepas de

---

[189] Es evidente que era infinitamente más idealista Mussolini, con su corpulenta humanidad, que el esmirriado Stalin. El idealismo no tiene nada que ver con la austeridad de las etnias canijas; algo evidentísimo que hay que repetir constantemente a ciertos botarates.

nuestros Monegros; la pobreza de Calabria, en el Sur de Italia; el abandono secular de Irlanda... Tenemos proyectos tan viejos como urgentes, como el túnel del Canal de la Mancha, que al comunicar Inglaterra con el Continente deberá contribuir, indudablemente, y de una vez, a un entendimiento ya una comprensión entre unos y otros que jamás debió romperse; como el Canal Rhin-Danubio-Ródano; como la urgente apertura de nuevos pasos pirenaicos entre Francia y España; como la protección ecológica de nuestro solar europeo... Con el pago del Dividendo Nacional ese trabajo se haría, no ya tan bien como se hace hoy en día, sino mucho mejor por la simple razón de que un trabajo bien hecho traería como lógica consecuencia un dividendo mayor, y de tal modo todos estarían personalmente interesados en los resultados. Esto, además, contribuirá de una vez a enterrar la vieja y estúpida hostilidad entre la Máquina y el Trabajo, pues al depender la cuantía del Dividendo Nacional del incremento de la riqueza real acabaría para siempre la prevención que siente el Trabajo por toda máquina que ahorre mano de obra. Una superior eficacia en el trabajo produciría mejores resultados y estos generarían un mayor dividendo a repartir entre todos.

* * *

En resumen, pues, la Solución de la actual "Crisis", contemplada desde una perspectiva europea, se reduce a los cuatro puntos analizados más arriba, es decir:

a) Substituir el control privado del Dinero por un control

nacional.

b) Hacer que el Estado sea el único emisor de Dinero, basando esa emisión en el volúmen de bienes y servicios producidos por la Comunidad, y que esa misma Comunidad debe consumir.

c) Substituir el Patrón-Oro por el Patrón-Trabajo, o, más exactamente, por el Patrón-Riqueza.

d) Considerar que el Trabajo da derecho a percibir dinero, para vivir bien, pero que no es el único generador del derecho al dinero, pues la Vida confiere también un derecho esencial al dinero, y por tal motivo debe instaurarse el Dividendo Nacional.

Esto es lo esencial. Lo demás es cuestión circunstancial, de puro detalle. Ya hemos apuntado algunas modalidades prácticas de racional aplicación a cada uno de los puntos citados. Hemos dicho que la sustitución del actual Dinero-Crédito por el Dinero-Real, sin la tara congénita de la Deuda, debería hacerse gradualmente. Que la emisión del nuevo dinero sano se haría basándose, a la vez, en la Informática y en los datos del Balance Nacional. Que el destronamiento del Oro podría hacerse, casi, de la noche a la mañana, sin perjudicar más que a los especuladores internacionales. Y que la cuantía del Dividendo Nacional debería asegurar un mínimo vital a determinar por el Estado. No nos queda por añadir más que la emisión de Dinero sano, llevada a cabo, naturalmente, por la Casa de la Moneda, solucionaría el problema de su puesta en circulación de tres posibles maneras.

a) A través de las obras públicas y otros gastos del Estado, tales como pedidos de armamentos, protección de la Naturaleza, gastos de Instrucción Pública, etc.

b) Mediante la concesión de créditos sin interés a empresas que acreditaren suficientemente la necesidad de los mismos.

c) Mediante la institución del Dividendo Nacional. Naturalmente, la Economía de la Nueva Europa debería barrer con todos los arcaísmos de la actual Economía Capitalista y de su falso contrario, el Marxismo, o Capitalismo de Estado. Los sindicatos, sean del color que fueren, deben pasar al Panteón del Olvido, por anacrónicos, ineficaces e injustos[190]. En el fondo, todos se basan en la Lucha de Clases, concebible, si no disculpable, en la época de los comienzos de la Máquina, en la Inglaterra de Dickens y en las tendenciosas exageraciones del tatarabuelo Marx, vividor que no trabajó en toda su vida, fracasado y resentido, alimentando mesiánicos odios contra una Sociedad que él no podía comprender. Se han escrito ya tantos libros refutando los errores de Marx que no creemos valga la pena extenderse ya más sobre este punto. Criticar, hoy en día, las teorías abstrusas y agarbanzadas de Marx es, incluso, contraproducente, pues es darles una categoría que no tienen ni han tenido nunca. El Marxismo ha sido descalificado por los hechos y por la Historia. Ha sido descalificado por la Vida, y si se sostiene -con mil parches antimarxistas que le permiten sobrevivir- en la URSS es gracias a la explotación colonial de sus

---

[190] "El Sindicalismo, siempre y en todas las épocas ha terminado por ser un lacayo del Gran Capital, no industrial, y un explotador, tanto del patrono como del obrero", Oswald Spengler: *"La Decadencia de Occidente"*.

desgraciados satélites del Este de Europa ya la ayuda que los USA, la O.N.U. y otras instituciones del llamado Mundo Libre le prestan a diario. Sin ello ya habría entrado, muchos años ha, en un colapso mortal.

Con los sindicatos deben desaparecer -eso sí, gradualmente- las instituciones de caridad que se han inventado para paliar el fracaso del capitalismo, tales como Seguros Sociales, Seguros contra el Paro, Prestaciones Familiares, etc. Todo eso debe quedar plenamente substituido por el Dividendo Nacional. y si el Estado considera que se imponen excepciones de tiempo o de lugar, naturalmente, debe aplicarlas, aunque a título excepcional y dejando bien claro que se trata de una excepción transitoria, motivada por talo cual razón. Evidentemente, no se trata de prohibir la Caridad, virtud evangélica que debe merecer todos nuestros respetos; Caridad que existirá siempre y se justificará siempre por que los hombres son imperfectos y desiguales. Pero lo que no puede hacerse es institucionalizarla. La Caridad forzosa se parece demasiado al Bolchevismo. Su ejercicio, en todo caso, no es misión del Estado, sino de la Iglesia. Aquí conviene recordar las palabras de Cristo: Dad a Dios lo que es de Dios, y al César lo que es del César. Con su manía de meterse en todo y fiscalizarlo todo, el moderno Estado Democrático ha llegado a tomarse a sí mismo por Dios Padre. ¡El! ¡Tan agnóstico!

* * *

Y esto es todo, lector amigo que me has hecho el honor de seguirme hasta este final. Me consta que lo más arriba expuesto hubiera podido plantearse de manera más hermética, esotérica y complicada. Si lo he explayado de manera sencilla y directa ha sido por respeto hacia tí y hacia mí mismo, porque si de algo adolecen los escritos sobre Economía es de pendante logomanía, cuya finalidad puede ser, tal vez, disimular su vaciedad. No te he expuesto una visión optativa del porvenir económico de Europa, Tú y yo hemos recorrido juntos la senda del Sentido Común que -como en el Ejército el valor de los reclutas- se les supone a todos. No te he propuesto una opción según el clásico planteamiento de la escuela Liberal: esto es mejor y esto es peor, con todos los respetos para el contraopinante. Te he dicho, te he demostrado y espero haberte convencido de que el Patrón Trabajo debe substituir al Patrón Oro, de que el Estado debe ser el único emisor de la Moneda y que debe substituirse, en Economía, la falsa Caridad por la Justicia. Y no hay opción. O Economía Nacional-Europea, o hundimiento de Europa, a muy corto plazo. Naturalmente, la Economía del Sentido Común sólo podrá implantarla un régimen político determinado. La solución es, ante todo, política. Pero esto, como diría Kipling, es otra historia.

BIBLIOGRAFÍA

-Mario Alberti. *El Cuerpo y el Alma de la Moneda.*

-Jacques Bordiot. *Une main cachée dirige...*

-Hector Brailsford. *Finance.*

-Stuart Chase. *Men and Machines.*

-Gilbert K. Chesterton. *England's Little History.*

-Maurice Colbourne. *Nacionalismo Económico.*

-Maurice Colbourne. *The New Economy.*

-Cesare Corti. La Maison Rothschild.

-Henry Coston. *Les financiers qui mènent le Monde.*

-Henry Coston. *La Haute Banque et les Trust.*

-Gertrude M. Coogan. *Money Creators.*

-A. Dauphin-Meunier. *La Banque à travers les âges.*

-A. Dauphin-Meunier. *Histoire de la Banque.*

-Alexander Del Mar. *Science of Money.*

-Raymond D'Ivernois. *Les effets du blocus continental.*

-Charles Douglas. *The Control and Distribution of Production.*

-Charles Douglas. *Social Credit.*

-Edouard Drumont. *La France Juive.*

-Sheldon Emry. *Billions for the Bankers. Debts for the People.*

-Gottfried Feder. *Kampf gegen die Hochfinanz.*

-Gottfried Feder. *Der Deutsche Staat auf nationaler und sozialer Grundlage.*

-A. N. Field. *The Truth about the Slump.*

-Henry Ford. *The International Jew.*

-Henry Ford. *Mi Vida y Mi Obra.*

-Anatole France. *El lirio rojo.*

-Felix J. Frazer. *The ABC of Money.*

-Hector Leslie Gannt. *The Gannt System.*

-Pierre Gaxotte. *La Revolución francesa.*

-Vicente Gay. *La Revolución Nacional Socialista.*

-Hermann Hoffmann. *Furst Bismarck.*

-C. K. Howe. *Who rules America?*

-Arthur Kitson. *A Fraudulent Standard.*

-Las Cases. *Memorial de Santa Helena.*

-G. H. Lebesque. *Le Crédito Social et le Catholicisme.*

-Arnold S. Leese. *Gentile Folly.*

-Lloyd Lewis. *Myths after Lincoln.*

-Charles A. Lindbergh, Sr. *Banking and Currency and the Money Trust.*

-Ferdinand Lundberg. *America's Sixty Families.*

-Louis Madelin. *The Revolucionaries.*

-R. Mc Nair Wilson. *Promise to Pay.*

-R. Mc Nair Wilson. *God and the Goldsmiths.*

-R. Mc NairWilson. *The Bankers Conspiracy.*

-JulesMichelet, *Histoire de France.*

-Eugene de Mirecourt. *Rothschild.*

-Richard R. Morrisson. *The Paradox of Capitalism.*

-Eustace Mullins. *A Study of the Federal Reserve.*

-James C. Oliver. *A Treatise on Money.*

-Thomas Porter. *The Green Magicians.*

-Angelo S. Rappoport. *Pionners of the Russian Revolution.*

-R. E. Search. *Lincoln Money Martired.*

-G. Bernard Shaw. *El Carro de las Manzanas.*

-Frederick Soddy. *Citadel of Chaos.*

-Wycliffe B. Vennard. *Conquest or Consent...?*

-Vincent C. Vickers. *Economic Tribulation.*

-Nesta H. Webster. *Secret Societies and Subversive Movements.*

-Francis Parker Yockey. *Imperium.*

-J. Bochaca. *La Finanza y el Poder.*

-J. Bochaca. *La Historia de los Vencidos.*

-Juan Beneyto. *Nacional Socialismo.*

-Cornelius Carl Veith. *Citadel of Chaos.*

-Maurice Mareuse. *Le Controle de Gestion dans les entreprises.*

-Oswald Spengler. *Años Decisivos.*

-Oswald Spengler. *La Decadencia de Occidente.*

-y Enciclopedia Británica, Boletines de CEDADE, etc.

Otros libros publicados por Omnia Veritas

ӨMNIA VERITAS

Omnia Veritas Ltd presenta:

HISTORIA PROSCRITA
I
LOS BANQUEROS Y LAS REVOLUCIONES

POR

VICTORIA FORNER

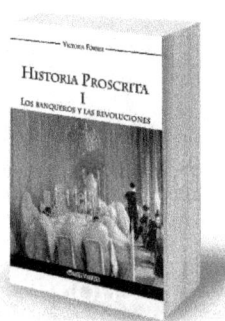

Los procesos revolucionarios necesitan agentes, organización y, sobre todo, financiación, dinero.

LAS COSAS NO SON A VECES LO QUE APARENTAN...

ӨMNIA VERITAS

Omnia Veritas Ltd presenta:

HISTORIA PROSCRITA
II
LA HISTORIA SILENCIADA DE ENTREGUERRAS

POR

VICTORIA FORNER

"El verdadero crimen es acabar una guerra con el fin de hacer inevitable la próxima."

EL TRATADO DE VERSALLES FUE "UN DICTADO DE ODIO Y DE LATROCINIO"

ӨMNIA VERITAS

Omnia Veritas Ltd presenta:

HISTORIA PROSCRITA
III
LA II GUERRA MUNDIAL Y LA POSGUERRA

POR

VICTORIA FORNER

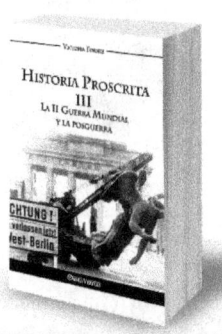

Distintas fuerzas trabajaban para la guerra en los países europeos

MUCHOS AGENTES SERVÍAN INTERESES DE UN PARTIDO BELICISTA TRANSNACIONAL

Omnia Veritas Ltd presenta:

Historia Proscrita IV
Holocausto Judío, Nuevo Dogma de Fe para la Humanidad
por Victoria Forner

Nunca en la historia de la humanidad se había producido una circunstancia como la que estudiaremos...

Un hecho histórico se ha convertido en dogma de fe

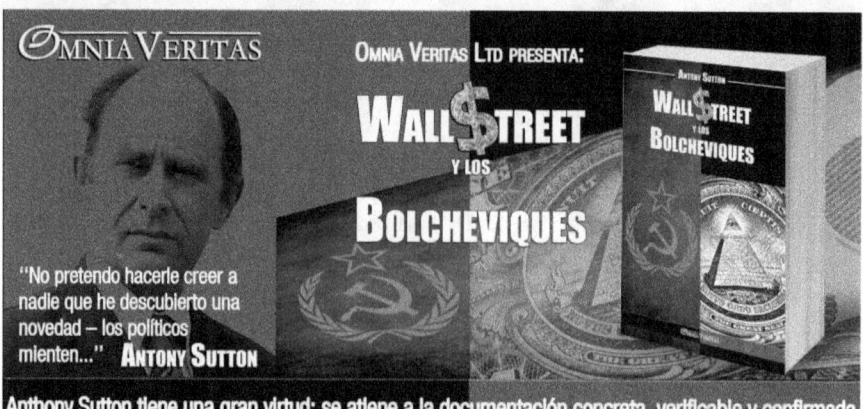

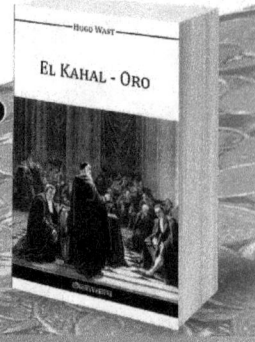

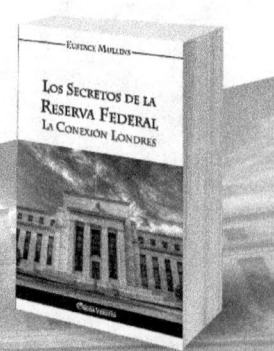

Omnia Veritas Ltd presenta:

Los Secretos de la Reserva Federal
La Conexión Londres

POR

Eustace Mullins

La historia americana del vigésimo siglo ha grabado los logros asombrosos de los banqueros de la Reserva Federal

Aquí están los hechos simples de la gran traición

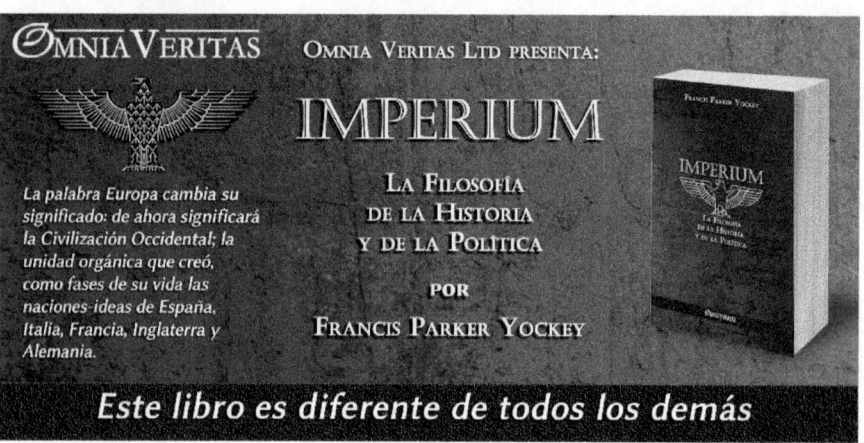

Omnia Veritas Ltd presenta:

IMPERIUM
La Filosofía de la Historia y de la Política

POR

Francis Parker Yockey

La palabra Europa cambia su significado: de ahora significará la Civilización Occidental; la unidad orgánica que creó, como fases de su vida las naciones-ideas de España, Italia, Francia, Inglaterra y Alemania.

Este libro es diferente de todos los demás

www.omnia-veritas.com

www.ingramcontent.com/pod-product-compliance
Lightning Source LLC
Chambersburg PA
CBHW050128170426
43197CB00011B/1757